A SEVENTEENTH-CENTURY
EXPOSURE OF SUPERSTITION

ARCHIVES INTERNATIONALES D'HISTOIRE DES IDEES

INTERNATIONAL ARCHIVES OF THE HISTORY OF IDEAS

49

P. J. S. WHITMORE

A SEVENTEENTH-CENTURY EXPOSURE OF SUPERSTITION

A SEVENTEENTH-CENTURY EXPOSURE OF SUPERSTITION:

SELECT TEXTS OF CLAUDE PITHOYS
(1587–1676)

INTRODUCTION AND NOTES

by

P. J. S. WHITMORE

MARTINUS NIJHOFF / THE HAGUE / 1972

ISBN 90 247 1298 X

PRINTED IN THE NETHERLANDS

TABLE OF CONTENTS

PREFACE AND ACKNOWLEDGEMENTS

The work of Claude Pithoys has never been given in a modern edition. It deserves to be known to the present-day reader who is interested in the history of ideas. Pithoys gave a systematic criticism of two prevalent forms of superstition, witch-craft and astromancy. Although clinging to many attitudes of mind which were becoming out-dated in the seventeenth century, he was ahead of many of his contemporaries not only in the substance of his criticism but in the pungent, ironic form that it frequently took. First a monk, and then Professor of Philosophy, Law and Geography in the protestant Academy at Sedan, Pithoys in a long life spanned the period Montaigne-Bayle.

In the preparation of this selection my thanks are chiefly due to the British Academy whose grant for research in the humanities, made in 1968, enabled me to travel and purchase photocopies. My thanks are also due to Professor R. Shackleton, Bodley's Librarian, and Dr. W. H. Barber, Birkbeck College, University of London, for encouragement and advice.

It is a privilege to acknowledge help from the photographic departments of the British Museum, the Bibliothèque Nationale and the Bibliothèque de Sainte Geneviève.

I am much indebted to the librarians of the Bibliothèque Municipale at Sedan and to the archivists in the Provincial Archives at Namur and Arlon and in the Departmental Archives at Besançon, Metz and Mézières.

I am grateful to my wife and mother for their interest in my work.

Finally my thanks are due to Professor Paul Dibon, Director of the International Archives of the History of Ideas, for encouraging me to undertake this edition, for his constant help and unfailing friendship.

Highgate, London, 1970.   P. J. S. WHITMORE.

THE WORK OF CLAUDE PITHOYS

BIBLIOGRAPHY

1. La Descouuerture des faux possedez, tres-vtile pour recognoistre et discerner les simulations, feintises et illusions d'auec les vrayes possessions diaboliques. Ensemble la conference tenuë entre M. L'Euesque de Toul et le R. P. Pythois touchant la pretenduë possedee de Nancy, par le R. P. Pythois.
Chaalons, G. Nobily, 1621. In 8°. Prelims + 66 p. + 46 p.

> [Bibliothèque Nationale, B. 81469 (1): the *Complainte de l'Autheur* and *Conference* bound together with separate pagination. Error in pagination in the *Descouuerture:* there is no p. 22; there are two pages numbered 24 (sig. B iiij).]

2. L'horoscope, roue de fortune et bonne auenture des predestinez. Par le R. P. Claude Pithoys, Religieux Minime, *Paris,* chez Denis Moreau, Ruë S. Iacques à la Salamandre, 1628. In 12°. Prelims + 294 p.

> [British Museum, 1606/353.]

3. Amorce des ames deuotes et religieuses. Sur ce theoreme 'Bonum est nos huc esse.' Composée par le R. P. Claude Pithoys, Religieux Predicateur des Freres Minimes, *Paris,* chez Denis Moreau, Ruë S. Iacques à la Salamandre, 1628. In 12°. Prelims + 129 p.

> [British Museum, bound with above but no entry in Catalogue.]

4. Traitté curieux de l'astrologie iudiciaire, ou preseruatif contre l'astromantie des genethliaques. Auquel quantité de questions sont resoluës pour la satisfaction des esprits curieux. Par C. Pithoys, Professeur en Philosophie en l'Academie de Sedan & Prefect de la Bibliotheque de son Altesse. A Sedan par Pierre Iannon, imprimeur de son Altesse & de l'Academie auec permission etc. *Sedan,* 1641. In 8°. Prelims + 272 p.

> [British Museum 718. d. 8 (2). Bibliothèque Nationale, V. 21819.]

5. Cosmographie ou doctrine de la sphere, auec un traitté de la Geographie. Et se vend par Louis Perier, marchand Libraire, ruë neuue Isle du Palais, au Roy de Suede. 1641 In 8°. Prelims + 167 p.

> [Bibliothèque de Sainte Geneviève, V. 620. Published without locality, but certainly the work of Pierre Jannon of Sedan: see J. B. Brincourt, *Jean Jannon, ses fils, leurs oeuvres*, Sedan, 1902 p. 66.]

6. Traitté curieux etc. *Montbelliard*, par Iaques Foylet, imprimeur de son Altesse 1646.

> [British Museum, 718. d. 8. (1). As No. 4. above. New title-page, new dedication, suppressing name of author. *Dessein de l'Autheur* reset; otherwise identical to first (1641) edition. Printer's name and locality falsified; almost certainly Pierre Jannon, Sedan.]

7. Traitté curieux etc. Par C. Pithoys Theologien et Professeur en Philosophie et en Droit, et Aduocat consultant à Sedan. A Sedan, Par Pierre Iannon, Imprimeur de l'Academie, 1661.

> [Text and pagination identical. Renewed title page giving ampler details of the status of the author. Details taken from J-B. Brincourt, op. cit. p. 78. L. Thorndyke, *History of Magic and experimental science* New York vol. VII p. 102, assumes that the copy in the Columbia University library (156. 4. p. 682) is incorrectly dated 1661 for 1641. From the detail he quotes concerning the status of the author it is clear however that this is an example of the third (1661) edition.]

8. Apocalypse de Meliton, ou Reuelation des mysteres des cenobitiques, par Meliton (i.e. Pithoys). *Saint-Leger (Sedan)*, N-J Chartier, 1662. In 12°. Prelims + 259 p. Engraved frontispiece.

> [Bibliothèque Nationale, D. 54916.]

9. Apocalypse etc. 1665. Prelims + 232 p. Frontispiece.

> [British Museum, 854. a. 33.]

10. Apocalypse etc. 1668.

> [British Museum, 4071 aa. 41. Bibliothèque Nationale D. 21234. As No. 9. above but the frontispiece dated 1665. Another copy in the Bibliothèque Nationale bound with Colbert's arms, Rés. D. 21235.]

11. Apocalypse etc. 1677. Prelims + 228 p.

> [Bibliothèque Nationale, 8° Ld^{13} 146A.]

INTRODUCTION

L'Astrologie judiciaire - alliance de mots excessivement bizarre: H. de Balzac, *Le Cousin Pons,* 1846/7.

Himmler (like Hitler) was unduly influenced by his astrologer, Wulf: H. R. Trevor-Roper, *The last Days of Hitler,* 1947 (revised 1962).

The history of the Enlightenment in Europe is not one of even progress. It is a disturbing feature of the history of ideas to find a person whose nobility of character and high-minded thought qualify him for the epithet 'enlightened' but who, nevertheless, subscribes to the basest forms of superstition and enters with relish into the most revolting form of human activity – the witch-hunt. How can one reconcile Jean Bodin's *Six livres de la République* (in which he appears as an obvious forerunner of Montesquieu) with his frenzied *Démonomanie des sorciers?* And this is no isolated example.[1] How is one to place categorically in the history of unfolding ideas such men as Sixtus V, the Jesuit astronomer de Angelis, the apparently rationalist Martin del Rio, Sir Thomas Browne? And even Descartes, with whom we may feel on surer grounds, does he not present certain features which are backward-, rather than forward-looking?

The true enlightenment is probably not so much the dispelling of the 'mists and errors of antiquity' as a realisation that many attitudes of mind current in the sixteenth and seventeenth centuries were based on fallacious, flimsy beliefs. And not infrequently these beliefs were remote from that which could be demonstrably proven, were based on *a priori* prejudice – in a word, were superstitious. Diderot, writing in 1771 to the Princess Dashkov, said:

Chaque siècle a son esprit qui le caractérise. L'esprit du nôtre semble celui de la liberté. La première attaque contre la superstition a été violente ... Une fois que les hommes ont osé d'une manière quelconque donner l'assaut à la barrière de la religion, il est impossible de s'arrêter.

---

[1] See the important work by Hugh Trevor-Roper, *The European witch-craze of the 16th and 17th centuries,* (Pelican) London, 1969; first published in the author's *Religion, the Reformation and Social Change,* (MacMillan) London, 1967 and in *Encounter,* London, May/June, 1967.

His contemporaries were agreed that superstition, representing *a priori* argument in its crudest form, was the chief obstacle to the enlightenment of man's intellect. It has become traditional to trace back this attack on superstition to Bayle and Fontenelle, perhaps to Bacon, Galileo, Kepler and Tycho Brahe, but scarcely any further, as if a line could be drawn across the pages of history separating the 'enlightened' from the 'unenlightened' periods. Similarly a tradition has grown up, for which there may indeed be slightly more justification, that the Church was the guardian of prejudice and superstition, almost of the occult sciences. Both traditions need to be reconsidered. In the first place a tendency to reject superstition manifests itself at the same time as the superstitions grow up – thus in the Mosaic law there were strictures against occult practices (Leviticus, XIX, 26, for example), while in Greece and Rome a rationalist philosophy offset the superstitious practices accruing to religious observations. In the second place there is ample evidence that there was never a time when the Church did not condemn superstition as a danger to its true interests, although the condemnation was frequently theoretical rather than practical and, during a large part of the sixteenth and seventeenth centuries, frequently served as a pretext for the advancement of a further superstition – the witch-hunt.

The writings of the early Fathers of the Church – Ambrose, Augustine and Tertullian to mention but three – contain the reiterated condemnation of those who continued to practise ancient, heathen rites and systems of divination under the guise of Christianity. Likewise the early Councils of the Church pronounced anathemata against astrologers, sorcerers and adherents to occult sciences. Thus the Priscillianist heretics in Spain were condemned at Braga and Toledo for gnostic beliefs in general, and specifically for believing that the human soul was submitted to the influence of the stars.[2]

The summists and canonists of the middle ages reaffirmed these early condemnations, and Dante is in accord with them when he describes astrologers and sorcerers as having their heads twisted over their shoulders so that they can only see backwards – a fit punishment in Hell for their distorted views on Earth (*Inferno*, canto XX).

The Council of Trent, (18th session) laid down in unequivocal terms that bishops should suppress astrological prediction in their dioceses and ensure the destruction of all books which fostered the art. Then, in

---

[2] See the use that Pithoys made of this, p. 86.

1586, Sixtus V promulgated a Bull, *Coeli et Terrae Creator Deus*,[3] which implemented all previous decisions. Finally, coming to the seventeenth century, we find that there was an increasing tendency for members of the clergy to write against the influence of superstitious practices in the Church. This was due partly to genuine enlightenment, partly to the fear of the supposed necromancy of witches. The lead was taken by members of the Society of Jesus, among them Francisco Suarez, Martin del Rio, Benedictus Pererius, all of whose works are referred to by Pithoys in the two texts which comprise the present edition. Another member of the Society, Alessandro de Angelis, whose work is not mentioned but (on internal evidence) was almost certainly known to Pithoys, seems to sum up the attitude of the more enlightened churchmen when he said that philosophers and doctors are more worthy of the trust put in them than genethliacs – that is drawers of horoscopes: the author spoke with authority as he was an astronomer, and became Director of Studies in the Jesuit College in Rome.[4]

The main interest of Pithoys, work is that it provides a detailed and well documented criticism of superstitious practices, with special reference to the abuse of astrological prediction, anticipating Bayle by underlining the dangers inherent in such predictions both to individuals and to the well-being of the state.

Superstition may be said to comprise *demonology* (belief in the Devil) to which special reference is made below; *popular superstition*, such as fear of walking beneath ladders, fear of unlucky numbers, of spilling salt, and so on; *divination*, or the foretelling of future events, from which most popular superstition is ultimately derived. Varro, writing in the first century B.C., is our main source of information concerning ancient methods of divination. It was from his *De re rustica*, Cicero's *De divinatione*, and references to sorcery in the Scriptures that Saint Augustine derived much of his material, also adding in the *Confessions* (Bk IV) that he had personal dealings with a genethliac. Pithoys (relying extensively on Augustine) mentions several methods of divination, including *coskinomancy* (divination by means of pebbles in a riddle or sieve) and *splagchnomancy* (the traditional method of the 'haruspex' who consulted the entrails of slaughtered beasts). Such crude procedures may be thought scarcely to have survived the Roman world.

---

[3] Quoted extensively by Pithoys. The full text given in an Appendix, pp. 239–247.
[4] A. de Angelis, *In astrologos coniectores libri quinque*, Lyon, 1615, p. 61, "Physici (Philosophos, & Medicos appellamus hoc nomine) digniores sunt quam Genethliaci, quibus adhibeamus fidem." For the internal evidence that Pithoys may have known of this work see p. 126, n. 204.

Others however, such as *catoptromancy* (divination by mirrors) remain even to this day in popular superstitions concerning broken mirrors and their removal from a room in which someone is dying. *Chiromancy* (divination by studying the lines of the hand – palmistry) survives on the fair-ground and, occasionally, in more fashionable surroundings. Nevertheless, by singling out *astromancy* (astrology - divination by the stars, the genethliac's art) for special criticism Pithoys was correct, since it was and still is the most deeply rooted of superstitions.[5] The nature of this belief in the powerful influence of the stars and comets became, some forty years after Pithoys' work, the subject of the most significant critical work of the seventeenth century, Bayle's *Pensées sur la comète*. It will be more convenient to consider this prevalent superstition later, in the context of Pithoys' work.

Claude Pithoys was born at Vitry-le-François[6] in 1587, the son of Isaac Pithoys and Marie Marchand.[7] It was not until the sixteenth century that Vitry (called Vitry-en-Arcis prior to 1554, when it was burnt down) achieved any prominence. It was a small market town standing on a cross-roads, surrounded by the barren country of the Champagne Pouilleuse. François Ier built a new town which, although badly damaged in subsequent wars, still bears the stamp of the original plan. It boasted a *collège* and several religious houses, one belonging to the Order of Minims.

It is reasonable to suppose that at some time he was at the *collège*[8] and that, on becoming a Minim, it was in their Province of Champagne. It is unfortunate that the archives of the Order within the *département* of Marne are very incomplete and historians of the Order have passed over their apostate son.[9] It is not known what was his

---

[5] Witness the fact that an astrologer advertised almost daily in the Personal column of *The Times* during the autumn of 1969. See also the importance of astrology in the history of nazism reported by H. Trevor-Roper in *The Last days of Hitler*, London, 1947. Most Sunday newspapers being printed in 1970 and several womens' journals give some prominence to zodiacal prediction.

[6] This is indicated in the "Commendatio" prefaced to *La Descouverture des faux possedez*, see p. 4. It is confirmed by E. Henry, *Notes biographiques sur les membres de l'Académie Protestante ... de Sedan*, Sedan, 1896, p. 57. J-B-J. Boulliot, otherwise reliable and the most comprehensive source of our knowledge about Pithoys, states that he was born at Sedan, *Biographie ardennaise*, Paris, 1830, vol. II, p. 308.

[7] A P. Marchant signed himself "P. Marchant, aduocat, 1659" on a MS "Commentaire sur la coutume de Vitry-le-François, 1605." (See *Catalogue général des manuscrits des Bibliothèques publiques de France*, vol. XIII – Vitry-le-François, N° 115). It is tempting to see the legal background of Pithoys's work as influenced by family connexions on his mother's side.

[8] See "commendatio," as above n. 6.

[9] I have tried to rectify this error in my *Order of Minims in seventeenth-century France*, Nijhoff, The Hague, 1967, N° 20 of the present series, pp. 132–139.

career as a Minim before 1621. The Province of Champagne was on
the whole rather poor and possessed only one library of consequence
– at Rheims.[10] Since Pithoys was to display a considerable knowledge of
patristic literature as well as both canon and civil law, it may well be
that he had access to this rich collection where there was a preponder-
ance of such works. It is almost inconceivable that he should have
acquired his knowledge at the *collège* at Vitry. It is unlikely that he
visited Paris: indeed one of the interesting features of his work is its
undeniably provincial stamp. He remained in N. E. France, trans-
ferring to the Province of Lorraine for a while some time before 1620,
when he sprang into prominence with the *Descouuerture des faux possedez.*

A young widow of Nancy, Elisabeth Ranfaing, fell into the hands
of an unscrupulous doctor who, having unsuccessfully attempted to
seduce her, used various medicines which produced convulsive fits
and intense suffering in his patient. Popular opinion attributed these
results to possession by the Devil, so that Elisabeth was constrained
to undergo exorcism at Toul on the 9th, 10th and 11th of November,
1620. Pithoys was present and was convinced that physical, not
diabolical, agency was the cause of the woman's torment. Ten days
after the exorcism he wrote to the Bishop of Toul, Jean de Porcelets,
to lament the obvious damage to the good name of the Church
wrought by what he described elsewhere as a tragicomedy. On the
6th of January, 1621, Pithoys received a summons to attend a conference which was convened under episcopal authority to investigate
the allegations he had made. As will be seen,[11] the Bishop upheld
what he considered to be a valid exorcism against the insistent and
skilful arguments of Pithoys who, having been refused a copy of the
minutes of the Conference as promised by the Bishop, could only 'se
retire religieusement après avoir fait la révérence.'

A man of lesser determination would have yielded in silence: not
Pithoys, whose acerbity and grit are betrayed in the style of everything
that he wrote. Before the end of the year (1621) he had published a
short work attacking feigned possession by the Devil, in which he
casts grave doubts on the validity of the average exorcism. In order to
understand this work it is necessary to bear in mind the prevalence,
even in the comparatively enlightened days of the seventeenth century,
of a belief in the Devil. Implicit in the story of the Fall, it influenced
New Testament theology and, since Christ himself refers to 'the

[10] *Ibid.* pp. 126–128.
[11] See pp. 45–64.

casting out of devils' and appears himself to have performed exorcism, the whole question of demonology acquired a status above all forms of superstition. Pithoys was therefore brave in making this stand. He was writing before the episode of the Devils of Loudun and the Witches of Salem, and before a fellow member of his Order was to illustrate various acts of exorcism in which the Devil, dragonlike, may be seen coming physically out of the body of the possessed.[12]

Pithoys did not deny the existence of the Devil but he was perspicacious enough to see that by playing on such a belief an unscrupulous man can achieve criminal ends. He handled his material with skill, proposing various ruses as a trap the unwary who may be feigning possession for the sake of notoriety or in order to inculpate a rival in an act of witchcraft. Aware that he was arguing against well-informed opinion, he deployed considerable forces holding in reserve his carefully documented criticism which bore chiefly on the legality of testimonies taken in the haphazard way which he had observed at Elisabeth's exorcism. The work provoked an immediate reply from the doctor who asserted the validity of exorcisms in general, and in this particular instance. But the last word seems to have been with Pithoys: the doctor and his assistant (a girl) were burnt in 1622. Elisabeth recovered and, taking the name Marie-Elisabeth de la Croix, founded the order of Religieuses de Notre-Dame du Refuge.

Nothing more is heard of Pithoys until 1628. In that year he published two works, *L'Amorce des ames deuotes* and *L'Horoscope roue de fortune*; in the latter he is referred to as being Corrector of the Minims' *couvent* at Verdun. The first is important as it begins with a general statement on superstition and leads on to a popular scientific argument aimed at debunking all astrological predictions. It is virtually a first draft of the more substantial *Traitté curieux de l'astrologie iudiciaire*.[13] Readers may well see in the following quotation from this early work a similarity of argument (and indeed of critical methods) to that used by Bayle and Fontenelle:

Il n'est pas au pouuoir humain de noter infailliblement ric à ric les aspects de toutes les estoilles qui se rencontrent au iuste point de la natiuité d'vn homme. Chose indubitable, puisqu' vn signe de Zodiaque en l'equinoxe faict en vne heure quinze degrez qui reuiennent à 420000 lieues françaises qui, diuisees par 60, donneront à chaque minute 70000 lieues de chemin.

---

[12] Figure 2 in my *Minims, op. cit.*, facing p. 247.
[13] Referred to subsequently as *Traitté curieux* and printed in full pp. 67–229.

Arriere donque de rechef ces alambiques de ceruelle! au feu ces Almanachs et leurs autheurs.

(Horoscope roue de fortune, 1628)

Although in the *Horoscope roue de fortune* Pithoys developed his
argument theologically in a way which would have been foreign to
Bayle and Fontenelle, the second version, if we may thus call the
Traitté curieux (1641), gives prominence to arguments which anticipate
theirs, emphasising the moral and political dangers of superstition.

There is something of a mystery about this part of Pithoys's life.
In 1627 he seems to have fallen foul of the Corrector General of his
Order, Simon Bachelier, a splenetic individual who had a penchant
for stirring up 'querelles de moines.' Preserved in the Archives départementales de la Moselle, at Metz, there is a memoir which relates to
Bachelier's visit to Bracancour, the senior *couvent* in the Minims'
Province of Champagne. It stated that Pithoys had a work in, or
ready for, the press which had been written without the permission
of his superiors and without letters of approbation. Moreover the
work was described as having a 'conférence' appended to it ('cui
annexa est conferantia'). This would seem to fit the *Descouverture des
faux possedez-* it had indeed a 'conférence' (between Pithoys and the
Bishop of Toul) appended to it. But it could not have been 'in
the press' in 1627, six years after its date of publication. Moreover it
was correctly published with full permission and authority. The
dating of the memoir is correct: it refers to Pithoys as eligible for
election to the correctorship of Verdun and we know from the intro-
ductory material to the *Horoscope roue de fortune* that this promotion
had been put into effect by 1628. We also know that both the books
he published in 1628 carried correct letters of approval and were
printed with due permission. It seems almost certain therefore that
Pithoys had ready for the press a work which is lost. At this point
I wish to supplement a theory that I put forward in my history of the
Minims.[14] On more careful examination of the text of the *Traitté
curieux* and in particular of the dedication of the second edition (1646),
I believe it is possible that the work referred to in the Metz memoir
may be a preliminary draft of the *Traitté curieux* and that, for some
reason. having got into trouble because of it, he published a less radical
version of the text, called it *L'Horoscope roue de fortune* and concluded

[14] *Op. cit.*, pp. 135–136. The text of the memoir will be found on p. 135, transcribed with
the assistance of the Sous-archiviste in the Archives Départementales, Moselle, série H, 3749.

with an extensive piece of mystical, christian writing which was in accordance with the spirit of his Order. It will be noted that the *Traitté curieux*, in place of this long theologico-mystical interpretation of the Zodiac, ends with an extensive set of quotations from the Scriptures; this was probably added when he was at Sedan and where he probably revised the whole text. However this may be, the memoir shows us a Pithoys still unsubmissive in the years 1627/8. Four years later, at the age of forty-five, he renounced his vows, abjured his faith and became a Protestant, throwing himself under the protection of the Duc de Bouillon who secured for him a post in the protestant Academy of Sedan.

Protestantism was established in Sedan in the mid-sixteenth century, so that by 1563 a flourishing congregation with its own pastors was in existence.[15] It is probable that protestantism spread slowly until, about a hundred years later, almost exactly two thirds of the 6,139 inhabitants were protestant.[16] Michelet's assertion that it was a 'Genève du nord' is a hyperbole; neverthless Sedan did assume some of the qualities of a calvinist city-state and, like Geneva, it stood on important trade routes so that, with the exchange of merchandise there grew up an exchange of ideas. Later, the town of Bouillon – a few miles to the east – was to play much the same rôle, enjoying a privileged position in a *pays limitrophe*. But it would be wrong to think of Sedan as a great centre of liberty. The protestant community grew up in an authoritarian atmosphere; atheism and other extreme heresies were punishable by death in the town:

> ... tous athéistes, libertins, anabaptistes et autres sectes réprouvées sont accusées de lèse majesté divine et punis de mort.[17]

A strong desire for self-preservation probably accounted for the fact that the Academy was known as being more dogmatic than the one at Saumur, which had a reputation for experiment.

It was the powerful influence of the Ducs de Bouillon which raised Sedan to a position of prominence. In particular it was due to the founding to the Academy in 1578[18] by Henri de la Tour, the father of Frédéric-Maurice de la Tour, who patronised Pithoys, and of

---

[15] P. Congar, "Les débuts du protestantisme à Sedan," in *Annales sedanaises*, No. 49, 1963, pp. 22–40.

[16] P. Congar, "Le calvinisme à Sedan," in *La Grive*, No. 118, Charleville, 1963.

[17] Ordonnance du 20 juillet, 1573; quoted by P. Congar, *Annales sedanaises*, *loc. cit.*, p. 38.

[18] The date is open to discussion: see P. Mellon, *L'Académie de Sedan*, Paris, 1913, p. 17.

Turenne. To this academy came English, Scottish, Dutch and Silesian students, so that Pithoys found himself in an international atmosphere – he certainly made one English friend, thanks to whom the British Museum possesses a copy of the rare second edition of the *Traitté curieux*. Appointed initially as professor of philosophy, Pithoys also became *gardien* of the valuable library [19] and, later, taught law. There is evidence in his earliest work that he had a legal mind, and it has been suggested above that he may have had access to the rich legal collection in the Minims' library in their *couvent* at Reims. The third edition (1661) of the *Traitté curieux* refers to him as 'Theologien et Professeur en Philosophie et en Droict, Et Advocat consultant à Sedan.' One of his rare letters [20] to have survived is a request for permission to exercise the profession outside the Academy:

Demande à son Altesse.

Plaire à son Altesse octroyer à son treshumble & tresobeissant suiet & serviteur Claude Pithoys, licentié ez loix, & professeur en Philosophie en son Academie de Sedan, & Gardien de sa Bibliotheque, qu'il puisse librement exercer la charge d'auocat & de procureur tant au baillage qu'au Conseil souuerain de ses souueraintez de Sedan, de Rancourt, & il restera de tant plus obligé à redoubler ses prieres pour la santé & prosperité de sadite Altesse, & de s'en dire pour iamais le treshumble & tresobeissant & tres fidele suiet & seruiteur

Claude Pithoys.

Unfortunately this latter is undated but may be presumed to be anterior to the disgrace of Frédéric-Maurice (1642).

The Ducs de Bouillon employed their own printer who was also official printer to the Adademy at Sedan. In 1610 Henri de la Tour was looking for someone to fill the vacancy caused by the retirement of Jacob Salesse, and appointed Jean Jannon, who had served an apprenticeship with the famous printer Robert Estienne (the third of that name). His first publication, in 1611, bore the style 'Imprimeur de son Altesse et de l'Académie Sedanoise' with the permission of the Duke and the Conseil des Modérateurs who administered the Academy. Pierre succeeded his father in 1640. It was therefore the

---

[19] This valuable collection of books which was used by Bayle might have yielded interesting information about Pithoys and Bayle's probable indebtedness to him. Unfortunately at the closure of the Academy in 1681 this heretical library was thrown into a ruined house: "... la riche collection de Turenne n'était plus qu'un amas de livres dépareillés et déchirés," P. Mellon, *op. cit.* p. 67.
[20] Manuscrits conservés dans la Bibliothèque Municipale de Sedan, 66, (vii).

son who undertook the printing of two works for Pithoys in 1641. The first of these was the *Traitté curieux*, dedicated to Frédéric-Maurice de la Tour, and the second, an elementary treatise on astronomy and geography called *Cosmographie ou Doctrine de la sphère avec un Traitté de la géographie* (without name of printer).[21] The latter was dedicated to 'Monsieur le Baron de Mézières, Premier gentilhomme de la chambre de Monseigneur le Comte de Soissons.[22] Both dedications are significant.

Born in 1605, the elder brother of Turenne, Frédéric-Maurice de la Tour was the son of Henri de la Tour, Duc de Bouillon, Souverain de Sedan, and Elisabeth de Nassau, Princesse d'Orange. He had a brilliant career fighting under his uncle against the Spaniards, and he served France from 1635 onwards. He was made Maréchal de Camp but became an implacable adversary of Richelieu, siding with the above-mentioned Comte de Soissons. Together they won a crushing victory over royalist troops at le Bois de la Marfée, near Sedan, on the 6th July, 1641. Soissons however was killed, and Frédéric-Maurice concluded a peace in 1642. He was then suspected of being implicated in the conspiracy of Cinq-Mars who was executed in 1642. It seems unlikely that he would have become involved in this pro-Spanish plot; more likely, it was a trumped up charge to inculpate and get rid of him. He was arrested and only saved by the rapid and daring intervention of his wife. Sedan was handed over to royalist troops, and its decline as a centre of protestantism began. On the death of Louis XIII, Frédéric-Maurice abjured his protestant faith and took command of Papal troops. Returning to France in 1649, he drew up a treaty which ceded Sedan to France in exchange for several valuable estates. He signed this in 1651 and died a year later.

Meanwhile Sedan had been governed by Fabert, a Maréchal de France, who had fought at La Marfée on the royalist side. His avowed intention was to restore catholicism in the principality of Sedan to the strong position it had held more than half a century previously.[23] In all this it is important to remember Pithoys's position: it was an invidious one (even so many years before the Revocation of the Edict of Nantes) as an apostate monk, a lapsed catholic and author of a work dedicated to a man suspected of implication in the Cinq-Mars

---

[21] J-B. Brincourt, *Jean Jannon, ses fils, leurs œuvres*, Sedan, 1901, p. 66.
[22] Louis de Bourbon, Comte de Soissons, 1604–1641.
[23] H. Rouy, *Vingt années de l'existence de Sedan, ou Notre ville sous le gouvernement de Fabert (1642–1662)*, Sedan, 1877, pp. 16–17.

conspiracy, and of another dedicated to a man slain in battle against the royalists (the cloak-and-dagger background of the nineteenth century novels dealing with this period may well be nearer the truth than we think). Moreover it is clear from the *Cosmographie* (see p. 233 of this edition) that Pithoys had taken an active part in the training of young recruits serving Soissons. It is not surprising, therefore, that the second (1646) edition of the *Traitté curieux* bore a different dedication.

What passes as the second edition is in fact a deception. There was no attempt at revising the text, and the pagination, type of paper and watermark are identical. In other words the first edition was reissued after the original title-page, dedication and preliminaries had been removed. The new title-page bore neither the author's name, nor the name of any person to whom it was dedicated. An entirely new dedicatory epistle followed, and the *Dessein de l'Autheur* was reset with some minor variants. The dedication is signed N.V.M.L.A.S., the work ostensibly published at Montbéliard.

The reasons for removing the name of Frédéric-Maurice are clear enough, but why publish under a pseudonym a work unchanged from its first edition? Why Montbéliard? And to whom was it dedicated?

It will be convenient to take the last of these questions first as it is in some ways the most puzzling. Pithoys wrote his dedication to 'Très-Illustre et genéréux Monseigneur George (sic) Louis comte de Leweinstein (sic), Baron de Scharpheneck.' The Löwenstein family is well known. Their main seat is at Wertheim-am-Main but, in the seventeenth century, they held Rochefort (lying between Namur and Bouillon) also Chassepierre, Herbeumont and Cugnon (all lying just within the modern Belgium, a few miles south of Bouillon and close to Sedan). The only member of the family to bear the names Georges-Louis was born in 1587; he travelled widely and studied oriental languages,[24] but died in 1633, that is thirteen years before Pithoys ostensibly dedicated the second edition to him. Two points immediately arise: first, at no time in the dedication is their any suspicion

[24] *Stemma Leostenianum*, Frankfort, 1622. There is no mention of him in G. Lamotte, *Etude historique sur le comté de Rochefort*, Namur, 1893, nor in E. Gérard, *La Province de Namur* (*Petite encyclopédie*): *Canton de Rochefort*, Dinant, 1951. I am indebted to the librarian in the Archives Provinciales at Namur for putting me in touch with an expert on the Löwenstein family, le Père Albert van Itersen of Rochefort, who confirms my findings in the *Stemma Leostenianum*. He also adds the important information that Georges-Louis died in 1633. I am also indebted to Frau Gerlach, archivist to the Prince of Löwenstein-Wertheim-Rosenberg for further confirmation of this information and for searching the papers of Georges-Louis in the hope of finding some reference to Pithoys.

that it is a posthumous dedication; second, Pithoys expressly states that the work was undertaken at Georges-Louis' suggestion. A third point also arises but it has less direct bearing on the dedication, namely that the tone of the book may be considered catholic rather than protestant and that the date of composition may very well be considerably before the date of publication. Consideration will be given later to this question of whether the style is in keeping with its provenance from a protestant academy. Is this second dedication really the first? Was the *Traitté curieux*, not necessarily in the form in which it was printed in 1641, the work which Pithoys, still a Minim father, had ready for the press and which is referred to in the Metz memoir of 1627? I am inclined to think that this is possible. Pithoys might very well have met Georges-Louis (they were exact contemporaries) at Nancy or at Pont-à-Mousson where the Minims had a small academy; we may assume that George-Louis was a catholic (the protestant branch of the Löwenstein family was descended from the elder son of Jean-Théodore, 1611–1644).[25] We have already seen that there is a strong similarity between the *Traitté curieux* and the *Horoscope roue de fortune:* is it not possible that, having written the former and having incurred the wrath of his superior, he recouched it in terms that were acceptable? In which case Pithoys composed the *Traitté curieux* in the 1620s and, with some revision and a dedication to his new protector, Frédéric-Maurice, gave it to the public through the press of Pierre Jannon some fifteen years later. There is no positive *internal* evidence for dating the text. He never gave the edition of a single work he quoted, but it may have some significance that it is possible to check all his references in pre-1620 editions. One event is stated as having taken place two or three years before he wrote, but it is too vague an allusion to be dated with certainty. Geographical allusions in the text, it must be agreed, suggest Sedan rather than Nancy, Vitry or Toul. On the other hand the work was almost certainly revised and the references to the Meuse and the Ardennes could be a later interpolation or could equally have been suggested earlier by association with Georges-Louis de Löwenstein and the family estates in the Ardennes.

Assuming that the dedication to Georges-Louis is genuine and dates from approximately 1625–1632, can any sense be made of the pseudonym N.V.M.L.A.S.? Dictionaries of pseudonyms throw no

---

[25] E. Gérard, *op. cit.*, pp. 45–51.

light on the problem, but two inferences suggest that it dates from
Sedan days and was probably a piece of literary deception added
when the Frédéric-Maurice dedication proved an embarrassment.
L.A.S. suggests 'Licenciatus in Academia Sedanensi' (a formula
which Pithoys himself wrote with slightly different word order on
the fly sheet of a copy which he gave to a young pupil).[26] N.V.M.
may be 'Nunc vero Magister,' as this style was used by other professors
of the Academy when presenting theses.[27]

The final deception concerns the name of the printer, Jacques
Foylet, and the place of publication, Montbéliard. There were indeed
two printers Foylet (or Foillet) at Montbéliard. Jacques, the father,
settled there in 1586 and was succeeded by his son Samuel. The latter
died in 1633, so that at the time of the second edition of the *Traitté
curieux* there was no printer of this name at Montbéliard.[28] It seems
likely that Jannon 'borrowed' the name Foylet and that the edition
is really his; the vignette on the title-page is identical with the one
used on the first edition – a small but not insignificant detail – while
the print and setting are reminiscent of Jannon. Montbéliard may
have been suggested to Jannon because it was a fief of the House of
Würtenburg and, like Sedan, not then under the jurisdiction of
France.

The work went into a third edition in 1661. On the title-page
Pithoys's name reappeared with the appellation 'Theologien et
professeur en Philosophie et en Droict, et Advocat consultant de
Sedan.' Pierre Jannon acknowledged that he was the printer, calling
himself no longer 'Imprimpeur de son Altesse' but merely 'Imprimeur
de l'Academie.' There is a copy of this edition in the Columbia University library.[29]

The British Museum is fortunate in having a copy of both the first
and second editions, bound together. On a fly sheet of the second

---

[26] See p. XXIV.

[27] J. de Vaux, *Thesaurus disputationum in alma Sedanensi academia habitarum*, 2 vols., Geneva, 1661.

[28] For this information I am indebted to the Director of the Services d'Archives du Département du Doubs who has also drawn my attention to an article, in *La Société d'émula-tion de Montbéliard*, 1905, by A. Roux, "Recherches sur l'imprimerie à Montbéliard depuis ses origines (1586) jusqu'à la réunion de Montbéliard à la France en 1793 etc." in which the *Traitté curieux* is referred to in these terms: "Sa date est fausse, J. Foillet étant mort en 1619. Du reste, cet ouvrage ne nous paraît pas avoir été imprimé à Montbéliard."

[29] See Bibliography of Pithoys's work, p. X. Details of the edition from Brincourt, *op. cit.*, p. 78, from which it is clear that Thorndyke, *op. cit.*, IV, p. 102, is mistaken in assuming that there is an error in the dating of the Columbia University copy.

edition there is one of Pithoys's rare autographs:

Rogerio Meredet
Charissimo nec non
Meritissimo discipulo suo
dono dedit Claudius
Pithoeus in Academia
sedanensi Philosophiae
professor & licentiatus
anno dni 1654.

Roger Meredith was educated at an early age in France; he subsequently went to Westminster School and Trinity College, Cambridge. His career thereafter was distinguished – Gresham's Professor of Law; Secretary to Sir William Temple (1674–1680); Fellow of the Royal Society (1681). He died in 1700.[30]

Pithoys was already sixty-seven when he signed Meredith's gift copy of the *Traitté curieux* but he lived another twenty-two years, working almost to the end. It is unfortunate that the only details we have of Pithoys, the man, belong to his middle or old age. He married three times: first when he was forty-seven to Hélène de la Disme (died 1641) by whom he had two children, Joseph and Rachel. Joseph became professor of philosophy and history in the Academy at Sedan (1655–1660), subsequently occupying a post at Leeuwarden and ultimately becoming a minister in Guernsey. Within nine months of the death of his first wife he married again, but his second wife died childless after four years of marriage (March, 1646). His third marriage took place in September, 1646, to Marie Thiébaut by whom he had two children, Jacques who died at the age of twenty after becoming Docteur en Droit, and Anne who married Jacques Brazi, a professor of philosophy at Sedan.[31]

In 1662, that is in his seventy-fifth year, he published an anti-monastic work called *Apocalypse de Méliton*, which Bayle claims to be the work of J-P. Camus, Bishop of Belley.[32] It is in fact a thinly

---

[30] See J. Venn, *Alumni Cantabrigensis* I, Cambridge, 1924, Vol. 3. See also Ward, *Gresham Professors*.

[31] Biographical details taken from MSS, Bibliothèque Municipale de Sedan, 68 (v); also E. Henry, *op. cit.*

[32] *Oeuvres Diverses*, The Hague, 1727–1731, Vol. III, p. 629, marginal note. Frequent reference will be made in the footnotes to similarities between Bayle and Pithoys. All references to the *Oeuvres Diverses* will be to the edition quoted above; references to the *Dictionnaire* will be to the second, 1702, edition except where specific reference to the Beuchot, 1820, edition is made.

disguised adaptation of Camus' *Saint Augustin: de l'ouvrage des moines*, (Rouen, 1633), a satirical attack on the rapacious habits of certain mendicant orders. Boulliot suggests that it is typical of 'un cénobite qui avait quitté scandaleusement son état,'[33] a peevish assessment of a work behind which one sees a member of the secular clergy rather than a protestant (i.e. Camus rather than Pithoys, witness the following quotation from the preface:

> Les artifices dont se servent ces bons frères pour attirer les colombes dans les colombiers, je veux dire toutes les dévotions des peuples dans les églises et toutes leurs charités dans leurs cloîtres, au grand préjudice des Eglises Parochiales qui en sont désertées et désolées comme chacun sait.

It is a statement of regret for past glory rather than a fundamental attack on monasticism such as might have come from a protestant pen. The ancient austerity of the old orders is contrasted with the profligacy of some contemporary monks. Camus died in 1653 and the plagiary of his work thirty years after it was first published might have gone unnoticed were it not for the fact that it went into four editions, each with a strange frontispiece showing a fat monk who has obviously plundered a poor farmer and is running away with a capon half-hidden in his cowl – this is the only really scurrilous thing in the work.

It is typical of Pithoys that he should have stirred up trouble to the end of his life. Almost the last we hear of him is that in 1671 he drew up a memoir that was considered libellous to members of the Conseil des Modérateurs of the Academy, who forced him to withdraw it. In spite of this he continued to draw a stipend from the Academy and signed a receipt for it as late as 1675/6 (he was then eighty-eight!):

> Comte trantiesme ... 1675/76.
> Despançe du presant compte.

A Mᵉ Claude Pithoys, ancien professeur de philosophye, la somme de cinq cents livres, por ses gages et sa pension vyagere, durant l'an du prént compte, comme apert par quittance cy rendüe, cy.[34]

This is the year in which he finally gave up teaching and was replaced by Pierre Bayle. He died within the year aged eighty-nine and

---

[33] In the article 'Pithoys' in *Biographie Ardennaise*.
[34] Transcribed by P. Mellon, *op. cit.*, p. 242. MSS, Bibliothèque Municipale de Sedan, 66 (vii), a small file of such receipts including one signed by Bayle.

survived by a son, Joseph (then in Guernesey) and a daughter who caught Bayle's eye.[35]

The span of this long life (1587–1676) bridges a period of change as great almost as any before the industrial revolution. Montaigne was alive when Pithoys was born, yet he outlived Molière by three years. The two works which are here edited for the first time since the seventeenth century are complementary to each other and clearly show the mark of the age which produced them and the unmistakable stamp of the formative influences that their author underwent. At the risk of over-simplification we may say that, during the first decades of the seventeenth century, the counter-reformation in France brought about a reaction against the supposedly pagan aspects of the renaissance, yet at the same time held to its freely expressed humanism. St. François de Sales is the most obvious example of this dual tendency. Moreover the writers and theologians of these decades inherited from the renaissance the joys of intellectual activity; Bérulle, with the founding of the French Oratory, exemplifies this tendency. But the suavity and gentle persuasion of St. François de Sales and the honest intellectualism of Bérulle must be seen against the harsher pronouncements that often characterise the age. The sterner aspects of calvinism were the counterpart of such astringent and uncomfortable doctrines as are to be found in Conry's *De Poena parvulorum post hanc vitam* (Louvain, 1624), asserting that the souls of unbaptised infants are in Hell and that any flinching from this belief on humanitarian grounds is a weakening of the catholic faith.

Within the monastic orders, which on the whole received a strengthening of purpose at this time, the above mentioned aspects of the counter-reformation and catholic revival were intensified. Following a lead given by the Council of Trent and by the recently formed Society of Jesus a reforming spirit was abroad, and particularly in France. The stern rule of the Order of Minims, to which Pithoys belonged, perpetuated mediaeval austerities in the post-tridentine world. But even this Order frequently gave impetus to more liberal and modern ideals: its libraries were often broadly based, it sheltered such scholars as Mersenne who was foremost in the diffusion of galilean physics in a reluctant France. Up to a point it fostered liberal studies undertaken by its members. In attempting to restrict the ease with which members could go about performing exorcism

---

[35] *Nouvelles lettres de Bayle*, The Hague, 1739, Vol. II, pp. 37–38.

it was in advance of other orders – an important consideration in the context of Pithoys's dispute with the Bishop of Toul. By a decree promulgated after the Chapitre Général of the Order, held at Avignon in 1599, dire penalties were imposed on members who held exorcisms without the permission of the Correcteur Général (head of the whole Order) or one of his Provincials. It was not until 1622 that a similar restriction was placed upon all members of the regular clergy by the Sacra Congregatio Regularium.[36] It will be seen that the things Pithoys abhorred in the exorcism of Elisabeth Ranfaing were the ease and lack of discipline with which it was performed, the lack of intellectual preparedness of the exorcists and the absence of anything which could legally establish the veracity of statements made by witnesses.

The work on feigned possession by the Devil and the one on astrological predictions have been described above as complementary. This is so because together they form a complete statement on the most prevalent forms of superstition and because the two works provide a detailed set of theological, legal and moral objections to these superstitions. Between demonology and astrology as a form of divination there was, however, a considerable divergence.

Belief in the Devil was backed by the authority of scripture. Christ referred to diabolic possession in the parable of the 'house swept and garnished' and he himself performed exorcism on occasion, as in the case of the man called Legion. The tradition of a belief in the Devil is not strongly rooted in Old Testament theology apart, that is, from the story of the Fall in which it is implicit. It tends to appear later with references to the Philistinian Beelezub and in general under pressure from Babylonian and Persian contacts. It goes back to Zoroastrian rather than Mosaic tradition. Nevertheless in Christian eschatology it played so important a part that Satan acquired the attributes of a hero. Thus the tradition grew, sometimes inextricably confused with various dualist heresies, sometimes affecting the very language of the gospels – or so it seems. The essential point about dualist traditions is that they postulate two originals in the creative act, a power of light (Ormuzd) or God, and a power darkness (Ahriman) or the Devil. This is the Zoroastrian belief in its simplest form.

[36] G. L. Pizzurnus, *Manipulus Minimorum*, Lille, *s.d.*, but containing information up to 1688; see under *exorcismus*. It is apposite to point out that exorcism was retained by Protestant sects; thus the Minims were ahead of the Church of England which only restricted exorcism in 1603.

The belief spread from Persia to the whole of Asia Minor; the wording of the first verses of St. John's gospel and, in particular, the perplexing parable of the unjust steward with its reference to 'the children of darkness' being wiser in their generation than the 'children of light,' seem to be a distant echo of this eastern tradition. Certainly it had a profound effect on the early church, to the extent that early heresy is very largely occasioned by dualist and christian elements. The most important of these heresies was that of the manichaeans which influenced Augustine in his youth; it spread up the Danube valley into Lombardy, thence to southern France where it was suppressed with great brutality in the thirteenth century (the Albigensian crusade). It undoubtedly affected the whole of Christian teaching concerning the Devil and that, in its turn, affected popular superstition. Certainly this tradition of an awful, heroic Satan is the one that Milton understood several decades after Pithoys who, it will be seen, never voices a disbelief in the Devil. Rather is he fearful that by feigned possession exorcism will be invalidated and the Church harmed.[37] A similar, but more categorical opinion was hold by his English contemporary Sir Thomas Browne, who asserted that a belief in the Devil and witches was a fundamental doctrine:

> For my part I have ever believed, and do now know, that there are witches: they that doubt of these, do not only deny them, but spirits; and are obliquely and upon consequence a sort not of infidels, but atheists.

> (*Religio Medici*, c. 1635, published 1642.)

To criticise astrological predictions, however widespread they may have been and however much they may have been considered important at court, was easier, because it was less fraught with theological implications, than to criticise the validity of exorcism. Divination, by whatever means, had been frowned upon from the time of the early Fathers of the Church, had been anathematized by decisions made by Church Councils and condemned by Popes. The enlightened humanists of the renaissance had also given a lead by ridiculing divination. Montaigne wrote an essay on the theme of prognostication, using largely the same sources as St. Augustine (Cicero, *De natura deorum* and *De divinatione*),[38] in which he mentions the ancient oracles, the methods of divination by the entrails of beasts and so on, and

---

[37] Exorcism is the basic principle of baptism strictly interpreted. The word is used here, and on subsequent occasions, to apply solely to the exorcism of those considered to be possessed by an evil spirit in later childhood or as adults.

[38] *Essais*, I, 9.

concludes that he would as soon regulate his life by casting dice as by such ridiculous procedures; above all he criticises the 'parler obscur, ambigu et fantastique du jargon prophetique, auquel leurs autheurs ne donnent aucun sens clair, afin que la posterité y en puisse appliquer de tel qu'il y plaira.' There was however one obstacle in the way of anyone undertaking a criticism of astrological predictions in the early seventeenth century: it was the one form of divination that was still held in considerable esteem. The reasons for this are not far to seek. First, because of the remoteness of the celestial bodies and the difficult mathematical calculations required to explain even the simplest of their motions, astrology acquired a cachet that distinguished it from mere dabbling about in water (hydromantia), or playing games of acrostics with words and names (onomantia), and other mumbo-jumbo procedures. More than this, in astrology alone could certain predictions be proved to be correctly fulfilled – predictions of seasonal change, phases of the moon, eclipses and so on. The Bull of Sixtus V, *Coeli et Terrae Creator Deus*, clearly distinguished between the legitimate use of astrological knowledge and the illigitimate use for foretelling a man's destiny. Similarly Pithoys, who used examples drawn from Tycho Brahe and Kepler, had to differentiate between these uses; he therefore distinguished between what he called *vraye astrologie* and *astrologie iudiciaire*, or *fausse astrologie*. He was writing at a time when the one word *astrologie* had to serve the whole field of interest in the stars (he used the word *astronomie* once only). Second, astrology held a special place in people's minds because the ancient cosmography, embodied in a corpus of traditional belief, was used to bolster religious faith, and to such an extent that to shake one was to shake the other – hence the profound significance of Diderot's pronouncement to the Princess Dashkov. Slowly Tycho Brahe, Kepler, Galileo and Mersenne were changing this dependence of faith upon a demonstrably false interpretation of the universe.

The importance of Tycho Brahe is that he opened up a way of discrediting the authority of the Ancients and all systems of belief based on *a priori* judgement. By the high degree of accuracy of his astronomical observations he was able to show that the New Star, which he observed in Casscopea one night in 1572, was at a distance from the earth which placed it beyond the moon, far out into space where, according to the then current cosmography, the spheres were fixed, unchangable, perfect. Now, to deny the immutability and perfection of astral bodies was a fundamental statement of disbelief, as radical as to deny the Devil. Seen in this light, Pithoys's two works take on a unity of purpose – paradoxically, perhaps, since he still subscribed to a belief in the Devil *de se* and clung to certain outdated beliefs in his cosmography: the *a priori* judgement implicit in such an affair as the possession of Marthe Brossier[39] or Elisabeth Ranfaing is the same inability to diagnose cause and effect when a person, born shall we say under a conjunction of Mars and Venus, is thought to display certain characteristics. Pithoys showed clearly that astrological predictions, in so far as they claim to foretell events which depend on the free exercise of the human will, cannot be valid. First, the extraordinary distance of the stars from the objects they are supposed to condition precludes the possibility of such influence. Second, the speed of the spheres precludes the accurate assessment of their relative positions at a given moment of terrestrial time.[40] Third, if, as the genethliacs claim, it is conjunction of the stars at the moment of conception that affects human destiny to the extent that the course of a life can be foretold, then such prediction must be false since it is impossible to determine the exact second of conception and it follows from the speed of the spheres that even small errors of time would account for vastly different conjunctions. Fourth, he points out that the genethliacs do not agree amongst themselves whether it is the conjunction of the stars at the moment of birth or of conception that matters – what a difference in the array of the heavens in the intervening nine months! Finally, as Montaigne had done before, he considers the whole abracadabra of the astrologer's jargon to be an insult to human intelligence, and that the attempt at scrutinising and forecasting God's purpose is a diabolically inspired, blasphemous affront to the Christian religion which it is his purpose to defend.

Pithoys displays a high degree of rational criticism, weighing evidence presented by conflicting authorities, dismissing the pretentious and the unfounded. This rationalism was typical of certain aspects of the age in which he lived, just as much as were the emotional and hysterical outbursts of the fanatical and the superstitious. Part at least of the interest he holds for the modern reader is that, although he writes in isolation, passing in silence over his contemporaries, he anticipates in style as well as in content the better known works of Bekker and his successor at Sedan, Pierre Bayle.[41]

[39] See p. 14.
[40] See p. 140; 2, 264 leagues in one pulse-beat, for Orion, is an indication of the speed he had in mind.
[41] I have already drawn attention to this similarity in my *Minims op. cit.*, pp. 138 and 262–274.

The criticism of superstition had followed and continued to follow a somewhat stereotyped pattern, being little more than the reiteration of earlier pronouncements. Thus the works of the three authorities that Pithoys quotes in his 'Conférence' with the bishop of Toul[42] tend to say much the same thing and to quote the same passages from scripture, the Fathers and the civil and canon law. Of the three, Henri Boguet is the most original in that he writes as a judge and substantiates his work with actual reports from the civil courts. The other two are specifically interested in the theological implications of superstition. Later writers also tended to give a specialised point of view. Pierre Petit (1598–1677), mathematicien, physicist and military engineer, wrote a *Dissertation sur les Comètes* (1665) in which he ridicules the fear that the apparition of a comet caused in the minds of most Europeans. He was writing twenty-four years after the *Traitté curieux* of Pithoys, but in many ways his argument remains undeveloped. Similarly Claude Comiers, who died between 1694 and 1700, does not develop the arguments he puts forward in his *Traité des présages des comètes* (1665) but writes as a scientist and as a contributor to the *Journal des Sçavans* and, in his *Pratique curieuse en les Oracles des Sibylles* (1694), as an antiquarian. Similarly again J-B. Thiers (1636–1703) writes learnedly as a classical scholar and historian in his *Traité des superstitions* (1679, with several subsequent editions in the eighteenth century). Pithoys, it will be seen, is nearer in temper to Montaigne, in many respects, and especially to the Jesuit Alessandro de Angelis whose *In Astrologos coniectores libri quinque* (1615) has already been quoted. The influence of such authors as Del Rio is undoubted on such passages as those in the *Descouverture des faux possedez* and *Traitté curieux* where Pithoys gives comprehensive sets of references to substantiate his argument. But his originality is seen in the way he takes the question of superstition into the moral and political fields, emphasising the dangers of divination to those who practise it and to those who seek the aid of fortune-tellers, genethliacs and any who have a spirit of divination. If such people are to be believed, free-will and moral responsibility will be destroyed; blame for wrong-doing will be simply imputed to the stars and not to human turpitude (in much the same way we tend to-day to attribute the old-fashioned idea of 'sin' to various determinist considerations, biological, hereditary and environmental). Pithoys turns the full weight of his irony

---

[42] i.e. Petrus Thyraeus, Martin Del Rio, S.J., and Henri Boguet; see p. 57.

against such determinism:

> Qu'on laisse en liberté les concubinaires, les adulteres, les voleurs, les
> meurtriers, les parricides, & tous les scelerats; s'il est vray que tous euene-
> mens sont marquez par les phenomenes du ciel, & que les astres sont
> determinez à leur production, & qu'il n'est pas au pouuoir de ces mal-
> heureux de resister à la violence du sort. Pourquoy punir ce qu'vne si
> puissante fatalité force irremediablement d'executer? . . .
> Ainsi de l'Astromantie nait la fatalité, de la fatalité l'impunité des crimes,
> de l'impunité des crimes l'insolence des scelerats, & le renuersement des
> loix; & du renuersement des loix qu'en doit-on esperer, sinon le renuerse-
> ment des Estats, & la ruine des peuples?

In particular Pithoys emphasises the danger to the head of a state
if he allows astrologers to have any power. He refers the reader to
the examples of Cardan, Gauric and Nostradamus who each held
considerable sway in European courts:

> . . . nous auons veu vn Empereur, vn Roy, vn Prince, & vn Duc mal-
> heureusement deceus par les plus habiles Genethliaques de leur siecle,
> lesquels toutesfois estoient bien recompensez de leurs fausses & trompeuses
> predictions. Ce seroit tousiours vn notable interest pour le public, quand
> il n'y auroit que le Prince qui ressentiroit les effects pernicieux de l'Astro-
> mantie, puis que tous les subiets d'vn bon Prince sont obligez d'exposer
> leurs biens & leur vie pour sa conseruation, & de contribuer tout ce qui est
> en leur pouuoir, pour empescher que rien ne puisse troubler son repos &
> ses contentemens. Mais d'ordinaire la plus part de leur peuple ou de leurs
> domestiques, ou les plus considerables de leur Estat, sont enueloppez dans le
> malheur d'vn pernicieux horoscope. Que de batailles precipitees, que
> d'armees taillees en pieces, que de peuples ruinez par des reuoltes ou par
> des guerres temerairement entreprises à la persuasion des Genethliaques.
> Et si le Genie qui est deputé de l'enfer à l'execution de leurs predictions ne
> peut boulleuerser tout l'Estat, au moins fera-il tous ses efforts pour remplir
> la Cour & le Palais de funestes accidens & de pitoyables desastres.[43]

Bayle likewise was to emphasise the dangers of superstition in high
places, arguing from examples taken from Antiquity and the French
court. His criticism was implied in many sections of the *Pensées sur la
comète*, in the *Dictionnaire* in the articles *Cardan, Henri III, Morin,* and
in many other places.

Pithoys in his criticism hints at two things which are of great
significance in the history of ideas during the later seventeenth century
– the supreme value of experiment in order to establish the truth of a

[43] *Traitté curieux:* see p. 104–105.

proposition, and the fallibility of Aristotle. Although it will be seen that Pithoys himself held certain outmoded ideas, his insistence on experiment manifests itself in the ways he suggests for tricking those who feign possession; later, in his work on astrology he relies on the evidence of experiment rather than on traditionally accepted belief. His criticism of Aristotle is confined to one point, namely that the influence of heavenly bodies is not merely that of the light coming from them. His summing up of the argument is memorable and worthy of a Fontenelle or a Voltaire:

Nous accordons ce point aux Genethliaques malgré les philosophes, qui s'opiniastrent à canonizer tous les sentimens d'Aristote, & qui font profession de le suivre κατὰ πόδας: mais à condition qu'ils n'en feront pas sortir des monstres d'impossibilité.[44]

Pithoys had the misfortune to fall into almost total obscurity. The chroniclers of the Order of Minims did little more than make a passing mention of him – hardly surprising when one considers his apostasy. As a protestant he had the good fortune to be patronised by one of the most influential Princes and to secure a post in an Academy that provided him with a library, a press and the wherewithal to live – those of a later generation knew no such advantages. But his patron fell into disrepute at the moment of publication of his most considerable work and gradually the Academy that sheltered him felt the hand of absolutism closing on it. He had the misfortune also to be followed by a singularly brilliant man, Bayle, the most outspoken, the most radical of all those who in the late seventeenth century undertook the criticism of superstition. But would Bayle have been known had not H. van Paets succeeded in securing for him a post in Rotterdam just at the time of the final closure of the academy of Sedan? Pithoys's work was superseded by Bayle's and his memory left virtually to moulder with the remains of Turenne's fine library, both victims of the intolerance of the age.

If his thought may be considered as having some originality, so must his style. However, at first sight it is the archaism of his language that seems most prominent: indeed his vocabulary and syntax are of the sixteenth, rather than the seventeenth century and are highly idiosyncratic on occasions. Detailed comment on the more interesting features will be found in the footnotes to the present edition, while

[44] *Traitté curieux:* see p. 114. (κατὰ πόδας-hot on the heels).

certain generalities are dealt with later in the discussion of the basis upon which this edition has been made. On closer examination of the text it will be seen that Pithoys achieves a strong effect by couching his criticism in pungent terms, by using strange juxtapositions of words and playing on sound effects and meanings. He can on occasions also show himself to be a master of the well chosen aphorism and the unexpectedly homely comparison. All this acts as a leaven to the arguments that he is at times slow to develop.

In an analysis of his stylistic devices it is not surprising that ecclesiastical and Biblical imagery is recurrent, often with minatory overtones:

> Aux genethliaques qui s'opiniastrent à *canonizer* tous les sentiments d'Aristote.
>
> Punition de *mille enfers*.
>
> *L'enfer* l'a vomi de sa plus puante cloaque.
>
> Un crime de *leze maiesté divine*.

But even in his ecclesiastical images he does not fear the possibility of comic effect:

> Un tel genethliaque seroit bien capable d'estre roy, empereur, *& Pape, & papegay* tout ensemble . . .

As may be expected from an author of this period, classical images abound:

> Quelque *forgeron infernal* souffle tant soit peu là dedans.
>
> Quelle *Megere* pouuoit inspirer cette meffiance?
>
> Jamais la *boëte de Pandore ne fut si funeste* aux humains.
>
> Des blessures mortelles que cette *Furie infernale* a fait & tasche encore tous les iours de faire dans les Estats.
>
> Il n'estoit pas besoin de tirer l'horoscope de *Polypheme ny d'Vlysse*, pour predire à ce *prince d'Ithaque* que s'il ne preuenoit cet *anthropophage*, il ne manqueroit d'en estre deuoré de tous ses compagnons. *Caton* ne se mesloit d'alambiquer les phenomenes celestes, . . . il ne laissa pas de predire . . . que *la reünion de Pompee, de Crassus & de Cesar* causeroit la ruine de *la chose publique*.

In the last example there is a fusion of Greek mythology, Roman history and Arabic science, the latter evoked by the idea of *alambiquer les phenomenes*; a frequent recourse to a vocabulary of Arabic origin recalls the part that eastern cultures (Arabian, Chaldaean, Egyptian) played in the history of astrology:

Des cervelles *alambiquez*.

Les charlatans avec leurs *sarbatanes*.[45]

Les *caracoles* que peuuent faire les astres.

Toutes leurs *boutiques* ne sont remplies que de vanitez.

The period during which Pithoys was writing was extraordinarily turbulent; skirmishing and marauding armies were afield throughout Europe, sieges were common. This is reflected in the frequently employed military comparisons:

Une *alumette de sedition*.

Les genethliaques ayans *tendu ... tous les pauillons* dans *les campagnes celestes*, & assigné les *quartiers* aux principaux *chefs de cette armée* siderale, *ils la mettent en campagne*, & luy font faire cent mille *limaçons*, & n'y a sorte *d'exercices militaires* ny *d'exploits* & de *stratagemes de guerre* qu'ils ne facent prattiquer à ces *bandes* d'estoillees, sans leur donner une mimute de repos.

Neantmoins il faut auoüer que si *les chefs* & *les officiers de nos armees* estoient aussi bien *pourueus de logis en la campagne* comme les planetes dans les cieux, on auroit bien de la peine à les faire *retirer en leur quartier h'hyuer*.

Un capitaine qui a vieilli dans les armes, & passé par toutes *les charges de la milice*, qui a reüssi en cinquante *sieges*, & *gagné cent batailles*, discourant les ruses, *stratagemes*, adresses, *assauts, surprises, rencontres, combats, retraites, retranchemens, escarmouches*, & autres *exploits de la guerre*, trouuera plus de creance dans l'esprit de *ses soldats*, & les *formera plus aisément à sa devotion*, que cent ieunes *cadets* qui portent le premier *corcelet*, & n'ont encore rien veu qu'en peinture, tant l'experience a de pouuoir sur les esprits.

Les voila *poussez hors de leur retranchement*, & leur *fort razé rez terre*.

More homely turns of phrase are also found, often with a wry twist of humour:

Pape & *papegay*. . . . une *trogne* reformée

Les prophetes & *les potirons* auroient mesme extraction.

La moindre teinture d'astronomie.

Laissez pirouëtter l'esprit.

Les boutiques d'où des genethliaques tirent *tout le galon* & *le clinquant* qu'ils debitent.

La base & *l'arcboutant* de toutes leurs prognostications.

[45] For *sarbatanes*, see p. 142, n. 257.

D'estranges *tours de passe-passe* dans les cieux.

Une comedie que les genethliaques ioüent *sur le theatre* des cieux ... *la farce & les plus plaisantes bouffonneries* de ces charlatans.

Quelque garnement a dissipé son patrimoine.

Ils sont tout *boursoufflez de iactances* ... et s'estiment grands personnages.

Un orgueilleux que la fortune, a *tiré de la lie du peuple.*

We may add to this list of homely and familiar images a whole host of proverbs, a number of anecdotes and several parables having a bucolic flavour.

Few modern authors have mentioned Pithoys, and one who has, L. Thorndyke in his *History of Magic*,[46] has stated that the *Traitté curieux* bears evidence of Pithoys' Huguenot faith – a statement with which I find it hard to agree, and for several reasons: his respect for the authority of fathers of the Church and for the decisions of the Council of Trent and Sixtus V would be unusual in Huguenot writing. More unusual still is the phrase 'Mere Saincte Eglise.[47]' I have shown in the footnotes to the text the occasions where he seems to have stuck closely to the form and phraseology of his early works (i.e. written before his conversion). It must also be pointed out that Catholic and Protestant terminology are not infrequently similar.[48] Some evidence of Huguenot influence might be aduced from the system of Biblical references he adopts in the long final section,[49] but in general the evidence of the style argues in favour of the work having been undertaken at least in part before his conversion after which he showed no great inclination to bring it into line with more usual Protestant terminology.

THE TEXT

The principle has been throughout to keep corrections of the text down to a minimum, even at the expense of having inconsistencies of spelling. However, the following corrections have been made:

i.   The sign ˜ over a vowel has been written as 'n' or 'm'.

ii. The 'ſ' has been replaced by 's'.

iii. '&' is has been replaced by 'ct'.

The following corrections apply only to the *Descouverture des faux*

---

[46] L. Thorndyke, *History of Magic and experimental science*, Vol. VIII, New York, 1958, p. 102.

[47] See p. 112.

[48] Whitmore *Minims, op. cit.*, pp. 73/4 and 215 n.

[49] See p. 227, where *Samuel* is used in preference to *1. Rois.*

possedez:

i. 'à' for the verb 'a' is found *passim*, it has been corrected through-
    out.[50]
ii. 'pl'', 'to'' and the rarer 'no'' have been given the full forms 'plus',
    'tous', 'nous'.

A few missing or inverted letters have been corrected; in two instances
only has the punctuation been altered.

The following generalisations will serve as a guide to Pithoys'
language.

Capitals and punctuation

Wide use is made of capitals: common nouns such as *Docteur*,
Genethliaque, Theologie are habitually given a capital. Capitals are often
used after a colon. All numerals used in the text are followed by a
full-stop.

Abbreviations are frequent and are indicated by a full-stop.

A comma is frequently used between two nouns joined by amper-
sand.

Accents

The grave accent is restricted to *à* and *où*, the circumflex to *ô*.[51]
The acute accent is found only on final syllables, *-és* is normally
written *-ez*; *-ées*, is written as such in the *Descouverture des faux possedez*,
but is written as *-ees* in the *Traitté curieux* in which also *-ée* always
appears as *-ee. Là* has had the accent added.

Spelling

There are many variant spellings of words, to the extent that
inconsistencies are liable to occur within the space of two or three
pages. The following list is merely a guide to these inconsistencies and
is not exhaustive:

naifve	and also	*naïve*	
faict	,,	,,	*fait* (the former usually the noun)
suiect	,,	,,	*suiet* and *subiect*
ceste	,,	,,	*cette* (similarly *cest* and *cet*)
reigles	,,	,,	*regles*

---

[50] This occurs once in *Traitté curieux* where it has been corrected.
[51] However 'pût' is used for 'pust' once in the *Traitté curieux*, see p. 207. [232].

plustost	,,	,,	*plutost* (the latter rarely)
paroist	,,	,,	*paroit*
celuy	,,	,,	*celui* (the latter rarely)
avanture	,,	,,	*aventure*
royalles	,,	,,	*royales*
és	,,	,,	*ez.*
danser	,,	,,	*dances*
vray	,,	,,	*vrai*

There is inconsistency in the use of hyphens (in the verb as well as in other parts of speech) and in one– or two-word forms, thus:

Resveillez vous and *cercherez-vous* on the same page.

Puisque	but also *puis que* (frequent)		
peut-estre	,,	,,	*peut estre* (frequent)
mal heur	,,	,,	*malheur* (vicariously)
tres docte	,,	,,	*tres-docte* (frequent) – applies to *tres* in general.

Tréma

In common with other seventeenth writers, Pithoys uses a tréma on a *u* before an unpronounced vowel, thus:

veües, cogneües etc.

Words which in modern French would end -*ue* are spelt -eu and without a tréma.

Cedilla

Words in which the *c* is followed by an *e* were frequently written with a cedilla (confined to the *Descouuerture des faux possedez*).

Syntax

Reference to the more interesting points of Pithoys's syntax is made in the footnotes. The following points occur *passim:*

i.   Past participle agreement. There is no consistent rule:

... des mysteres qu'il a operé (sic).
Encore n'avons nous pas decouverts (sic).

ii.   Present participle and gerund. It is usual for both to agree:

... les Gemeaux tenans (sic) l'ascendant.

iii. A verb is sometimes in the plural after alternative singular subjects:

> ... *ny la mere qui l'enfante, ny la matrone qui le reçoit ne le* sçauroient (sic).

Similarly after *chacun* a plural verb is sometimes found.

iv. The pronoun *ce* is often used absolutely:

> ... *et ce pour des raisons touchez cy devant.*

> ... *à ce faire.*

v. The article is more readily omitted than is normal in seventeenth-century texts.

vi. Adverbial *mesme* is made to agree on occasions.

Vocabulary

Archaisms abound. Single instances and words of interest are mentioned in footnotes, but the following occur *passim:*

> *d'abondant*
> *cuider*
> *recercher* and *cercher*
> *onc*
> *dequoy*
> *ains*
> *viste* and *vistement.*

A comparison between the two texts does not provide any conclusive basis for a solution of the problem concerning the composition of the *Traitté curieux.*

Pithoys had recourse to a wide range of authorities whom he quotes in the body of the two texts. His system of reference is cryptic, relying in the main on the surname of the author and a single word title. The majority of the works are in Latin; words such as *quaestio, caput, distinctio* and *liber* are abbreviated to *q.,* or *quest.*; c., *cap* and *chap.*; *dist.*; and *l.,* or *lib.* When quoting the civil law, he uses the abbreviations found in most commentators on Justinian. Virtually all his references have been traced to editions that he was likely to have used, but for the ease of the modern reader references to the civil law have been made to the *Corpus Iuris Civilis*, Berlin, 1954. For the same reason, the very frequent references to patristic literature are cross-referenced with the *Patrologiae Cursus Completus* of Migne.

ABBREVIATIONS IN FOOTNOTES

The following abbreviations are used *passim* in the footnotes:

Dictionaries

Littré – *Dictionnaire de la langue française*, 7 vols., Paris, 1956–1958.
Huguet – *Dictionnaire de la langue française du XVIe siècle*, Paris, 1925–1967.
Godefroy – *Dictionnaire de l'ancienne langue française*, Paris, 1885–1898.
O.E.D. – *Oxford English Dictionary*, Oxford, 1933.

Grammar

Haase – *Syntaxe française du XVIIe siècle, par A. Haase, traduite et remaniée par M. Obert*, Paris, 1925.

Patristic Literature

Wherever possible the nearest contemporary edition has been quoted; however, for ease of further reference and when a contemporary edition has not been available, recourse has been had to the *Patrologiae cursus completus* of Migne.
Migne, *P.L.* – *Cursus Patrologiae* (Patres Latini).
Migne, *P.G.* – *Cursus Patrologiae* (Patres Graeci).

Works by Pithoys

D.F.P. – *Descouuerture des faux possedez.*
T.C. – *Traitté curieux, ou preseruatif contre l'astromantie des genethliaques.*

PAGE REFERENCES IN FOOTNOTES

Page numbers given in square brackets, [8], refer to the original pagination. A concordance of pages in this edition with the original pagination follows.

CONCORDANCE OF PAGINATION

Original	This edition	Original	This edition
7	47	27	55/56
8	47/48	28	56
9	48	29	56
10	48/49	30	56/57
11	49	31	57
12	49	32	57/58
13	49/50	33	58
14	50	34	58/59
15	50/51	35	59
16	51	36	59
17	51/52	37	59/60
18	52	38	60
19	52	39	60/61
20	52/53	40	61
21	53	41	61
22	53/54	42	61/62
23	54	43	62
24	54	44	62/63
25	54/55	45	63
26	55	46	63/64

Traitté curieux de l'Astromantie des Genethliaques

1st and 2nd editions	This edition	1st and 2nd editions	This edition
Prelims	67-71	33	93
1	72	34	93/94
2	72/73	35	94/95
3	73	36	95
4	73/74	37	95/96
5	74/75	38	96
6	75	39	97
7	75/76	40	97/98
8	76	41	98
9	76/77	42	98/99
10	77/78	43	99
11	78	44	99/100
12	78/79	45	100/101
13	79	46	101
14	79/80	47	101/102
15	80	48	102
16	80/81	49	102/103
17	81	50	103/104
18	82	51	104
19	82/83	52	104/105
20	83/84	53	105/106
21	84	54	106
22	84/85	55	106/107
23	85/86/87	56	107
24	87	57	107/108
25	87/88	58	108
26	88/89	59	108/109
27	89	60	109/110
28	89/90/91	61	110
29	91	62	110/111
30	91/92	63	111
31	92	64	111
32	92/93	65	111/112

1st and 2nd editions	This edition	1st and 2nd editions	This edition
66	112/113	124	146/147
67	113	125	147
68	113/114	126	147/148
69	114/115	127	148
70	115	128	148/149
71	115/116	129	149
72	116/117	130	149
73	117	131	149/150
74	117/118	132	150
75	118	133	150/151
76	118/119	134	151/152
77	119/120	135	152
78	120	136	152/153
79	120/121	137	153
80	121	138	153/154
81	121/122	139	154
82	122	140	154/155
83	123	141	155
84	123/124	142	155/156
85	124	143	156
86	124/125	144	156/157
87	125	145	157/158
88	125/126	146	158
89	126	147	158/159
90	126/127	148	159
91	127	149	159/160
92	127/128	150	160
93	128/129	151	160/161
94	129	152	161
95	129/130	153	162
96	130	154	162/163
97	130/131	155	163
98	131/132	156	163/164
99	132	157	164/165
100	132/133	158	165
101	133	159	165/166
102	133/134	160	166
103	134	161	166/167
104	134/135	162	167
105	135	163	167/168
106	135/136	164	168
107	136/137	165	168/169
108	137	166	169
109	137/138	167	169/170
110	138	168	170/171
111	138/139	169	171
112	139/140	170	171/172
113	140	171	172
114	140/141	172	172/173
115	141/142	173	173
116	142	174	173/174
117	142/143	175	174
118	143	176	174/175
119	143/144	177	175
120	144	178	175/176
121	144/145	179	176
122	145	180	176/177
123	146	181	177

1st and 2nd editions	This edition	1st and 2nd editions	This edition
182	177/178	228	204/205
183	178	229	205
184	178/179	230	205/206
185	179/180	231	206
186	180	232	206/207
187	180/181	233	207/208
188	181	234	208
189	182	235	208/209
190	182/183	236	209
191	183	237	209/210
192	183/184	238	210
193	184/185	239	210/211
194	185	240	211/212
195	185/186	241	212
196	186	242	212/213
197	186/187	243	213
198	187	244	214
199	187/188	245	214/215
200	188/189	246	215
201	189	247	215/216
202	189/190	248	216
203	190	249	216/217
204	190/191	250	217/218
205	191/192	251	218
206	192	252	218/219
207	192/193	253	219
208	193	254	219/220
209	193/194	255	220
210	194/195	256	220/221
211	195	257	221
212	195/196	258	221/222
213	196/197	259	222
214	197	260	222/223
215	197/198	261	223/224
216	198	262	224
217	198/199	263	224/225
218	199	264	225
219	199/200	265	225/226
220	200/201	266	226
221	201	267	226/227
222	201/202	268	227
223	202	269	227/228
224	202/203	270	228/229
225	203	271	229
226	203/204	272	229
227	204		

Cosmographie ou Traitté de la sphere

(Extracts) Original Prelims	This edition	(Extracts) Original Prelims	This edition
	233-234		
13	235	36	236
15	235	37	236/237
33	235/236	38	237
34	236	45	237
35	236		

LA DESCOVVERTVRE

DES FAVX POSSEDEZ.
1621.

TEXT WITH NOTES.

LA DESCOVVERTVRE

DES FAVX POSSEDEZ.

Tres-vtile pour recognoistre & discerner les / simulations, feintises & illusions; d'auec les / vrayes & reêles possessions diaboliques. / *Auec vne briefue instruction qu'il ne faut croire aux / diables possedants.* / Ensemble la Conference tenuë entre Monsieur / l'Euesque de Toul, & le R. Pere Pythois / Minime, touchant la pretenduë possedée de / Nancy. / *Par le R. P. Claude Pythois Religieux Minime de la / Prouince de Champagne, & Predicateur / dudict Ordre.* / Confiteor tibi, pater, / quoniam abscondisti haec / à sapientibus & prudentibus, & reuelasti ea / paruulis. / A CHAALONS, / Chez Germain Nobily, prés l'Eglise Sainct / Germain. M. DC. XXI. / *Auec Approbations des Docteurs.*

ADVIS AV LECTEUR.

AMY lecteur, on te supplie amiablement de considerer sans passion [†iij] & meurement l'importance du suject, qui est traicté en ce petit liuret: & puis tu en diras ton aduis; ou du moins (si le respect humain te faict mettre le doigt sur les leures) tu jugeras sans mot dire, combien il est vtile au public. Que si d'auenture quelque article te regardoit, mets à part ton interest particulier, & pense que le profit du public doit estre preferé. Tu n'y treuueras rien qui te desplaise, si ce n'est que tu aye commis quelque faute y remonstrée: Mais aduise que les reprehensions sont faictes generalement, & que si elle(s) te touchent en particulier, c'est à toy-mesme & non à l'Auteur qu'il t'en faut prendre: & si tu és bien aduisé, tu dissimuleras ce qui fera contre toy. Adieu.

VERA ET INGENVA AVTHORIS
COMMENDATIO.

Natvra *dubites consultus an arte Pythoëus,*
    Natura obstupeas prorsus & arte parem.
A puero noui, dociles miratus & annos.
    Ardua sperabam, spes superatque meas.
Soleri siquidem ingenio, promptusque, quod annis
    Vix reliqui longe pluribus; arripuit.

Haec cumulat pietate humili, cui coelitus inter
  Praecipuas dotes stemmata nectit amor.
Accedunt arcana Dei sacrique lepores,
  Quo demirandus fulminat eloquio.
Postquam etenim fratres Sophiam docuisse probatur.
  Doctrina colitur cum pietate pari.
Suscipit hunc Lotharus, patria mirante reposcit
  Victriacum[1], patrio cedit & ille solo.
Vellitur at subito, & Lotharo cita gloria palmae
  Cedit eheu! patriae pene Propheta tuae,
E multis vnum Nommenia[2] moenia poscunt:
  Omnibus ille placet, nobilibusque magis.
Metas inde petit, nec (ne contraria votis
  Vota tamen fuerint) meta laboris erit.
Hinc multum qua mente potest, Cacodaemonis artes,
  Queis veluti Protheus ludit agitque, docet.
Huic vnus pietatis bonos studiumque iuuandi
  Expediit, paruus quae capit iste liber.

[†iiij]

Expertus loquitur, perhibet quibus adfuit ipse,
  Rumorem & fugiens vera probata notat.
Haud liber inuisus diuis, fronti afflat honores
  Pallas, & aequa fidem quam meret ipse, facit.
Applausu dignare igitur, dignare relatis
  Tot titulis meritam Lector habere fidem.

Ioannes Garnerius Primarius Collegii
Victriaecensis[3].

Commendatio operis R. P. Pythoësii.

CRedideram stygiis nil quicquam cedere technis
  Posse nec humana vincier arte dolos.
Tandem animum soluit ambage Pythoësius, & me
  Haec suus en tandem dedocet iste liber.

G. N. C. C.

---

[1] i.e. Vitry-le-François from which the Pithoys family came.
[2] Nomény (Meurthe-et-Moselle) where Pithoys was Prédicateur in 1620.
[3] Jean Garnier, Principal of the Collège at Vitry-le-François.

Ad Lectorem.

MAlleus[4] & fustis castigant daemonis iras,
  Expelluntque foras; si prius intus erat.
Daemonis iste dolos eludit rite libellus!
  Si quos forte dolos exhibet ille foris.
Ex illis iam lector habes quo Daemona pellas,
  Ex hoc quo cernas adsit an insit, habe.

N.N.

A REVEREND P. CLAVDE

PYTHOIS, R. M. ET AVTHEVR
du Liure.

LEs ruses decouurir des rusez possedez
Affiner les plus fins auec vne finesse
Saincte, authorisée d'hommes non possedez
De ruse ou de finesse, ains de saincte sagesse.

C'est ton faict, ô Pythois, qui d'vn grand zele espris
Fais paroistre la ruse & maudite finesse
Dont se pensent targuer ces cauteleux esprits
Qui des sages Docteurs affinent la finesse.

*F. Simon Niclot[5], Minime & Correcteur
indigne du Conuent nostre Dame de
Bracancourt[6]*

Stances du mesme au Livre.

I.

*VA livre descouurant les fines couuertures
Dont les faux possedez vont leurs ruses couurants,
Va livre hardiment, & ne crains les censures,
Ny des faux possedez, ny de leurs adherants.*

---

[4] Following the famous phrase *Malleus Maleficarum*, the title of the work of the two Inquisitors Henricus Institor (Krämer) and Jacobus Sprenger.
[5] Simon Niclot, author of two devotional works published in Rheims in 1647 and 1649: see Whitmore, *Minims*, p. 296.
[6] Bracancourt (now Bracancour) was one of the earliest of the Minims' *couvents*, founded in 1496. See *ibid.*, p. 328.

II.

Va livre ça & là, va par toute la France,
Ce tiltre que tu porte(s) imprimé sur le front
Te sert de passe-port, & te donne asseurance
Que par tout tu iras sans reçeuoir affront.

III.

Va livre & prend bien garde aux gestes & aux mines
De ceux qui te liront, & s'ils sont irritez,
Dis leur en sous-riant, vous me portez les mines
D'estre les protecteurs des faux inspiritez.[7]

IIII.

Va liure, & si quel qu'vn veut sçauoir qui t'anime
Vers ces malicieux qui font les endiablez,
Dis que la saincte Eglise est lezee en ce crime,
Les Prelats affrontez ,& les peuples troublez.

V.

Dis encor que ces faux rusez & mauuais diables
Par leurs detractions causent des grands mal'heurs,
Faisants si finement par leur rage & leurs fables
Que maintes gens de bien souffrent grands des-honneurs.

VI.

Mais sur tout dis tout haut que la tres-saincte Mere
Du vray Dieu tout-voyant, qui regne sur les Cieux
A d'vn faux possedé reçeu grand vitupere
Disant qu'elle excitoit desseins pernicieux.

VII.

Si on te dit, comment? to diras que Megere[8]
(O crime! ô sacrilege! abomination!)
Faict ses coups soubs le nom de la grande Ouuriere
Par les faux possedez:ô desolation.

---

[7] *inspiritez*, word used by Pithoys *passim*. Later writers would use *enthousiaste*.
[8] Megere (Mégère, Megaera, one of the Furies), typical use of a classical image woven into a Christian theme.

VIII.

Va donc livre, va, ne crainds aucun passage,
Ton tiltre, ton suiect, les signez des Docteurs
Te feront accueillir par tout en ton voyage:
Ne crainds les faux diables, ny tous leurs protecteurs.

F.S.N[9]. Minime & Correcteur indigne du
Conuent nostre Dame de Bracancourt.

Approbations des Docteurs.

IE soubs-signé Docteur en Theologie & Professeur d'icelle en l'Vniuersité de Dole, certifie auoir leu le present liure intitulé *La descouuer-*
ture des faux possedez, composée par le R. Pere Pythois Minime, & n'y
auoir en iceluy treuué chose contraire à nostre foy Catholique, Aosto-
lique & Romaine. Faict à Remiremont, le vingt-sixiesme Ianuier mil
six cens vingt & vn.

C. Clerc.

Nous soubs-signez Docteurs en Theologie de la faculté de Paris, certifions auoir veu & leu le present liure entitulé *La descouuerture des faux posse-*
dez, ensemble une question resultante, le tout composé par le Reuerend P.
Pythois Minime, & n'y auoir treuué chose aucune contraire & repugnan-
te à nostre foy Catholique, Apostolique & Romaine, ny aux bonnes
moeurs; ains fort vtile & digne d'estre mis en lumiere. Faict au Conuent des Cordeliers de S. Ame, ce trentiesme Ianvier mil six cens vingt
& vn. F. Claude Petit, Pere Gardien à S. Ame. F. Pierre Grandin.

Nous soubs-signez Religieux Minimes, certifions auoir veu & leu les
originaux des Approbations cy dessus escrites, signez & paraffez[10] par
les Docteurs y denommez, & n'y auoir aucun mot changé, transposé ou
alteré, ains le tout estre transcrit fidellement de mot en mot, tesmoings
nos seigns cy mis, ce iour d'huy vingtiesme Feurier mil six cens vingt &
vn.

F. *Simon Niclot, Correcteur de Bracancourt,*
premier Conuent en la Prouince Champagne.

Frere Pierre Frizon, Deffiniteur
en la Prouince[11] de Champagne.

[9] F(rère) S(imon) N(iclot): see previously.
[10] *paraffez*: 'signed and sealed'.
[11] i.e. Prouince des Minimes.

[1]

LA DESCOVVERTVRE

DES FAVX POSSEDEZ.

ARTICLE PREMIER

Chose tres-difficile de discerner vne possession
d'auec vne illusion diabolique.

C'est chose tres-certaine & trop cogneuë qu'il y a des diables; & que
Dieu le permettant ils se peuuent emparer de quelque personne, & la
posseder de telle façon, qu'ils feront leur retraicte & habitation en
icelle; agiteront & manieront tous les membres, & se seruiront des puissances & facultez d'icelle pour faire & dire des merueilles.

La foy Chrestienne ne permet pas de douter en ce poinct; les Heretiques mesmes de ce temps en conuiennent; les histoires admirables qui
en sont racomptées par Autheurs dignes de foy, & les effects qui s'en
remarquent iournellement sont arguments trop efficaces pour persuader cette creance aux plus incredules & [2] moins en la foy.

Mais vne chose bien difficile, & où les plus sçauans Docteurs se
treuuent bien empeschez, c'est de discerner & recognoistre vne vraye &
reêle possession d'auec vne ruse & illusion diabolique. Car vn esprit
malicieux assisté tant soit peu de quelque petit diablotin, pourra estre
si fin & rusé, qu'il se fera estimer vn diable possedant; & à contre-
change vn diable possedant si dissimulé qu'il se fera soupçonner
quelque esprit malicieux & rien plus.

La difficulté de cette discretion d'esprits[12] prouient de la doctrine
que nos Docteurs Theologiens enseignent, touchant la nature & les
qualitez des diables; dont en voicy vn petit epilogue bien bref, mais
assez ample pour prouuer ce que ie pretend. Disent donc les Docteurs.

1. Que les diables sont des esprits immateriels & sans corps, partant
inuisibles, subtils, agils. Tellement inuisibles que l'oeil ne les sçauroit
aperceuoir encore qu'ils soient presens à l'oeil, voire tout dedans l'oeil.
Tellement subtils qu'ils peuuent insinuer leur substance dans les corps
plus solides[13] & passer à travers sans les toucher. Si agils qu'en vn clin
d'oeil, ils peuuent se transporter d'vn bout du monde à l'autre, & se
peuuent porter où ils veulent en moins de rien.

[3] 2. Que ces esprits ont vne science & cognoissance admirable,[14]

---

12 *discretion d'esprits:* see later, p. 16 [15].
13 *les corps plus solides:* this is in fact a superlative, see Haase, *op. cit.*, p. 56.
14 *admirable(s)?*

si qu'ils cognoissent[15] la nature les qualitez & les proprietez de toutes choses, descouurent & aperçoiuent les choses quoy qu'esloignées de leur presence; & passent leur veuë intellectuelle à trauers les murailles plus subtillement incomparablement que le Lince. Qu'il est bien vray qu'ils ne peuuent sçauoir les pensées & desirs, qui se conçoiuent seulement en l'esprit & volonté de l'ame; mais que s'ils paroissent tant soit peu en l'imaginative ou en quelque sens exterieur, aussi tost les descouurent & recognoissent.

3. Disent les Docteurs, que ces esprits diables ont vne merueilleuse vertu & puissance naturelle pour agir sur les creatures de l'vniuers: vertu si grande & si admirable, qu'elle sembleroit incroyable, n'estoit les escritures sainctes, & le tesmoignage des histoires & les grands Docteurs de l'Eglise qui l'asseurent telle. Vertu si grande qu'ils peuuent mouuoir & agiter les corps les plus grands & plus pesans: & quant aux mediocres & plus petits, ils les peuuent mouuoir auec tant de facilité & de vitesse, qu'en vn clin d'oeil ils pourront soustraire vne chose de l'aspect & en substituer vne autre en la place, si subtillement que les plus claire-voyans ne pourront discerner comme cela se faict, & [4] penseront que ce soit, vne conuersion de la chose precedente en l'autre suiuante. Ce fut ainsi que les Magiciens de Pharaon firent disparoistre leurs verges & paroistre des serpens en leur lieu.[16] De plus ils peuuent faire des alterations merueilleuses en appliquant les choses actiues aux passiues desquelles ils cognoissent entierement les natures & proprietez, & sçauent parfaictement bien comme il faut les appliquer. Ainsi ils excitent des nuées, des gresles des tempestes & des foudres; ainsi ils guerissent des maladies, par l'application des causes qu'ils treuuent facilement en la nature.

De là vient qu'ils peuuent causer des illusions, prestiges & grandes erreurs pour tromper & deçeuoir les personnes, soit par la mutation de l'object qu'on regarde en l'agitant, ou occultant,[17] ou alterant subitement: soit par la mutation de l'air, interposé en empeschant que l'espece de l'object ne soit portée à l'oeil ou autre sentiment,[18] ou bien imprimant au milieu quelque qualité adulterine representant l'object tout autre qu'il n'est: soit en fin par la mutation des sens & organes en y produisant quelque espece, ou en troublant les humeurs.

[15] *si qu'ils*... Haase, p. 376, says that this common construction in old French is rare in the XVIIth century. He quotes Scarron and La Fontaine.

[16] Allusion to *Exodus*, vii, 10.

[17] Though taken from the vocabulary of magic, the word has a prosaic origin: *Legionen in silvis occultavit*, Caesar. Its modern use as a verb is restricted to navigation and astronomy.

[18] i.e. sensory organ.

Par tous ces moyens les diables ont causé & peuuent causer vne milliace[19] de prestiges, enchantemens & illusions.

[5] Voila en bref ce que i'ay voulu noter de la doctrine que nos Docteurs enseignent touchant les demons. Ie laisse à recourir aux liures d'iceux à qui voudra en sçavoir plus au long; joinct que c'est assez de ce que dessus pour conclure ce que ie pretend. Sçauoir.

Que c'est vne chose tres-difficile de pouuoir asseurement discerner vne possession reele d'auec vne illusion diabolique. Puisque les demons sont inuisibles & peuuent estre presens sans estre veuz, puis qu'ils sont si agils & si subtils qu'en moins de rien ils se treuuent par tout où ils veulent, & passent à trauers toutes choses sans aucun empeschement; puis qu'ils sçauent tant de choses & les peuuent reueler à qui leur plaist, puis qu'ils peuuent produire tant d'effects admirables, & effectuer tant de meruelles par vne personne sans neantmoins qu'il y ayt aucune reele possession de diable en icelle, ains seulement par illusions & enchantemens sataniques.

[6]   ARTICLE DEVX.

Que tous les signes de diableries ne sont pas
marques de possession diabolique.

IE m'estonne qu'il y ayt des personnages, quoy que graues & recogneuz pour sages en toutes autres affaires, lesquels se sont laissé si legerement tromper en ce faict, de dire que sur ie ne sçay quels signes de diablerie telle quelle, ils ont creu opiniastrement & obstinement y auoir possession diabolique tres-certaine en des personnes esquelles neant-moins l'experience a faict veoir ny en auoir point.

Voicy les principaux indices que ie vay desduire succintement.

1. Qu'vne personne en vn monent change vne contenance modeste & vn gracieux maintient, en vn visage effronté & audacieuse impudence.

2. Que cette personne se demeine[20] par fois auec quelque bouffissement de visage & remeuëmens de corps.

3. Que cette personne respond en son langage naturel, conformément aux interrogats[21] qu'on luy faicts en latin.

---

[19] See *Traitté Curieux*, p. 182 [189].
[20] More than the modern French, *se démener*, is intended here.
[21] Any formal, ecclesiastical interrogation. Especially the whole process of examining those thought to be possessed.

[7] 4. Que cette personne entend ce qu'on luy dit si bas que les plus proches du proferant[22] ne le sçauroient oüyr.

5. Que cette personne reuele des choses qu'on ne sçait comment elle les peut sçauoir, & qu'on pense estre du tout secrettes.

6. Qu'au reste cette personne a tousiours esté reputée pour homme ou femme de bien & que le diable mesme la declare telle.

Et qui est le Theologien si ignorant qui ne sçache que tout cela peut estre sans aucune reele possession diabolique, par la seule assistance qu'vn demon donnera exterieurement à vn esprit malicieux ou maniaque. Et sans aucune Theologie ceux qui ont leu le second liure des controuerses magiques du R. P. Delrio,[23] de la sacrée societé du sainct nom de Iesus, jugeront sans plus,[24] que tous ces effects se peuuent treuuer en vne personne sans aucune vraye & reele possession diabolique. Ce qu'on ne peut nier sinon en desniant conjoinctement ce que tous les Docteurs enseignent des diables & diableries comme il a esté epilogisé cy deuant, sur laquelle doctrine ie conclud ainsi.

Puis que les diables, sans posseder vne personne, peuuent 1. L'inciter & l'enflammer à quelque grande passion de cholere & de rage. 2. L'ayder à se mouuoir, manier, saulter, & [8] posturer extraordinairement. 3. Luy reueler les choses occultes & secretes par le moyen des especes representatiues. 4. Effectuer tant de merueilles à sa presence, à son instance & par sa cooperation; Pourquoy ne pourront ils donc ayder vne personne non possedée à tout ce que dessus,[25] il n'y a si stupide, qui ne iuge tout cela pouuoir estre sans possession reele du diable.

ARTICLE TROIS.

Comment les effects prealeguez se peuuent retreuuer
sans aucune possession.

QVant au premier & second qui consiste en vne audacieuse impudence & émotion cholerique, l'experience apprend trop qu'ils sont faciles à pratiquer aux personnes, qui ont les humeurs disposées naturellement à ces passions là. Et encor plus aisez à exciter, quand quelque Satan souffle tant soit peu dans les oreilles & imprime dans

[22] Person charged with conducting an *interrogat*. See n. 21.
[23] Martinus Antonius Del Rio, S.J., 1551–1609, author of *Disquisitionum magicarum Libri VI*, Louvain, 1599. Pithoys, was to make use of this work again, see *Traitté Curieux*, p. 194 [209]. See also Bayle, *Pensées sur Comète*, XXI.
[24] This use of *sans plus* as an absolute phrase is not in Haase.
[25] Ellipsis of the verb in such phrases is not uncommon with Pithoys.

l'imagination l'apprehension de quelque grande iniure receuë ou à reçeuoir: les Maistres Tragicomediens tesmoignent assez par effect comme on peut feindre ces passions[26] & representer diuerses contenances en moins de rien sans estre possedez du diable.

[9] Quant au troisiesme indice qui est qu'on respond conformément aux interrogats latins,[27] ie respond en deux sortes. La premiere, c'est que le François deriuant de la langue latine; il y a grande conuenance entre plusieurs dictions de l'vn & de l'autre langage, comme par exemple (*coniurio te per sanguinem Iesu Christi*) ie te conjure par le sang de Iesus-Christ (*responde mihi*, respond moy) (*quis es tu?* qui es tu) (*quale nomen tuum?* quel nom tien) (*dic verum*, dy vray) (*tu es damnatus ad infernum*, tu és damné en Enfer) (*descende ad pedem*, descend au pied); Et vne infinité de semblable rapport, lesquelles si on n'entend toutes, du moins les plus intelligibles peuuent faire conjecturer souuent ce de quoy on l'interroge; joinct qu'vne personne qu'on exorcise est en peu de temps façonnée au latin des exorcismes, & accoustumée aux interrogats qu'on luy a repeté tant de fois; I'estime qu'vn bel esprit sans autres estudes ayant pratiqué de long-temps les liures de deuotion, & recité ordinairement les prieres latines, & françoises, avec les interpretations qu'il aura entendu des Predicateurs sera tost sçauant pour conjecturer ce qu'on interroge à l'exorcisme. Quoy qu'il en soit, ie respond secondement, qu'vn demon assistant exterieurement sans posseder pourra faire resonner dans les oreilles [10] de la personne les dictions françoises correspondantes aux latines qu'vn exorciste proferera; ainsi elle pourra facilement respondre à ce dequoy[28] on l'interrogera. Cela est si certain qu'il faudra estre trop stupide pour en douter.

Quant au quatriesme indice qui gist à entendre ce que l'on profere à voix basse & entre les dents. Ie respond qu'il est trop facile à vn diable, de faire glisser subtilement vn son si petit qu'il puisse estre dans l'oüye d'vne personne, ou bien d'y produire vn son articulé, referant les mesmes parolles qui se proferent entre les dents. Cette response est plus receuable que d'alleguer quelque signe des yeux, ou des leures, ou des mains, ou quelque autre indice, comme quelques-vns pourroient soupçonner.

[26] An interesting reference to the feigning of passion on the stage. The argument was to have important repercussions in the seventeenth century and even with Rousseau in the *Lettre à Monsieur d'Alembert*.

[27] This procedure was discussed between Pithoys and the Bishop: p. 58 [34] N° 9.

[28] Pithoys hesitates between *de quoy, dequoy* and *dont*. For the hesitation between the forms of this relative see Vaugelas, *Remarques*, Amsterdam, 1665, p. 189.

Quant au cinquiesme signe qui consiste en la reuelation des secrets, ie respond premierement q'vne personne voulant feindre & simuler la possedée vsera de toutes inuentions pour apprendre des nouuelles de toutes parts, & qu'ayant tant soit peu d'intelligence avec quelques personnes domestiques ou autres dont l'on ne se donne garde, elle pourra sçauoir mille nouvelles & si finement que venant à les declarer durant la conjuration, les plus faciles à admirer s'en estonneront, & iront publier par tout des miracles de reuelation. Secondement je respond, que les [11] diables ayans cognoissance des choses secretes & occultes, & bien esloignées des yeux humains, en peuuent produire des especes representatiues & les reueler à vne personne sans qu'elle soit vrayment possedée du diable.

Quant au sixiesme pretexte fondé sur la bonne fame[29] de la personne pretenduë possedée. Ie respond par le vieil prouerbe[30] que
Souuent le front, les yeux, & le traict de visage
Desmentant le dedans font prendre vn sot pour sage.
I'aduouë que cette personne a conserué l'espace de 30.ans l'apparence de pieté; qui voudra jurer qu'elle soit telle en son ame? Et je veux qu'elle ayt esté telle iusques à present, qui voudra la cononizer & asseurer qu'elle ne peut estre sujete à quelque grande peruersion? Et combien d'histoires tragiques dont le sujet en estoit incroyable, si cest oeil tout voyant ne l'eust descouuert à la face du Soleil? Et qui ne sçait que la plus part du monde est simulé & dissimulé? Ne sçait-on pas que les diables emploient toutes sortes d'inuentions pour deceuoir les plus saincts? N'en ont-ils pas tiré de l'hermitage, apres y auoir vescu long-temps en toute pieté? N'en ont-ils pas fait tresbucher du plus haut degré de la saincteté? Et Salomon? & Origene?[31] & ce Nicolas d'Antioche?[32] & ce sainct personnage Theophile,[33] qui apres auoir refusé constamment & par grande humilité la dignité [12] d'Euesque, se voyant par apres desbouté d'vn petit office qu'il auoit en l'Eglise d'Adana en Sicile; prit cela si fort à coeur, qu'il s'en alla par despit au deuin, renonça Iesus-Christ, s'accointa[34] du diable pour pouuoir paruenir au bout de ses desseins? Il ne faut qu'vne

---

[29] A latinism.
[30] A commonplace idea. Montaigne seems to ascribe the idea in part at least to Plutarque, *Essais* III, 8.
[31] Origen, 185–253, the important Christian writer of the Alexandrian school.
[32] Nicholas of Antioch – the proselyte: see *Acts*, VI, 5.
[33] *Theophile... en l'Eglise d'Adana.* Sometimes referred to as Théophile le Pénitent in French; his story was popularised in the Middle Ages and was obviously far from obscure in Pithoys' time.
[34] Originally merely 'to know' (⟨AD + COGNITARE), but intensified in meaning.

forte passion s'allumer en l'ame à la rencontre de quelque object passager, laquelle venant à s'enflammer, consomme toutes les bonnes pensées & sainctes affections, & y en embrase des malignes & pestiferes, tellement que si quelque forgeron infernal souffle tant soit peu là dedans, Dieu sçait quels embrasemens de passion il y pourra exciter sans aucun philtre ny sortilege de Magicien. Ainsi en peu de temps vne personne agitée de ses propres passions & de quelques tentations du diable se peruertira de bien en mal: Quoy faisant le diable luy fera couurir finement ses mauvaises affections & meschancetez detestables de quelque specieux pretexte, & de l'apparence de saincteté. Il y a bien des histoires qui racomptent choses semblables de certaines personnes qui ont long-temps abusé le monde par leur hypocrisie & malicieuses simultations de saincteté.

Voila comme tous les indices apportez en l'article precedent, se peuuent retreuuer en vne personne non possedée, ains qui sera seulement [13] assistée exterieurement de quelques suggestions diaboliques. Partant sont insuffisans pour fonder sur iceux vne asseurance asseurée de possession.

ARTICLE QVATRE.

Admirables histoires de certaines pretenduz
possedez qui ne l'estoient pas.

C'Est vne chose admirable de cette Marthe, Brossier de Romorantin,[35] laquelle a trompé tant de braues personnages, & dans Paris mesme, en feignant & simulant estre possedée & se faisant estimer & exorciser comme telle par des Docteurs & Religieux de grand renom, lesquels soubs l'apparence des signes prealleguez vouloient hypothequer leurs ames pour asseurance d'vne vraye & reele possession, & dont ils resterent confus de honte, lors que la Cour de cest auguste Parlement[36] leur feit veoir, à leur grand estonnement que cette fille

---

[35] Pithoys is here referring to a *cause célèbre:* see *Discours veritable sur le faict de Marthe Brossier de Romorantin, pretendue demoniaque,* Paris, 1599; this was translated into English by Abraham Hartwell, *A True discourse upon the matter of Martha Brossier of Romorantin, pretended to be possessed by a devil,* London, 1599. The case continued to arouse interest, see: *Histoire de Marthe Brossier, prétendue possédée, tirée du Latin de Messire Jacques Auguste de Thou, Président au Parlement de Paris. Avec quelques remarques et considérations générales sur cette matière, tirées pour la plupart aussi du Latin de Bartholomaeus Perludiss, célèbre Médecin de la Faculté de Paris,* Rouen, 1652. See also the article *Brossier* in Bayle's *Dictionnaire* (Beuchot, 1820).

[36] i.e. The Parlement de Paris. It is of interest to note the intervention of the civil court in a matter which would appear to the modern reader to have been a purely ecclesiastical concern: see H. Trevor-Roper, *The European witch-craze of the 16th and 17th centuries,* London, 1969, p. 43.

s'estoit gaussé (sic) de leur legereté & opiniastreté au faict d'exorciser; & qu'en effect elle n'estoit aucunement possedée sinon d'vne
passion malicieuse, dont elle demanda pardon à Dieu & à Iustice en
leur presence.

On a veu vn certain en certain pays de France auquel se remarquoient tous les indices susdits [14] & encore d'auantage; lequel
avoit esté mené aux plus celebres pelerinages, & exorcisé en tant de
lieux par tant de sages & pieux personnages & durant vn si long
temps, auec grand estonnement de tous les peuples, tant Catholiques
qu'Heretiques, qui l'auoient veu, & auoient admiré les choses merueilleuses qu'il faisoit & disoit; auquel neant-moins ny auoit aucune
reêle possession du diable, comme on auoit trop legerement opiné:
Ains seulement vne simple circonsession[37] & illusion diabolique. Ce
que je sçay d'vne cognoissance infaillible pour auoir moy second
descouuert & fait cesser cette estrange diablerie, qui avoit si longtemps deçeu tant de gens.

Voyés l'Anacrisie des Esprits,[38] composée premierement en Espagnol, & nouuellement traduite en nostre langue. Là vous verrez des
effects merueilleux, remarquez en certaines personnes non possedées,
& qui ont esté gueries de leurs passions extatiques sans exorcismes, par
les salutaires remedes de la medecine.

Ie conclud donc de rechef que c'est vne chose bien difficile & des
plus arduës de pouuoir asseurement recognoistre & discerner vne possession vraye & reêle d'auec les ruses, prestiges & illusions diaboliques.
Tellement difficile que des plus doctes, & des plus sages Docteurs y
ont [15] esté lourdement abusez, tesmoins les histoires qui en sont
laissées à la posterité pour rendre les autres plus aduisez en cette affaire.

---

[37] Not in Littré or Huguet. See however O.E.D., literally 'sitting around' but incorrectly
used for 'circumincession' q.v., this word was used by an VIIIth-century theologian to
translate περιχώρησις when explaining the text, 'I am the Father, and the Father in me.'
Hence the idea of possession.

[38] *Anacrisie des esprits:* from ἀνακρισις on ἀνακρινω, to examine closely. The original
work was by Juan Huarte, *Examen de los ingenios*, Pamplona, 1578. Several editions of the
French translation by Gabriel Chappuis were made, of which only the first used the word
anacrise in the title (the spelling *anacrisie* used by Pithoys is perhaps hapax legomenon).
Anacrise ou parfait jugement et examen des esprits, Lyon, 1597; *Examen des esprits*, Rouen,
1598; *Examen des esprits propres et naiz aux sciences*, Paris, 1619. There was also an English
translation, *A Triall of wits*, London, 1590. The work is a curious mixture of medicine and
psychology giving advice, *inter alia*, on methods of determining the sex of the human foetus
by procedures undertaken at the moment of coition.

ARTICLE CINQ.

Quelle capacité doiuent auoir ceux qui se
meslent de sonder les possedez.

SI cette grace [39] que nous appellons (discretion d'Esprits) estoit necessairement conjoincte avec la puissance sacrée d'exorciste, tellement que tous ceux qui sont employez és exorcismes en fussent asseurement instruicts; Il ne faudroit autre science ny sagesse pour recognoistre quel esprit inspireroit ou agiteroit vne personne. D'abord on discerneroit entre la lepre & la lepre,[40] je veux dire qu'on descouuriroit facilement les effects diaboliques qu'on voit en vne personne, & sçauroit-on s'ils sont produits par vn demon possedant, ou bien par la personne assistée seulement de quelque diable. Mais puis que c'est vne grace gratuite qui n'est communiquée à tous, il faut que les exorcistes la demandent au S. Esprit, avec ferventes prieres, & se disposent à la reçeuoir par jeusnes, veilles & autres mortifications;& principalement par vne profonde humiliation d'esprit releuée sur vne ferme confiance en l'assistance diuine, [16] qui ne manque iamais à ceux qui entrepennent telle affaire, par obligation de leur office, auec droicte intention, & vuides de toutes passions & desirent purement & simplement que le tout reüssisse à la gloire de Dieu, & sans scandale d'aucunes personnes.[41]

Puis donc que l'on n'est pas asseuré d'auoir cette grace (de discretion des Esprits) il est tres-necessaire que les exorcistes, qui s'auancent pour sonder de commencement ceux qui se disent possedez, soient renduz capables par vne science & entiere cognoissance de tout ce qui concerne tel office. Vray que l'experience y est plus necessaire que la doctrine.

I'oseray dire en passant que ceux qui sont plus grands scolastiques ne sont pas pour cela les plus idoines [42] pour descouurir les feintes & les vrayes possessions; Mais bien ceux qui auec la capacité de doctrine sont desniaisez, rompuz & experimentez au faict de recognoistre la malice malicieuse des Hypocrites de ce temps: Mais bien ceux qui

---

[39] By *discretion d'Esprits* and later, on p. [16], by *discretion des Esprits*, Pithoys means the art of the confessional, the skills employed in interrogation. It is entirely in accordance with his attitude and the teaching of his Order that he should call this special ability *cette grace*.

[40] Proverbial expression common in the days when diagnosis of leprosy was uncertain.

[41] Exorcism was not to be undertaken lightly: see Introduction, p. XXVI-XXVII.

[42] (<IDONEUS, 'fit,' 'proper'), a word used with the full force of its legal significance, 'admissible in this case,' when Pithoys considered the legal implications of exorcism the questions of admissible and inadmissible evidence; pp. 37, [53] et sq.

font profession de croire à l'esprit diuin, qui inspire & dirige tout le corps mystique de l'Eglise Chrestienne Catholique Apostolique & Romaine, & non pas à tous esprits qui se disent blancs ou noirs. C'est à ceux-là, sans autres, qu'il faut commettre la direction des personnes qui s'imaginent [17] & se disent estre inspirez du diable.

A Dieu ne plaise que ie pretende blasmer personne, non, plus que de me venter (sic) en ce point. Car ie me repute incapable de tel office. Mais c'est pour dire simplement ce que ie croy estre tres-necessaire en cette affaire si difficile & de si grande importance. C'est à mesme intention que ie dy qu'il ne faut croire trop legerement ceux qui se disent possedez, ains faut employer toute sorte d'industrie & de subtilitez licites pour sonder s'il n'y a point de phrenesie ou de malice, ou quelque espece de diablerie en ces personnes, & non pas vne reele possession comme elles s'imaginent.

A cest effect voicy vne forme de procedure que i'ay disposé (soubs la correction de ceux ausquels il appartiendra) pour seruir à ceux qui entreprennent d'exorciser les esprits; notamment ceux qui causent auec le mal particulier de grands scandals au public.

ARTICLE SIX.

Quelle procedure il faut tenir pour sonder vn pretendu
possedé, qui cause du scandal.

1. FAut faire visiter la personne soy disant possedée par quelques Docteurs Medecins [18] des plus expers & meilleurs Physiognomistes,[43] & qui ne soient pas de facile & legere persuasion; & bien consulter le faict auec eux puis sur leur rapport, auiser s'il est besoing de proceder aux remedes Ecclesiastiques.

2. Faut luy faire vne bonne remonstrance & luy protester, que si elle est recogneuë simulée ou consentante en quelque maniere à la diablerie qui se pratique en elle, on la fera punir exemplairement & luy reïterer plusieurs fois non mollement & doucement, ains avec paroles energiques telles que requiert la grauité de Pasteur. Et apres luy auoir faict en particulier, luy reïterer en presence des assistants.

3. Faut faire loger la personne en tel lieu, & auec telles personnes, qu'on soit asseuré d'vne asseurance infaillible qu'elle ne pourra auoir aucune intelligence, & sur tout que personne de ses proches, ny

---

[43] See *Traitté Curieux*, p. 197, [213].

autres, ne luy puissent parler en particulier, & en secret, ains seulement és presences des gardes.

4. Faut faire traicter la personne en la qualité qu'elle se baille de possedée, sçauoir la faire bien disposer pour le regard de son ame. Et pour ce qui est du corps domicil de Satan la faire jeusner vestir & coucher austerement [19] & faire practiquer à ladicte personne toutes sortes de mortifications Chrestiennes selon raison, & se bien donner garde de l'honorer, caresser & faire bon traictement: Et sur tout de permettre qu'on luy fasse des trop grandes aulmosnes & liberalitez. Car cela pourroit seruir d'allechemens pour attirer à contrefaire les possedez, ou du moins pourroit estre occasion aux possedez de ne cooperer à bon escient à leur liberation.

5. Faut deputer quelques personnes bien affidées, pour speculer[44] & prendre garde à tous les comportemens, gestes & parolles de ladicte pretenduë possedée, & ce lors principalement qu'elle s'en douteroit le moins affin de veoir si on descouuriroit point[45] quelques signes de malice, ou de diablerie en son faict.

6. Faut faire venir ladicte personne au lieu designé pour sonder l'inspiritation, où l'on ne permettroit l'entrée sinon aux personnes vertueuses, discrettes, & à ce cognoissantes & conuoquées expressement pour y assister. Et apres auoir faict les prieres & preparations ordinaires tenter par toutes voyes diuines & humaines, quel esprit peut agiter cette personne. Et ce faisant,

7. Donner ordre que personne des assistans (soubs couleur de plus grande compassion & [20] pieté que les autres) s'auance de lamenter le mal ou bien d'admirer ce qu'il veoit, ou bien d'interpreter ce qui se passe à l'auentage de la personne, & soustenir la possession en la presence d'icelle. Au contraire est expedient nonobstant qu'on opine aucunement y auoir possession, ne la pas aduoüer si tost, principalement à la personne; ains continuer à luy faire la remonstrance susdite, iusques à tant qu'on soit asseuré de la verité, autant que faire se peut.

---

[44] In the sense 'to scout, to spy out,' rather than in the modern sense 'to ponder.' (⟨SPECULOR, -ARI).

[45] Haase, *op. cit.*, p. 254, shows that Corneille revised two passages where this positive use of *point* had occurred (*Horace*, IV, 4, v. 1221; *Le Menteur*, III, 6. v. 1082).

ARTICLE SEPT.

Diuerses espreuues pour sonder les inspiritez.

1. FAire des inuocations en grec ou quelque autre langue incogneuë à la personne, & les prononçer auec energie, & en forme d'exorcismes. Item prononçer les noms diuers hebraïques, & meslenger
parmy des dictions signifiantes choses prophanes. Item entremesler des
quolibets parmy des exorcismes & conjurations, & bien prendre
garde sans faire aucun semblant à ce que le pretendu possedé dira,
& quand, & comment, il descouurira la ruse. [21] Car ce ne seroit
assez qu'il dit en general, qu'on a faict quelque finesse en ce qu'on a
dit. Cela pourroit estre alegué par hazart, & par soupçon; Mais s'il y
a quelque esprit diabolique, il sçaura bien descouurir toutes les
particularitez.

2. Poursuiure opiniastrement le demon presumé, à ce qu'il responde
en mesme langage que celuy auquel on luy parle. Que s'il ne vouloit
entendre (comme quelques-vns font acroire que les diables de ce
temps ne veulent plus parler que du patois de la personne qu'ils
inspiritent) à tout le moins le faudroit contraindre à fine force de
conjurations qu'il ayt à reciter de mot en mot, & tout du long les
loüanges diuines qu'on luy dicteroit en grec ou hebreu & ce en
langage naturel, de la personne qu'il possede, & ne se contenter qu'il
responde seulement (ouy) (ou non) ou qu'il dit en general ce dequoy
on parle; car cela pourroit bien arriuer quelques-fois par soupçon de
la personne mesme, ou par quelque passagere suggestion diabolique.

3. Faut disposer vne douzaine d'Hosties sur vn corporalier[46] dont
n'y en ayt que deux ou trois consacrées qui soient colloquées en telle
façon, qu'il n'y ayt que l'exorciste & les plus affidez assistans qui les
cognoissent: puis feindre [22]* diuerses occasions d'aller prendre la
Saincte Hostie pour vexer le demon, & à chacune fois en prendre vne
autre, faisant neant-moins comme si c'estoit tousiours vne mesme &
vraye Hostie consacrée, & bien prendre garde comme se comporteroit
le possedé ou le possedant.

Car si c'est vn demon vraiment possedant il ne manquera de
tesmoigner grande difference aux applications des Hosties consacrées.
Car encor qu'il puisse dissimuler quelque fois, neantmoins pour
l'ordinaire, & quand on y procede avec vne grande ferueur de foy, il

---

[46] A 'corporal' – strip of cloth on which a consecrated Host or a chalice is placed.
* Numbered 23 in original edition.

est bien difficile qu'il ne se monstre effrayé. De mesme pourra l'on vser de choses supposées pour reliques dans quelque beau vase auec quelque superscription; Item de l'eau profane és vases où l'on a coustume de conseruer l'eau beniste. Mais il faut que tout cela soit appliqué bien subtilement, & ne se contenter que le possedé die vne fois ou deux que cela est faux, & tesmoigne ne s'en soucier du commencement; Car vne personne rusée se doubtant de quelque finesse, pourroit ainsi dire par hasart tant de choses consacrées comme des profanes, & par ce moyen rencontreroit quelque fois. Mais qu'elle puisse tousiours asseurement distinguer le sainct d'auec le profane, le vray d'auec le [23]* faux, sans y auoir aucune assistance de quelque esprit plus qu'humain, cela est impossible.

4. Pour le regard des pretenduz possedez qui semblent reueler des choses faictes à leur insçeu, pour sçauoir comment ils ont cette cognoissance, faut faire plusieurs notables actions & ce à intention de desplaire au diable pretendu possedant, ou mesme à intention de remarquer s'il en aura la cognoissance, & le despiter d'en reueler ce qu'il en sçaura.

Mais il faut qu'il n'y ayt que des personnes bien affidées & grandement desireuses de recognoistre la verité du faict, qui en soient tesmoings. Quoy faict il faut que quel-qu'vn des affidez tasche de rencontrer à propos quelque personne, qu'on se doubteroit reporter des nouuelles à la creature possedée, & sans faire aucun semblant du dessein, faire en sorte qu'on luy puisse discourir de quelqu'vne desdites actions secrettes, & ce par maniere de rencontre sans declarer ny l'intention de celuy qui aura faict ladicte action, ny l'intention qu'il a en la racomptant. Ce faict laisser parler telle personne à la creature pretenduë possedée.

[24] Puis quelque temps apres quand on viendra aux conjurations, & qu'elle sera en son agitation ordinaire, prendre garde si elle ne tesmoignera poinct auoir quelque cognoissance de l'action susdeclarée & reuelée à sa confidente, & non pas des autres actions dont elle n'a oüy aucunes nouuelles, voila vn poinct bien remarquable, & que j'ay espreuué bien subtilement en certaine personne. Et je m'asseure que si on s'en seruoit, comme on pourroit faire, si on vouloit, on sçauroit mieux d'où viennent les reuelations qu'on estime miraculeuses.

5. Faut prendre garde de prés aux œillades & regards continuels de la personne, lors qu'elle est en son émotion, & que le diable presumé

* Numbered 24.

se dit estre en la teste, & manier les sens & facultez: Car comme disent les Naturalistes,[47] les yeux & les œillades ont vne merueilleuse vertu, pour faire descouurir à peu prés ce qui est au dedans. Faut donc prendre garde s'il paroistra pas quelque indice d'vne ame regardant naturellement par ses yeux. Cela est assez facile à remarquer, és personnes qui pisent ne rien veoir, & ne rien sentir durant leur agitation. Car cela estant, ce n'est donc l'ame qui regarde par ses yeux; ains c'est le demon qui les faict mouuoir & tournoyer, [25] sans que luy ny l'ame de la personne veoient par iceux. D'où vient que les vrais possedez durant leur agitation, ont ordinairement la veuë fort affreuse & la face hideuse, & bien souuent des tournoyemens d'yeux, des contorsions de bouche & de col, des grincemens de dents, des hurlemens du gosier, bref vn aspect fort effroyable. I'ay encor experimenté cette espreuue bien certaine pour recognoistre qu'vn corps humain n'est pas inspirité ny agité du diable. Et en effect ie descouury que l'ame de ce quidam susmentionné me regardoit par les yeux, & que les mouuemens d'iceux estoient tout à faict naturels & non effectuez par le diable comme croyoient les assistans. Ce que je protestay deuant plusieurs personnes honorables, & lerecogneu asseurement le lendemain que nous mismes fin à cette illusion diabolique, qui auoit duré si long-temps.[48]

6. Tant hors que durant l'agitation de la personne, & notamment tandis[49] les conjurations, faut bien prendre garde. Comme elle se comporte; comme elle se soustient; comme elle marche; comme elle saulte, comme elle se sied, comme elle se met à genoux, comme elle s'appuye, comme elle manie ses bras & ses mains & ses doigts, comment & à quelle occasion [26] elle s'excite en cholere; comme s'altere son visage; comme elle faict ses grimaces; Comme elle parle & de quel accent; comme se porte sa langue, comme elle la tire; comme elle jette sa salive, & quelle salive, comme elle respire; comme va son poulx; bref remarquer iusques à la moindre action.

Ie seroy trop long, si ie vouloy deduire tout ce qu'il faut obseruer sur chacune desdictes actions. Ie diray donc seulement qu'il faut tres-soigneusement remarquer si toutes ses actions, ou du moins plusieurs ne sont poinct produites par vne ame raisonnable agitée seulement de cholere, ou de sottise, ou de quelque autre violente passion: Et si elles ne peuuent pas estre tout à faict naturelles &

[47] In the *Traitté Curieux,* p. 202, [222], the term is equated with *physiologien,* one who inquires into the nature of things.
[48] Pithoys's attendance at an exorcism before that of Elisabeth Ranfaing is referred to in the *Conférence:* see p. 59.
[49] *Tandis* for *pendant:* already archaic.

naturellement effectuées par les principes & vertus naturelles de la nature. Et seroit bon que Messieurs les Medecins de la qualité & capacité susdeclarée y prissent garde, pour en dire leur aduis.

Ie laisse les autres espreuues à l'industrie & subtilité des exorcistes. Pour moy j'estime qu'vsant sagement de toutes les susdictes auec la grace de Dieu, & à la faueur de quelque diuine lumiere. Il sera bien mal-aisé à vne personne non possedée, de simuler si finement, qu'elle ne soit descouuerte. Mais c'est [27] à dire, qu'il ne se faut contenter de signes tels quels, ny d'vn ou de deux, & qui puissent estre effectuez par hazard, ou par subtilité, ou par quelque suggestion & assistance passagere de quelque diablotin voltigeant; ains il faut faire des experiences tant & plus, & ne rien asseurer opiniastrement, que sur bons gages.

ARTICLE HVICT.

Indices de possession diabolique.

1. SI la personne pretenduë possedée parle en langues estrangeres qu'elle n'ayt onc appris, notamment grec, hebreu, ou autre de pareille difficulté à entendre. Item si elle discoure pertinement des sciences subtiles & sublimes qui soient au delà de sa capacité naturelle ou artificielle.[50] Item si elle sçait des choses merueilleuses & de difficile estude sans en avoir euë aucune instruction, comme par exemple les regles de Musique, d'Arithmetique & autres choses de pareille difficulté.

2. Si elle descouure les ruses & subtilitez, qu'on peut meslanger parmy les exorcismes, [28] selon qu'il a esté declaré au premier poinct de l'article septiesme.

3. Si elle cognoit toutes les personnes qui se presentent, sans les auoir jamais veuë, & sans en auoir ouy parler.

4. Si elle reuele ordinairement des choses du tout[51] secretes, & qu'il soit impossible d'en auoir la cognoissance par aucune conjecture ou subtilité humaine.

5. Si elle distingue & recognoit asseurement les Hosties consacrées, & celles qui ne le sont pas; comme aussi les choses supposées pour reliques; & declare les subtilitez qu'on pratique pour les appliquer.

---

[50] *artificielle* weakens the argument, unless meaning 'acquired by practice.' cf. No. 6, p. 23.
[51] *du tout* used to reinforce a positive proposition in old French and still surviving in this usage in the XVIIth century: Haase, pp. 241/2 quotes Malherbe, Molière and Bossuet.

6. Si elle faict actions corporelles tellement surnaturelles que personne du monde ne les puisse effectuer, ny par force, ny par agilité, ny par aucune industrie artificielle.

7. Si durant l'agitation elle a le visage effarouché, les yeux estincellans, roulans, & tournoyans extra-ordinairement, si ses regards sont affreux, sa contenance hideuse, son teint noirrastre, sa langue enflée, noire & verollée;[52] si elle a des notables tordemens de bouche, de col, & des autres membres, qui ne se puissent exhiber naturellement; si le corps ou le col luy enfle demesurement; si elle a la voix [29] effroyable, & hurle, jappe, ou mugit du gosier à la façon des bestes brutes.

8. Si les exorcismes & les Hosties consacrées & autres choses sainctes, qu'on applique produisent des effects plus notables que les simulées & supposées.

Voila les plus notables indices pour recognoistre vne possession diabolique, encor faut-il bien considerer comme se pratique tout ce que dessus, craignant que la plus part ne se face par vne assistance exterieure de quelque demon, & que le reste ne soit effectué par le moyen de quelque violente passion naturelle. Ie sçay bien que quelques Autheurs en rapportent encor d'autres; Mais ils sont suspects, d'autant qu'ils peuuent estre facilement simulez par personnes malicieuses, fines & rusées. Nonobstant quoy je les adjousteray icy pour seruir de soupçon contre ceux ausquels ils ne se remarqueront pas; & pour la confusion de ceux qu'on verra disposez tout au contraire.

1. S'il appert en la personne vne grande affliction de son mal; ce qui fera, si elle en deuient notablement deffaicte de l'ordinaire disposition de son corps, comme si elle deuient pasle, maigre, infirme, morne, & quelque-fois toute [30] désfigurée.

2. Si elle est agitée de grandes inquietudes, qui la contraignent de courir çà & là comme vne folle, sans que ny le temps, ny le lieu, ny les personnes presentes luy donnent aucun respect.

3. Si elle a des espouuantemens qui la saisissent promptement à l'entrée de certains lieux & de certaines personnes, & qu'elle se treuue agitée és compagnies, & durant les actions qui luy sont plus aggreables, avec interruption & notable interest de son contentement.

4. Si elle entre par fois en furie contre soy-mesme, ou contre ses proches parens & plus familiers amis & bien-faicteurs, & qu'elle les injurie & calomnie, & si elle faict de mesme enuers les personnes qu'elle est obligée de grandement reuerer.

[52] A general term signifying 'blotchy' as well as 'suppurating.' cf. p.16, n. 40.

5. Si elle maudit, deteste, blaspheme & prophere des paroles execrables au mespris des Sacremens, des Saincts, de la Vierge & de Dieu mesme. Car les diables n'ont point d'autre exercice que celuy-là.

6. Si elle ressent des grandes difficultez & vne forte resistance plus grande, que de paresse ou de stupidité, lors qu'elle veut aller à l'Eglise, ou bien prendre de l'eau beniste, faire le [31] signe de la Croix, dire ses prieres? Notamment quand elle veut prononçer deuotement le, sacré-sainct nom glorieux de (IESVS), ou le nom gracieux de (MARIE). Et sur tout quand elle entend la saincte Messe, & se treuue en la presence du tres-auguste Sacrement, terreur horrible des demons.

7. Si luy donnant pour son manger & boire du pain & de l'eau, qu'on ayt beny secretement & à son insçeu, elle tesmoigne auoir grande repugnance à les aualer, voire les rejette,

8. Si elle a des visions estranges, & que le diable luy apparoisse en quelque forme, & la persecute de quelque façon en son corps, qui se puisse remarquer.

Surquoy est à noter qu'une hyrondelle ne fait pas le Prim-temps,[53] n'aussi faict vn seul des susdits signes la verité d'vne possession dia-bolique. Mais il en faut des bien signalez & plusieurs.

ARTICLE NEVF.

D'où prouient que plusieurs sont deceuz par les simulations de certaines personnes soy disantes possedées.

SI tous ceux qui se meslent d'exorciser en ce temps se comportoient selon qu'il a esté [32] prescrit cy dessus aux 6. & 7. articles; on ne verroit tant de tromperies & illusions leur arriver. Mais le mal'heur est que plusieurs personnages entreprennent cest office, desquels

Les vns sont si simples qu'ils mettent le Hieroglifique de deuotion en vne trogne reformée:[54] & sont si faciles à se laisser enjoller, qu'vne personne malicieuse & rusée leur fera adorer son hypocrisie pour pieté & saincteté, & sont si scrupuleux, qu'ils n'osent soupçonner malice dans les plus malicieux.

Les autres sont si legeres d'esprit, qu'on leur faict facilement croire des fables pour histoires, & admirer des tours de passe-passe pour grands miracles, & se persuadent facilement des songes & resueries estre des reuelations diuines.

---

[53] Proverbial since at least Aristophanes, μία χελιδὼν ἔαρ οὐ ποιεῖ, derived probably from one of Æsop's fables.
[54] *trogne:* see Introduction, p. XXXV.

Il y en a d'autres si enflez de presomption & si fort arrestez à leur
propre jugement, qu'ils s'imaginent tout ce qu'ils pensent estre vray;[55]
& desirent espreduëment que chacun se chausse à leur poinct: en
suitte dequoy, s'ils ont vne fois donné leur resolution derniere de
quelque chose, ils vseront de mille artifices pour attirer les plus
difficiles à leur cordelle: & s'opposeront obstinement à tout ce qui
semblera faire contre leurdite resolution, tellement que, si ces personnages ont beaucoup d'auctorité, il faut necessairement que chacun
pense, [33] croye, dise & face, comme il leur plaist d'vne affaire, sans
oser contredire ny declarer ce qu'on pourroit sçauoir de mieux.

Il y en d'autres si fort agitez d'ambition & si fort allechez par les
appasts de vaine gloire; qu'ils ne se peuuent rassasier de l'honneur
mediocre qu'on porte à leur condition.[56] Il faut qu'ils facent esclatter
le renom de leur nom par le bruict de quelque grand miracle, qui les
fera, comme ils pensent, canonizer par le monde,[57] & décorer par
quelque honorable prelature.

Par ainsi, la simplicité des vns, ou la legereté des autres; ou la
presomption de ceux-là, ou l'ambition & vaine gloire de ceux-cy,
sont cause qu'on ne se comporte pas au faict des exorcismes à la
maniere susdicte, ains font que sur je ne sçay quels indices, on admet
legerement quelques illusions pour vrayes & reêles possessions diaboliques. Dequoy Satan se joüant, se fourre & meslange dans l'ouurage;
tellement finement que ces Messieurs y sont deceuz & trompez.

Il est donc necessaire que les exorcistes soient gens vuides de toutes
passions & affections desreglées; de la qualité & capacité qui a esté
declarée en l'article cinquiesme, & qu'ils procedent, comme il a esté
exposé cy dessus.

[34]   ARTICLE DIXIESME.

*Obiections contre quelques poincts de la
procedure proposée cy dessus.*

IL me semble que j'entend les allegations de quelque zelé exorciste,
qui meurt d'enuie d'exorciser, pour faire paroistre sa grave eloquence,
& hardiesse Chrestienne à combattre les demons. Il m'est aduis que
voicy les destours, où il voudra destourner tous les signes de non

---

[55] Psychological argument similar to that used by moralists of the period. cf Montaigne,
'La presomption est nostre maladie naturelle': *Essais*, II, 12, *Apologie de Raimond Sebond.*
[56] Arguments similar to those of the seventeenth-century moralists.
[57] *canonizer par le monde*... : an example of the sarcastic style Pithoys adopted.

possession que les plus clair-voyans pourront remarquer en vne personne simulée.

C'est dira-il que le diable faict le fin, & ne veut faire paroistre aucun signe, craignant d'estre congneu.

Voila une belle & bonne couuerture pour seruir de doubleure à la malice des personnes malicieuses qui voudront cy apres s'estudier à simuler les possedez, soit à intention de diffamer quelque personne qui les aura offencé; soit à intention d'attirer beaucoup d'aumosnes, de bled, de vin, de meubles, & d'argent des bonnes gens.[58] Mais d'où vient que Monsieur l'exorciste ne dit pas aussi tost, que c'est vne feintise & simulation d'vne personne transportée de quelque violente passion, aydée de [35] quelques suggestions & adminiculations[59] sataniques? Ne sçait-il pas qu'il s'en est treuué des semblables, & s'en treuue trop souvent? oüy bien? Mais il faut qu'il soustiennent sa premiere & precipitée opinion, & qu'il exorcise bon gré mal gré tous ceux qui s'offrent de faire veoir la verité du faict.

De plus, cette couuerture est descousuë & ne sert que d'un sac moüillé, quand le demon presumé se declare de parolle, se vante d'estre Seraphin ou de quelque autre ordre, se dit estre appellé de tel nom, comme par exemple, Ismel, Percin, Rorand, Victé, & autres forgez en la fantasie. Item se dit estre enuoyé dans le corps de telle façon, & dit des folies & niaiseries tant & plus, pour se faire estimer diable possedant; & mesme dit rage contre tous ceux qui doutent de la possession.

De rechef[60] il me semble que je l'entend reclamer contre ce que nous auons dit touchant la remonstrance & le traictement qu'on doit faire à ceux qui se disent inspiritez,[61] & au contraire qu'il faut leur donner courage, les traicter doucement, & les consoler en leur affliction.

Il deuroit dire en bon françois qu'il faut les flatter, carresser, dorlotter, & les faire honorer par tout le monde, & leur ployer des offrandes tant & plus.[62] [36] Et le diable ne s'en riroit pas; Ie m'en r'apporte à toutes personnes de bon jugement! Ie m'en r'apporte aux exorcistes deputez és lieux ordinaires, où l'on faict estat de sonder & exorciser les inpiritez. Ie m'en r'apporte aux exemples que les saincts personnages ont donné pour ce faict.

---

[58] Pithoys here brings the argument to an essentially practical level.

[59] Not in Littré: *adminicule* is defined as, 'terme de jurisprudence. Ce qui, sans former une preuve complète, contribue à faire preuve.'

[60] By the seventeenth century this was usually written as one word.

[61] See previously, p. 6, n. 7.

[62] See Littré, *tant*, 12°.

On dit par prouerbe, tel pot tel couuercle; [63] tel hoste tel logis, tel
sainct telle chandelle; Ie diray donc à propos tel hoste, tel traictement. Et qu'est-ce que d'vn possedé? le siege des ennemis de Dieu,
& de l'Eglise; vn fort que les demons tiennent en garnison; [64] vn
repaire des serpens & dragons infernaux, où ils sont entrez le plus
souvent par la porte de quelque extreme passion desreglée apres la
joüyssance de quelque object. Quoy qu'il en soit, je m'en r'apporte de
rechef comme on doit traicter ceux qui se disent possedez, quand il
n'y auroit que la crainte, qu'estant traictez trop doucement & deli-
catement, & reçeuant beaucoup de courtoisies & de bien-faicts, ils ne
cooperent pas de leur costé à leur liberation. Ce qui est fort soupçon-
neux és personnes qui durant leur agitation ne sentent rien, & icelle
passée se portent fort bien, mangent bien, boiuent bien, & reposent
encor mieux.

Tiercement voicy ce que Monsieur le zelé [37] alleguera pour
conclure aux fins d'exorciser. Puis que ceste [65] chose si difficile de
discerner vne illusion, & vne vraye possession diaboloque, il s'ensuit
donc qu'on n'osera plus exorciser personne, soubs pretexte d'vne
feintise & simulation malicieuse accompagnée d'illusion; & ainsi
ceux qui seront en effect possedez demeureront sans soulagement.

Voila tres-mal conclu! Car on n'a pas dit qu'il ne falloit exorciser
personne tant qu'on verroit visiblement le demon possedant, on
sçait bien qu'il est inuisible.

Mais on a dit, qu'il ne faut si legerement croire à tous esprits, &
qu'il ne faut asseurer si asseurement vne possession reêle, ny quitter
les espreuves d'icelle, jusques à ce qu'on en aura [66] faict autant d'experiences qu'il est possible; & qu'en vne chose si abstruse & si cachée
à la cognoissance humaine, il y faut apporter autant de subtilité &
d'industrie, que faire se peut, & n'en rien asseurer que bien sobrement
& sur bons gages, notamment quand les pretenduës possessions
presagent de grands scandals au public. Je m'en r'apporte si ce
conseil n'est pas tres-vtile & absolument necessaire en vne affaire de
si grande importance.

Si Monsieur l'exorciste tournoit la pointe [38] de son zele au bien
public, & à l'honneur de toute la saincte Eglise, comme il faict au

[63] A variant of 'A tel pot telle cuillère,
              A tel saint telle offrande.'
Quoted by Leroux de Lincy in *Livre des proverbes français*, Paris, 1842, p. 166.
    [64] *Un fort...*: military comparisons common in the *Traitté Curieux*.
    [65] A misprint for *c'est*.
    [66] Future instead of subjunctive: see Haase, *op. cit.*, p. 183.

soulagement d'vne personne particuliere; l'apprehension qu'il auroit, que cette demonomanie[67] feinte ou vraye, ne deusse causer quelque grand dommage, luy feroit bien prendre garde aux Scylles & Charybdes esquels il pourroit tomber, si les vents sacrez des exorcismes sortoient en campagne trop indiscrettement. Et entre autres mal'heurs il redouteroit grandement ceux que je vay declarer en l'article suiuant.

ARTICLE VNZIESME.

Deux grands mal'heurs bien dommageables qui peuuent arriuer des possessions simulées.

PRemierement, il est à craindre que la personne pretenduë possedée, ou bien quelqu'vn de ses parens ou amys ayant quelque animosité contre quel-qu'vn; elle ne vienne à l'accuser, & luy imposer quelque crime durant la conjuration, feignant que c'est la toute-puissance de Dieu, ou bien la Reyne des cieux qui la contrainct à ce faire.[68] Ce qu'estant on aura beau desployer tous les exorcismes, s'ils font desdire ce diable à deux pieds animé d'vne animosité [39] diabolique, & enflammé d'vn desir de vengeance mortelle. Car les exorcismes n'ont pas l'efficace sur l'obstinée & malicieuse volonté de la personne libre qui profere telle(s) calomnies, & non vn diable possedant, comme l'on s'imagine. Et le pire que j'y sçache, c'est qu'vn simple peuple adjoustera creance à ces calomnies; voire des plus releuez mesme, qui le voudront persuader soubs pretexte de donner vne toute-puissance aux exorcismes pour toutes sortes d'effects; nonobstant qu'il soit tres-certain que l'exorcisme n'est pas institué pour faire dire des veritez, encor moins des fariboles aux diables; & n'a aucune promesse de ce pouuoir; ains seulement de les chasser hors des corps qu'ils possedent.

Voila vn accident tres-dangereux, & dont l'on se doit bien donner garde. C'est pourquoy il est deffendu bien expressement d'adjouster foy à ce qui part de la bouche d'vn possedé, notamment quand ce sont detractions & diffamations de quelques personnes, & mesme est commandé expressement aux exorcistes de leur fermer la bouche, & les faire taire, absolument, quand ils veulent dire quelque mal d'aucun. Tant s'en faut qu'il soit permis d'employer les exorcismes, directement

---

[67] See *Traitté Curieux*, pp. 193 & 217 [208] & [250].

[68] A prase specifically condemned by Thomas Corneille, *Observations sur les remarques de Vaugelas*, Paris, 1704, Vol. II, p. 7. Vaugelas had been lenient: '...*à ce faire, à ce faisant,* deux façons de parler commodes mais elles ne sont pas du beau stile; elles sentent celuy des Notaires.'

ny indirectement pour faire declarer vne personne coulpable [40] de quelque crime, & la faire nommer à fine force d'exorcismes, & malgré le diable par son nom propre. C'est vn abus intolerable, & qui doit estre puny à l'esgal du scandal, que la diffamation ainsi extorquée, aura causé.

Secondement il est à craindre que ces possessions imaginaires & simulées venant à estre descouuertes apres vn si long-temps, & si longue suitte de conjurations, comme on a veu arriver és personnes mentionnées[69] en l'article 4. & en plusieurs autres d'autres pays, Cela n'engendre[70] vne mes-creance des vrayes possessions, & vn mespris de la puisance Ecclesiastique.

Ce qui arriuera facilement aux pusils[71] & moins fermes en la foy, qui n'ont pas l'esprit de considerer, que la puissance d'exorciser est bien donnée à tous les exorcistes, Mais non pas la discretion des esprits. Partant que quelques particuliers peuuent estre facilement deceuz par les illusions des diables, qui sçauent toute sorte de ruses & malices pour tromper les plus prudens. D'où ne s'ensuit pas pourtant, que la saincte Eglise en doiue reçeuoir du blasme; Car ce n'est elle qui est trompée, ains seulement quelque Ministre indiscret en particulier.

Or pour euiter ces scandals dangereux & tous autres inconueniens: il est tres-necessaire [41] de faire des bonnes experiences du commencement, auant que de rien asseurer de la possession, & proceder ainsi qu'il a esté cy deuant declaré.

ARTICLE DOVZIESME.

Quelle vertu ont les Exorcismes sur les diables possedans.

ON n'est pas en doute si Iesus-Christ a donné quelque puissance à son Eglise sur les demons qui possederoient & agiteroient ses enfans. Les lettres patentes de ce[72] en sont en sont emologuées[73] en S. Luc,

---

[69] Marthe Brossier alone mentioned by name.

[70] For *n'engendre-t-il pas*...?

[71] Not in Littré. Mentioned by Huguet: in XVIth-century French translation of Virgil. Also in Bouchet, *Epistres morales*, I, 14, (1545) with meaning 'vile, low-bred.' (⟨PUSILLUS, a small boy).

[72] See Haase, *op. cit.*, p. 38.

[73] Huguet quotes H. Estienne, *Conformité du langage françois avec le grec*, 1565: 'Nous avons retenu plusieurs mots descendus de λόγος comme logique... homologuer... toutesfois le vulgaire prononce emologuer.' See also Littré: 'homologuer, terme de jurisprudence. Confirmer par autorité de justice.'

chap. 9. & 10. & en S, Marc, chap. 16.[74] Et ont esté seelées par vne infinité de miracles faicts en vertu de ceste puissance, que la saincte Eglise exerce iournellement par ses Ministres contre les diables.

On sçait de plus qu'en suitte de cette puissance la saincte Eglise a institué certains formulaires d'exorcismes & conjurations, à intention de chasser les diables par la vertu d'iceux, & liberer ceux qui seroient inspiritez par ces esprits malins ennemis mortels des Chrestiens.

Que ces exorcismes & conjurations ayent quelque vertu sur les diables possedans, l'experience [42] de tant & tant d'effects si admirables ne permet pas d'en douter.

Mais c'est à sçauoir, quelle vertu ont les exorcismes, & quels effects ils peuuent operer sur les esprits possedans, sçauoir s'ils ont la vertu de faire dire la verité au diable sur ce qu'on l'interoge, sçauoir si on les doit employer pour faire declarer quelque personne qu'on soupçonne coulpable de pactes magiques ou de quelque autre crime, sçauoir si on doit soupçonner mal des personnes que les diables accusent de crimes durant la plus grande ardeur des exorcismes & conjurations.

Pour satis-faire catholiquement à toutes ces questions, ie donneray à chacune sa resolution particuliere.

Resolution premiere.

Premierement ie dy auec les Docteurs que les exorcismes ont pouuoir de chasser les diables, & les faire descamper & debusquer des corps qu'ils inspiritent.

Vertu tirée de cette promesse, *In nomine meo daemonia eiicient.* Et ie dy que la liberation des possedez est le propre & formel effect des abjurations Sacramentelles, pour lequel directement elles sont ordonnées de l'Eglise.

Mais il faut noter, que cette vertu n'est pas si estroictement conjoincte aux exorcismes, comme la vertu de produire la grace, est liée [43] aux Sacremens. Car Iesus-Christ a promis asseurement l'effect des Sacremens, qui est infaillible, & ne peut manquer, estant le Sacrement bien & deuëment appliqué. Mais il n'a pas donné promesse semblable aux exorcismes, ains il a dit seulement en general qu'on chasseroit les diables en son nom, se reseruant de cooperer à cest effect, selon que sa diuine prouidence jugeroit expedient pour sa gloire, & pour le bien de son Eglise, & pour le salut de ses enfans.

[74] *Luke*, IX, 1; X, 17; *Mark*, XVI, 17.

Aussi la saincte Eglise n'asseure pas que ses exorcismes produisent tousiours & en tous cas particuliers leur effect, (l'experience faict preuue au contraire). Mais bien quand il plaist à la diuine bonté faire couler sa toute puissance parmy les parolles sacrées & sanctifiées par ses prieres & par son approbation speciale.

S. Aug. lib. 83. quaest. 79.[75]

D'où s'ensuit, que la vertu des conjurations ne sortit pas tousiours infailliblement son effect susdit, qui est la liberation des possedez, ains seulement quand il plaist au souuerain maistre des Hommes & des Anges fortifier l'exorciste, benir l'exorcisme, & contraindre le demon de quitter la prinse.

Est de plus à considerer que les exorcismes n'operent pas tousiours par la bouche de tous [44] ceux qui s'ingerent de les employer, voire mesme quand bien ils seroient bien-viuans, & y procederoient de sincere intention: Mais bien pour le Ministre de celuy qu'il plaira à la volonté diuine gratiffier en cest exploict; Car la promesse de Dieu est vniuerselle & non personnelle & particuliere. Outre que le plus souuent, *Non reuelat sapientibus & prudentibus; sed infirma mundi eligit vt fortia quaeque confundat.*[76]

Encor est-il vray qu'il y a *Genus quoddam daemoniorum quod non potest eiici nisi oratione & ieiunio;*[77] Tellement que Dieu ne cooperera pas à l'effect des exorcismes, si les exorcistes & la personne possedée n'apportent de leur costé de la disposition.

Resolution seconde.

Secondement ie dy auec les Docteurs mieux sensez, que les exorcismes ne sont pas instituez pour faire dire la verité aux demons; Et qu'ils n'ont pas la vertu de ce faire principalement en tous cas particuliers. Partant qu'on ne doit adjouster foy à ce que les diables pourroient dire & maintenir à l'effort des conjurations si ce n'est chose qu'on sçait asseurement d'ailleurs, encor ne la doit-on croire plus fermement en suitte que le diable l'asseure, car ce seroit luy deferer

---

[75] i.e. *De Diversis quaestionibus LXXXIII liber unus*, No. LXXIX: in Migne. *P.L.*, vol. XL, pp. 90–93. Augustine is here considering two complementary texts: 'Quare magi Pharaonis fecerunt quaedam miracula sicut Moyses famulus Dei' (based on *Exodus*, VII), and 'Non potest satanas per satanam excludere' (*Mark*, III, 23).

[76] *I Corinthians*, I, 27.

[77] *Mark*, IX, 28.

honneur que de luy croire: mais plustost si c'est chose hors des articles
de foy, en douter, puisque le pere de mensonge l'asseure. [45]

Cette resolution est fondée sur ce que Dieu n'a faict aucune promesse aux exorcismes de faire dire la verité aux demons; & que la
saincte Eglise ne se vante pas de ce pouuoir, & que les exorcismes ne
sont pas instituez à cest effect. Mais seulement pour la fin susdite en la
premiere resolution.

D'ailleurs sur ce que le diable est menteur, *Qui in veritate non stetit,*
& cum loquitur mendacium ex propriis loquitur, & quia veritas in eo non est,
& ipse mendax est.[78]

De plus est indecent de s'enquester aux diables, pour sçauoir des
veritez, veu que nostre Seigneur (*Cuius omnis actio debet esse nostra*
instructio) leur commanda de se taire, & ne voulut pas qu'on sçeust par
leur tesmoignage qui il estoit, ains les empescha mesme de dire chose
vraye, & qui sembloit vtile à sa gloire. *Obmutesce & exi ab homine,*[79]
dit-il à vn.

Surquoy Sainct Chrysostome dit que *Salutiferum hoc nobis dogma*
datur ne credamus daemonibus, quantumcunque denuncient veritatem, ideo neque
illi neque suis signis & testimoniis vlla est fides adhibenda.[80] C'est à dire que
nostre Seigneur nous a donné vne instruction fort salutaire, qui est
de ne point croire aux demons, quoy qu'ils denoncent la verité &
qu'il ne faut adiouster aucune [46] foy ny au diable, ny à ses signes, ny
à ses tesmoignages. Origene donne sa resolution en l'homilie 16,
Super numer. Non vult Deus auditores nos fieri daemonum necque vult vt
discamus aliquid à daemonibus.[81] C'est ce que tesmoigne S. Aug. lib. 18.
de Ciuit. cap. 24. & alibi.[82] Item S. Greg. de Naz. *orat. in morbum.*[83]

Que si les exorcismes n'ont cette vertu de faire dire la verité au

----

[78] *John,* VIII, 44.

[79] *Mark,* I, 25.

[80] *II Concio de Lazaro,* in *Opera Omnia,* Antwerp, 1614 Vol. II, p. 537. The quotation had
also been used by S. Thomas Aquinas, *Summa Theologicae: Secunda secundae.* There is a slight
difference in the text given by Migne, *P.G.,* Vol. XLVIII, col. 984. See also p. 33 [47].

[81] *Homilia in Numeros, De prophetia alia Balaam;* in Migne, *P.G.,* XII, col. 699. Pithoys
omits the words *et discipulos* after *fieri.*

[82] *De Civitate Dei,* lib. 18, cap. 24, in Migne, *P.L.,* cols. XLI, 581/2, particularly the passage
beginning, *Sed etiamsi posteriora tempora...* The other passages that Pithoys may have in
mind are those in quotes in the *Traitté Curieux,* or possibly the following from *De Civitate*
Dei, lib. 4, cap. 31: *Hac tamen fallacia miris modis maligni daemones delectantur, qui et deceptores*
et deceptos pariter possident, a quorum dominatione non liberat nisi gratia Dei per Jesum Christum
Dominum nostrum, in Migne, P.L., vol. XLI, col. 138.

[83] S. Gregory of Nazianzus (329–389), bishop, theologian and poet. In his verse works
repeatedly refers to sickness which, although the result of diabolic intrusion, can teach man
to live more perfectly. See Migne, *P.G.,* vol. XXXVII, *Poemata:* (a) *Oratio ad Christum in*
morbum, XX, col. 1279. (b) *De daemonum pugnis,* LXXXIII, col. 1430. (c) *In morbum,*
LXXXIX, cols. 1442/3.

diable en general, encor moins l'auront ils pour vn faict particulier, vn argument formé sur la precedente resolution fera preuue de ce; Ie le forme donc ainsi.

Si les exorcismes n'ont pas la vertu, infailliblement efficace pour liberer, *hic & nunc*, cette personne possedée du diable, qui est neantmoins l'effect directe & principal d'iceux, & pour lequel ils sont ordonnez de l'Eglise! comment l'auront ils pour faire dire la verité de telle chose particuliere à ce mesme diable, qui n'est pas l'effect formel d'iceux? Or la vertu des exorcismes ne libere pas tousiours infailliblement de la possession diabolique, ains le diable resiste souvent vn fort long-temps, donc à plus forte raison, faut-il croire qu'ils ne peuuent pas faire dire la verité au diable en tous cas particuliers, veu mesme que cela est plus repugnant au diable de dire la verité, que de sortir du corps qu'il possede.

[47] Que si on allegue quelque practique de quelque sainct personnage, qui semble contrarier à cette resolution! Ie respond auec Scotus[84] & autres Docteurs que les Saincts personnages ont faict plusieurs choses estans inspirez d'vne reuelation particuliere du Sainct Esprit, en quoy ils sont à admirer, & non à imiter, & qui voudroit faire le semblable, seroit estimé presompteux & coulpable de peché.

Resolution troisiesme.

Tiersement ie dy auec les mesmes Docteurs Qu'on ne doit employer les exorcismes pour faire declarer aucune personne coulpable de pactes magiques, ny d'aucun autre crime.

La faculté de Theologie en l'Vniuersité de Colongne a resolu ce poinct le jour sainct Ambrose, quatriesme avril mil six cens vingt.[85] Elle conclud donc, que l'Eglise ne doit contraindre le diable à diuulguer celuy qui a pactizé avec luy, & que cela n'est necessaire pour la deliurance du possedé, en tant que les pactes ne peuuent empescher l'effect de la puissance Ecclesiastique, ainsi que tient Sainct Thomas, 22. q. 90.[86]

[84] See *Traitté Curieux*, p. 86 [23].
[85] Not to be found in the printed collection of resolutions of the Faculty. I am grateful to Professor R. Rothert for searching the archives of the university for any manuscript reference, but without success. It seems probable that Pithoys has in mind a much earlier decree by which the University sought to resist the power of the witch-hunters: see H. Trevor-Roper, *op. cit.*, p. 38, based on H. C. Lea, *Materials towards a History of Witchcraft*, New York, 1957, pp. 337 et sq.
[86] i.e. *Summa Theologica: Secundae secunda*, q. 90: in Migne, *P.L.*, (2e série), vol. III, cols 701–704, *De Assumptione divini nominis per modum adjurationis*, art. II: *Utrum liceat daemones adjurare*. Aquinas quotes Chrysostom exactly as Pithoys, see above, p. 32, n. 80.

Et bien plus, j'estime auec les Docteurs que c'est vn peché mortel à vn exorciste d'interroger le diable de chose aucune où il y ayt peril [48] & danger de quelque diffamation d'aucune personne, tant s'en faut donc qu'il soit loisible d'employer les exorcismes directement ny indirectement pour faire diuulguer vn crime ou pour faire proferer vne calomnie, qui causera vn grand scandal à tout vn public.

Outre l'auctorité des Docteurs que ie pourroy produire pour cette resolution, I'ay ces raisons que ie vay alleguer.

On ne doit pas employer les exorcismes pour vn effect, auquel ils ne sont aucunement ordonnez, or ils ne sont aucunement instituez pour extorquer des reuelations de crimes: donc il ne les faut pas employer à cest effect. Que les exorcismes ne soient pas ordonnez pour faire reueler des crimes, il est tres-certain puisque leur vertu n'est pas mesme asseurée de faire dire la verité au diable.

Et quand bien cela seroit, que les exorcismes auroient pouuoir de contraindre le diable à dire verité en chose qui concerneroit la gloire de Dieu, & appartiendroit à l'expulsion, encor ne s'ensuiuroit-il pas qu'on les deust employer pour faire declarer vne personne coulpable de magie, ou de crime veu qu'en telle diffamation la gloire de Dieu ne paroist pas, encore moins la vertu de(s) exorcismes, en tant que le diable sans contrainte aucune, est trop porté à diffamer [49] les personnes: Et d'autre part il n'est pas necessaire, pour la liberation de la personne possedée, comme asseure la faculté susdite [87] avec sainct Thomas.[88] Donc on ne doit pas employer les exorcismes pour faire reueler des crimes aux demons possedans.

De plus, il semble que ce seroit quasi comme vne espece de diuination d'interroger les diables pour sçauoir les coulpables de quelque crime. Ce qui est deffendu sur peine de mort en la saincte Escriture.

Ie laisse les autres raisons; & dy que si quelque sainct personnage a interrogé de quelque chose vn demon, dont la response ayt tourné à l'infamie d'vne tierce personne, ce n'a esté l'intention dudit sainct; ains cela a esté faict par vne speciale permission de Dieu, qui inspira ledit sainct à faire cette question bien generale & sans penser à personne du monde, & contraignit le diable, ou du moins luy permit de respondre plus particulierement que le sainct n'auoit pensé.

D'où ne s'ensuit pas qu'vn exorciste de guet à pens [89] & *ab hoc & ab hac* (comme j'ay veu en quelque part) doiue employer les exorcismes

---

[87] See above, p. [47].
[88] See above, p. [47].
[89] Rare form of *guet-apens:* see Littré, derivation from *guet-apenser.* See also Meyer-Lubke, *Französisches Etymologisches wörterbuch.*

pour extorquer des diffamations contre certaines personnes, dont l'on s'estoit allé complaindre vers luy, par mal-veillance, & par [50] desir de vengeance mortelle.[90] Autrement si cela estoit permis, des hommes passionnez feroient diffamer tous ceux contre lesquels ils auroient quelque animosité. Chose qui tourneroit au grand prejudice du public: Partant doit estre rejetté & condamnée comme abus.

Resolution 4.

Quatriesmement, je resolue sur tout ce que dessus, qu'on ne doit adjouster aucune creance à toutes les diffamations que tous les diables pourroient faire & maintenir en mille exorcismes; ains qu'on doit reputer toutes telles detractions, impostures & calomnies, & les imputer à la malice obstinée, & à la rage de cest ennemy mortel des humains: qui cerche[91] tous les moyens de persecuter les plus gens de bien.[92] La raison de ma resolution est que le diable est le pere de mensonge, l'accusateur des freres, qui se plaist à imposer aux plus gens de bien. D'ailleurs que les exorcismes n'ont pas la vertu d'empescher que le diable ne s'obstine en vn mensonge de calomnie, en vn faict particulier, auquel ils ne pourront mesme operer leur effect directe qui est la liberation de la personne possedée.

De plus, ou telles diffamations procedent de la seule malice du diable qui les publie sans aucune contrainte des exorcismes; ou bien elles se font à l'instance des exorcistes qui employent [51] leurs exorcismes pour extorquer du diable la nomination de quelque personne, qu'ils soupçonne, ou que le demon sans la nommer, semble vouloir declarer coulpable de quelque crime. Si c'est en la façon premiere, c'est vne grande folie de faire estime de tout ce qu'il dit; & est grand peché aux exorcistes, s'ils s'amusent à l'acquestion-ner[93] là dessus, comme aussi aux assistans, s'ils prestent quelque creance à ce forgeur de calomnie, auquel mesme il ne faut croire, quoy qu'il die la verité, ainsi qu'admoneste sainct Chrysostome.

Si c'est en la seconde maniere susdite, il faut juger qu'à vne sotte demande les diables sont assez malicieux pour faire vne sotte response. Or que telle interrogation des exorcistes soit impertinente[94] & coul-pable il a esté suffisamment declaré en la troisiesme resolution.

[90] See Introduction p. XVI and XXXI: moral and social dangers of exorcism and divination.
[91] See Introduction, p. XXXI.
[92] See Littré, *gens* 13°: used by Bossuet, Bourdaloue, Massillon.
[93] Not in Godefroy, Huguet or Littré. Merely *a-* before *guestionner* and nothing to do with *acquestion*, *acquêt*, in Huguet.
[94] i.e. 'out of place, not to the point...'

Conclusion donc qu'on ne doit faire aucune mise des diffamations que tous les diables pourroient faire par la bouche des inspiritez, soit hors les conjurations, soit durant la ferueur d'icelles.

D'abondant[95] si la vertu des exorcismes ne peut empescher les diables absolument de blasphemer le sacré sainct nom de DIEV, ainsi que l'experience le faict veoir en plusieurs possedez; Comment pourra-elle empescher [52] qu'ils ne mesdisent & imposent aux personnes? qui est vn crime bien moindre que le blaspheme.

Donc il n'y a rien qui puisse induire d'adjouster foy aux diffamations des diables possedans. Au contraire toutes raisons, & toutes auctoritez de la saincte Escriture & des Docteurs deffendent d'y croire, & declarent que c'est offençer Dieu.

Ce qui est tres-facile à preuuer; Car si c'est peché d'escouter vne personne qui denigre par animosité la bonne fame d'vne autre; & si c'est double offence, de croire le mal qu'elle en dit malicieusement, & l'aller reporter à d'autres! A plus forte raison d'escouter les detractions du diable, que l'on sçait asseurement estre porté de hayne diabolique enuers ceux qu'il injurie; Et le croire! & en suitte de ses diffamations, croire & mes-dire d'vne personne, est vn double & triple peché mortel. Si la consequence ne vaut, il faut donner vn soufflet avec vn desmentir à la suitte de *minori ad Maius*.

Conclusion donc derniere, qu'il ne faut croire aux contes des diables, principalement en matiere de diffamation; ains qu'il faut tout reputer mesdisances & calomnies sataniques.

[53]   QVESTION RESVLTANTE.

Si on doit proceder criminelement contre vne personne,
l'emprisonner, gehenner,[96] & sententier[97] sur les
accusations d'vn demon possedant.

LEs resolutions de l'article precedent resoluent trop euidement la negatiue, en tant qu'il a esté declaré comme il ne faut croire aux diables, ny faire aucune estime de toutes leurs diffamations.

Mais pour plus ample declaration & resolution de ce, il faut trancher du Iurisconsulte, & meslanger quelques poincts de droit auec ce qui a esté theologiquement allegué en l'article susdit.

---

[95] Found in La Fontaine, *passim*, but already archaic at the time of the present text.
[96] To submit to an ordeal of questioning.
[97] To pass judgement.

Premierement donc faut noter, qu'il n'est pas permis de proceder criminelement contre aucun, l'imprisonner, gehenner & sententier; qu'au prealable il n'y ayt, ou des tesmoings idoines,[98] ou des indices suffisans pour le rendre conuaincu de crime. *Text. cum gloss. in l. fin C. de probat.*[99] Ce qui est confirmé par le Canon *Sciant cuncti*[100] *2. q. 8. Nouell.*[101] *in pract. crim. fol. 25. num. 7.* Surquoy *Blanc.*[102] *num. 68. ait is iudex sine indiciis aliquem* [54] *carcerari faceret, teneri in sindicatu.* C'est la pratique vniuerselle de tout pays.

Secondement, faut sçavoir que les tesmoins idoines requis par les loix en faict criminel, doiuent estre majeurs de toute exception, c'est à dire tels, qu'il n'y ayt aucun pretexte de recusation voire la moindre du monde. *Bald.*[103] *in d. l. fin numer. 4. Vers. quaedam est probatio. Dec. Consil.*[104] *429. numer. 12. Vers in crimin. Francisc Marc.*[105] *decis. sua 285. Mascard.*[106] *de probat. lib. 1. in praefat. 4. 6. numer. 68. & 99. & lib. 2. conclus. 85. numer. 10. & lib. 3. conclus. 1360. num. 6.*

Tiercement, faut sçavoir que les indices pour estre legitimes & suffisants en procedure criminelle doiuent estre indubitables, *Quae ita mentem iudicis arctent ad credendum, ut omnino credat rem ita se habere, eiusque animus in illo quiescat. Paul. de Cast.*[107] *in d. l. fin. num. 5. post*

[98] See p. 16 n. 42. cf. also the text of the Canon *Sciant cuncti*, quoted below., n. 100.
[99] In Justinian: see P. Kreuger, *Corpus Iuris Civilis*, Berlin, 1954, vol. II, p. 157; i.e. *Iustiniani Codex*, IV, 19, 25.
[100] The Canon Law does more than confirm the Civil Law in this instance. The Canon *Sciant cuncti* quotes the *Codex*, lib. IV, *De probationibus* (See previous note). *Sciant cuncti accusatores, eam rem se deferre in publicam notionem, quæ munita sit testibus idoneis, vel instructa apertissimis documentis, vel indiciis ad probationem indubitatis et luce clarioribus expedita*, from A. L. Richter and A. Friedberg, *Corpus Iuris Canonici*, Leipzig, 1879, c. 2C. II, q. 8., p. 503.
[101] Iacobus Novellus, *Practica et Theoria causarum criminalium*, Lyon, 1555.
[102] Blancus, i.e. M. A. Bianchi, *Tractatus de Indiciis*, Venice, 1547.
[103] Baldus de Ubaldis, one of the most important of the Italian jurists of the fourteenth century. See p. 88, n. 90.
[104] *Decisiones Consilium:* see S. Biri *Concilia Generalia*, Cologne, 1606, vol. II, p. 382. '...omnis controversia... sub duobus vel tribus testibus terminctur etc., Confirmed by Concilium Ilerdense (i.e. at Lerida in 524) and reaffirmed by Lateran III (1430), see Biri, op. cit., III, p. 1348b.
[105] Franciscus Marc, *Decisiones Avreae in sacro Delphinatus senatu ac promulgatae omnibus iurisconsultis advocatis ac iudicibus etc.*, Venice, 1561; see *Quaestio CCLXXXV*, pp. 70 (verso) and 71.
[106] Joseph Mascard, *De Probationibus... conclusiones probationum omnium... canonicae, civiles etc.*, Frankfort, 1619. The references may be summarised as follows:
Lib. I, *Quaestio 4: Quot sint probationum species*, pp. 5/6. *Quaestio 6, No. 68 & 69: De secunda probationum specie, quae fit per instrumentum et scripturam*, pp. 18 & 20.
Lib. II, *Quaestio 85:* this reference is inaccurate, Lib. II starts at *Quaestio 759.* Pithoys may be referring to 805 or, more likely, 856, section 10 of which deals with the nullity of evidence given by a minor – *Testes omni exceptione maiores qui dicantur* (cf. Pithoys, 'doivent estre maieurs de toute exception'), II. p. 260.
Lib. III, *Quaestio 1360, No. 6: Testamentum non præsumitur metu factum, etiamsi testatorex intervallo dixerit, se metu illud fecisse.*
[107] Paulus de Castro: Spanish comentator on Justinian.

Barth.[108] *Item Boer.*[109] *decis. sua 64. numer. 3. & 4. Menoch.*[110] *de prae-sumpt. lib. 147.* (sic) *numer. 16. Farin.*[111] *in sua prax. tit. de Indiciis, & text. 435. numer. 36. & 37.*

Et que pour estre tels, il faut qu'ils soient indices proximes & non remots & esloignez, c'est à dire, qu'ils ayent telle proximité & conjonction avec le crime de question, qu'ils ne puissent estre sans iceluy, & qu'ils touchent asseurement la nature & verité du delict, car les indices remots qui peuuent estre separez [55] du crime ne peuuent faire vne foy indubitable d'iceluy. *Farin.*[112] *tit. de reo confesso & conuicto quaest. 86. numer. 3. & 5. & numer. 61. Brun.*[113] *de indic. & tort. par. 1. 4. numer. 3. Vers. quod intellige.*

De plus, il faut que ces indices soient hors de doute, & que chacun d'iceux soit asseuré & prouué pleinement par deux tesmoings au fin moins, & qui soient majeurs de toute exception. *Gloss. in 1. fin. Vers. vel indiciis. C. familiae exorcisc. vbi Barth.*[114] *& alii Gomer.*[115] (sic) *var. resol. tom. 3. cap. 13. rub. de tort. reor. numer. 18. vbi asserit communem esse. DD. opinionem in d. l. fin. Clar.*[116] *in pract. §. fin. 422. in princip. Osasc.*[117] *decis. pedem. 79. numer. 30. Bursat.*[118] *cons. 316. numer. 24. vol. 3. & consil.*

---

[108] Bartholomeus Brixiensis, corrections to *Brocada Damasi*, in *Tractatus illustrium tum Pontificii tum Caesarei iuris facultate iurisconsultum*, Venice, 1584 vol. XVIII, pp. 506–512. (Further references to this compendium will be given under the heading *Tractatus*).

[109] Nicolaus Boerius, *Decisiones Burdegalenses*, Lyon, 1566. N°. 164 not 64 intended? See pp. 280 et sq where Boerius devotes several paragraphs to questions of proof.

[110] Iacobus Menochius, *De Praesumptionibus, coniecturis, signis et indiciis*, Venice, 1587: Lib. I, Quaestio 47, pp. 38 (verso) –40. No. 16, *Dispositum in causa vero quando non habeat locum.*

[111] Prosper Farinaccius, *Opera Iuridica*, Frankfort, *s.d.*; nine volumes of which I and III contain *Praxis et Theorica criminalis.*

[112] *De Reo confesso et convicto*, in vol. III of the work *Praxis et theorica criminalis* mentioned in the previous note. The passage referred to by Pithoys is summed up in the *Argumentum* at the bottom of p. 93: *Probationes in criminalibus debent esse luce meridiana clariores.* Pithoys also refers to Nos., 3, 5 & 61. The argument may be summed up as follows: amplification on the need for plurality of testimonies bearing on the crime (p. 95); the indubitable nature of evidence before it can be accepted as proof (p. 96); reiteration of the previous point.

[113] Franciscus Brunus, *De Indiciis et tortura*, Venice, 1500: see p. 17 (verso), *Indicia indubitata censentur, quae ita per legem approbantur ut ad ipsa velit condemnationem subsequi.* An amplification of this point is made on pp. 18 (verso)–19. ['44' in original edition erroneous.]

[114] See n. 108 above. No reference given. Probably *Tractatus varii ad criminales causas pertinentis* in *Tractatus*, vol. XI, 1, *Pars I*, 7 & 8, p. 10 (verso). *Pars XIV*, 15, *Testes singulares quando probent etc.* p. 19 (verso).

[115] Antonio Gomez de Salamanca, *Commentariorum variarumque resolutionum iuris civilis, communis et regii*, Frankfort, 1596, 3 vols. continuous pagination. *De tortura reorum*, pp. 555–579; No. 13 on p. 562, No. 18 on p. 564.

[116] Iulius Clarus d. 1575. See Bayle, art. Clarus in *Dictionnaire* (Beuchot, 1820). Reference to *Iulii Clari receptarum sententiarum opera omnia*, Frankfort, 1613.

[117] Cacherano d'Osasco, *Decisiones sacri senatus Pedemontani*, Frankfort, 1599; see p. 216, *...sed quod tangit negotium, et* facit indicium ad torturam supple si legitime sit probata, *et sic per duos testes.*

[118] Franciscus Bursatus (Francesco Borsati): *Consiliorum opus*, 4 vols., Frankfort, 1594–1610.

35. numer. 2. vol. 1. Debr.[119] *lib. 5. Sect. 3 Vers. proxima. Item Gomer.*[120] *d. cap. 13. d. numer. 18. in fine. Osasc.*[121] *decis. 79. num. 16. Menoch.*[122] *loco cit. quaest. 91. numer. 5. & 6. Clar.*[123] *d. §. fin. 464. Vers. Dixi quinimo. Bald.*[124] *in d. l. fin. numer. 4. Vers. quaedam est probatio maior, Dec. Consil.*[125] *429. num. 12. Vers. 4. in crimin. testes. Francisc. Marc.*[126] *loc. cit. &c.*

Cela estant presupposé je resolue la question proposée, & dy que l'on ne peut proceder criminellement contre vne personne, iusques là, que de l'emprisonner, gehenner & sententier, en suitte des accusations de crimes, qui pourroient estre formées contre icelle, par vn diable [56] possedant & parlant par l'organe de quelque creature.

Les raisons de cette resolution sont que le diable n'est point idoine & tel qu'il est requis par les loix, pour fonder vne procedure iuridique & criminelle sur sa deposition. 1. par ce qu'il est menteur & calomniateur; Note suffisante toute seule pour forclore vne personne de rendre tesmoignage vallable en iugement. *C. si quis conuictus 22. q. 5. Farin.*[127] *de test.*[128] *q. 67. num. 59. & 62.* tellement que le tesmoignage d'vn menteur na faict pas seulement indice suffisant pour informer, en tant qu'vn menteur est presumé mentir contre tout ce qu'il dit. *Arg. Not.*[129] *in l. vlt. ff. de rei vend. Et in auth. contra qui propriam C. de son numer. pecun.* Mais de plus par ce que le diable est infame, apostat, atheïste, reprouué, damné, coulpable de tous crimes.

3. Par ce qu'il est ennemy mortel des hommes, voire des plus gens de bien, *Et circuit quaerens quem deuoret tamquam leo rugiens;*[130] toutes ces marques excluent les personnes de porter tesmoignage vallable en iugement, comme il est declaré par toutes loix tant ciuiles que canoniques, à plus forte raison doiuent elles forclore les diables.

4. Par ce qu'il est deffendu de donner audiance & d'adjouster creance aux diables. Ce qu'on [57] feroit neant-moins si en suitte de ses accusations on procedoit crimelement contre quelqu'vn.

---

[119] i.e. Pierre des Brosses, or de la Brosse, (Petrus Brosseus), author of extensive commentaries on Justinian including an edition of the *Institutiones, s.l.,* 1605.

[120] Gomez, *op. cit.,* p. 564.

[121] Osasco, *op. cit.,* p. 211.

[122] Menochius, *op. cit.,* p. 71 (verso) & 72.

[123] Clarus, *op. cit.,* p. 121

[124] Baldus: see p. 88, n. 90.

[125] Same reference as above. See p. 37, n. 104.

[126] See p. 37, n. 105.

[127] No article in the *Codex* of Justinian bears exactly this heading.

[128] *De Testibus tractatus,* in vol. II of the *Praxis et theorica criminalis* quoted above. *Quaestio 67* treats generally of false witness, the specific references by Pithoys are to the exclusion of a false witness from all cases, not merely the one being heard (No. 59), and to the fact that no indictment nor formal inquiry can proceed on the basis of a false statement.

[129] T. Argentina, *Commentarii, IV,* Venice, 1564, Part II, pp. 52 (verso) and 53.

[130] *1 Peter,* V, 8.

Et n'importe si ces accusations sont faictes par le diable interrogé excorcistiquement, Car comme il a esté declaré en l'article precedent, l'interrogat estant illicite & prohibé la response du demon ne peut estre iustifiée & authorisée par iceluy, non plus que par la diuination, laquelle encor qu'elle descouure asseurement quelque crime, ne sert toutes-fois d'aucun indice en procedure de Iustice, à cause qu'elle est deffenduë. *Angel.*[131] *in l. item apud labeonem 15. §. si quis astrologus ff. de iniur. l. si putator in fin. ff. ad legem Aquiliam C. Intelligi 16. q. 11.*

I'estime que la raison de ce, est qu'on ne iuge raisonnable se seruir des diables pour informer contre les hommes: Et qu'on ne veut attribuer aucun poix (sic) à toutes leurs diffamations, crainte de r'ouurir la porte aux oracles du temps passé, & donner occasion d'aller consulter les deuins. Ce qui baste aussi contre les interrogations des exorcistes indiscrets ou passionnez, comme contre les deuinations, nonobstant la disparité qui peut estre entre celles-là, & celles-cy.

N'importe encor si le diable soustient son dire à l'effort des exorcismes, car ils n'ont [58] pas vne vertu infaillible de faire reuoquer vne calomnie qu'il aura vomy sur quelque-vn.

Voire est vne pure folie de s'amuser à luy vouloir contraindre; car on ne doit poursuiure la reuoquation d'vne parolle mauuaise proferée par vn insensé ou maniaque, à raison que telles personnes sont incapables de pouuoir diffamer. Et qui ne sçait que le diable est encor pire incomparablement, lequel vomit vne infinité de blasphemes contre les Saincts, contre la sacrée Vierge, & contre Dieu mesme? Ainsi on n'a que faire de se tourmenter en vain, à le faire reuoquer; Et si on l'entreprend c'est pour donner suject au diable obstiné en sa rage contre Dieu mesme, de s'obstiner en l'imposture qu'il aura faict à quelque-vn; notamment s'il en pretend quelque grand mal'heur, qui est tout ce qu'il desire.

Conclusion donc, que les declarations, accusations, depositions, diffamations des diables possedans ne doiuent seruir d'aucun fondement en faict de procedure iuridique & criminelle. Et que c'est vn grand abus d'attenter à l'honneur & la vie d'vne personne en suitte de telles accusations diaboliques.

---

[131] Angelus de Perusio in his *Tractatus de Testibus.* It is likely that Pithoys had recourse to the compendious *Tractatus de testibus et universa testimoniorum materia,* Cologne, 1596, as virtually all his points are elucidated in this one volume. The references by Angelus de Perusio to Labeo will be found on pp. 93 and 97. Antistius Labeo was a jurist at the time of Augustus; his commentaries on the Lex Aquilia were incorporated by Justinian in *Digestorum* X, 2: see P. Kreuger, *Corpus Iuris Civilis,* Berlin, 1954, vol. I, pp. 156–163. See also G. Rotondi, *Leges publicae populi Romani,* Hildesheim, 1962, pp. 241–242.

Et que si cela estoit vne fois introduict, on mettroit en danger, & à la mercy des diables & [59] des exorcistes passionez, les biens, l'honneur & la vie des plus gens de bien, en tant qu'ils sont aussi sujects aux calomnies sataniques, comme les plus meschans, & encore d'auantage.

Mais on dira qu'il faut du moins se seruir de telles accusations pour proceder à quelque information, de mesme qu'elle sont de poids estant joinctes auec quelques autres tesmoisnages ou indice(s).

Pour abreger n'en desplaise à Messieurs de la contraire opinion, ie dy, que si on a des tesmoignages ou des indices suffisans & tels qu'il a esté declaré cy dessus pour proceder criminellement contre la personne accusée par le diable, on le peut & doit faire.

Mais que toutes les accusations de tous les diables d'enfer ne doiuent estre mises en articles, & ne doiuent auoir aucun poids en iugement non plus que si le diable n'en auoit jamais sonné aucun mot, & ce pour les raisons touchées cy deuant.

Au contraire on auroit plustost suject de craindre que les tesmoings ne soient subordonnez par ces diables accusateurs pour confirmer leur calomnie. Ou bien de craindre que les diables recognoissans quelque animosité mortelle couuée couuertement de long temps [60] dans le cœur de ces tesmoings, n'ayent prins de là occasion de jetter une calomnie sur la personne, qu'ils sçauoient estre hayë mortellement par lesdicts tesmoings, & ce affin de leur seruir de boute-feu[132] en leur malicieuse conspiration, qui estoit de treuuer quelque moyen pour ruiner celuylà d'honneur, & le confondre autant qu'ils pourroient.

Occasion pourquoy en telle affaire comme en toutes autres où il y va de la vie; les Iuges doiuent bien sonder si les tesmoings n'ont point quelque suject de ressentimens contre l'accusé. Car cela estant, outre qu'ils ne seroient majeurs de toute exception comme il est requis: Ils seroient grandement à soupçonner de cooperer à la mauuaise intention du diable accusateur.

Que si outre l'accusation du diable ne s'y treuuoit tesmoigns en nombre competant; ou bien s'il n'estoit[133] majeurs de toute exception; & qu'il n'y eut indices proximes & indubitables, ains seulement quelques remots & bien esloignez du faict dont les diables accusent (comme i'ay recogneu auec plusieurs celebres Aduocats de deux Parlements, par l'extraict de certain procez intenté contre vn quidam accusé par le diable). Ce seroit contre droict de l'emprisonner, encor

---

[132] See Traitté curieux, p. 158, n. 280.
[133] Impersonal for *il n'y auoit*(?) or *ils n'estoient*(?)

pis de le gehener; & tres-iniustement [61] de le sententier & condamner à la mort, ou à quelque peine comminatoire.

On objectera icy quelque practique telle quelle aduenuë en certain
cas, qui semble contraire à cette resolution. Sur quoy ie dy que cette
pratique n'estant vniuerselle, ains tres-particuliere & en faict singulier,
ne tient rang de loy ny de coustume, & que pour vne fois qu'elle aura
peut estre reüssi à bien; elle a causé grands dommages en plusieurs
autres accidens. Pour verification dequoy, voicy vne histoire emprun-
tée de Flandre, entre plusieurs autres de mesme suject que je laisse
enseuelies en la cognoissance de ceux qui les ont descouuertes.

l'Histoire est telle.

Deux filles qui auoi(en)t porté l'habit religieux de l'ordre Saincte
Brigide soy disant maleficiées & possedées, accusent de sortileges &
autres crimes, Monsieur l'Escollatre [134] de l'Isle.[135] De plus plusieurs
autres Energumenes de l'ordre susdit au Conuent dudict Isle accusent
de rechef ledit Sieur de Magie, malefices, incantations, & d'abominables stupres,[136] insestes, & sacrileges. Et deux nommement soustiennent qu'elles sont enseintes de son faict, & que plusieurs fois il seroit
venu de nuict en leurs cellules, & qu'il a fait choses & autres, ce qu'elles
[62] declarent, affirment & maintiennent au plus fort des conjurations, & en presence du tres-auguste Sacrement.

Le Nonce du Sainct Pere en est aduerty, & induict par graues
personnages, qui auoient examiné le faict, de donner charge au
Reuerendissime Euesque de Tournay, de prendre cognoissance de
cause contre ledict accusé, & se saisir de sa personne. Ce que
refusant prudemment ledict Euesque craignant le scandal qu'il en
preuoyoit; ledict Nonce Apostolique commet la cause à son Auditeur
& à Monsieur l'Official de Malignes, qui pour lors estoit Euesque de
Gand; ausquels il commanda de faire promptement le procés audict
accusé.

Ils commencent donc premierement par l'examen desdites inspiri-
tées, lesquelles persistent en leurs accusations ordinaires. Mais iceux en
fin recognoissans que c'estoient toutes iniures & calomnies du diable,
& que les maladies dont elles le criminoient estoient jugées par les

---

[134] One of two prebednaries in a cathedral whose special responsibility was the admini-
stration of funds for teaching.
[135] Common as a spelling of Lille at this time.
[136] 'Debauchery,' (⟨STUPRUM).

plus sages Medecins naturelles, estimerent chose indigne d'attenter à l'honneur d'vn tel personnage, sur des tesmoignages du diable menteur.

Quoy voyant on les diuertit à Bruxelles où l'on y procede avec encor plus grande diligence. Elles disent tousiours des merueilles qu'on attribuë [63] à la vertu des exorcismes.

Mais en fin finale, l'euenement a faict veoir que c'estoient toutes faussetez & impostures. Les deux qui se disoient enseintes du faict de l'accusé ont esté recogneuës n'estre grosses, & tout ce qu'elles auoient phantasié s'en est allé en fumée.

Le S. Pere est aduerty de tout le procedé, defend de faire aucune procedure en suitte des accusations desdits diables, & à la fin declare ledict accusé innocent, & commande qu'on ayt à le restituer auec honneur, qu'on ayt à supprimer le procés mal intenté, & veut qu'on porte l'original à sa saincteté.

Pour derniere fin de l'histoire, c'est que les deux susdites qui se disoient enseintes sont és prisons de Tournay, reuoquent tout ce qu'elles ont dit dudict Escollastre, & posent des faicts merueilleux à leur exorciste. Les autres Energumenes liberées ne disent plus rien.

Voila ce que tesmoigne le Reverend Pere Gardien qui estoit pour lors au Conuent des Recollets à Gand, lequel a esté vn des auditeurs du procez faict audict accusé.

Lequel conclud ainsi, *Ex quibus conflat quae fides similibus daemonum mendaciis adhibenda sit, & qualiter mendacii parens vera falsis miscere* [64] *soleat in praeiudicium exorcistarum, & bonorum virorum.*

I'adiousteray encore ce que le Reuerendissime Euesque de Gand a escry à quelque personne sur le suiect de l'histoire susdicte. Sçauoir.

Quidam in Belgio in tantum decepti fuerant, quod putarent aliquam fidem esse adhibendam dictis diaboli per energumenos in exorcismis iurantis in praeiudicium alicuius personae. Quasi vero exorcismi Ecclesiae haberent efficaciam indubitatam in particulari casu daemonis cogendi sub iuramento verum dicere, etiam in eiusmodi ad quod Ecclesia exorcismorum usum non determinavit. Cum iidem exorcismi, non habeant in partulari casu indubitatam efficaciam ad expellendos daemones à corporibus obsessis qui tamen eorum est proprius & ab Ecclesia determinatus usus. Hoc scio, quod sua sanctitas consulta per nuntium declaravit in causa quadam rescribens, energumenis aliquem accusantibus, nullam esse adhibendam fidem; Et quod exinde opinio aliter sentientium fuit passim explosa tanquam erronea, scandalosa, & impia, atque aflu daemonis, praetextu alicuius pietatis insinuata, in gravissimum Ecclesiae damnum, quod inde procul dubio erat secuturum. &c.

Affin que chacun puisse entendre ce que dit ce Reverendissime Prelat, ie tourneray son dire en françois. Voicy donc ce qu'il dit de mot à mot. Quelques-vns en ce pays Belgique estoient tellement deceuz, qu'ils estimoient [65] qu'on deuoit adjouster quelque foy au dire du diable, jurant par les energumenes és exorcismes, au prejudice de quelque personne. Voire-da.[137] Comme si les exorcismes de l'Eglise auoient vne efficace indubitable en vn cas particulier, de contraindre le diable soubs jurement à dire la verité. Mesme, en telle chose, à quoy l'Eglise n'a pas determiné l'vsage des exorcismes.

Veu mesme que les exorcismes n'ont pas l'efficace indubitable en vn cas particulier de chasser les diables hors des corps qu'ils obsedent, quoy que ce soit toutes-fois leur propre vsage determiné par l'Eglise.

Je sçay cecy. Que sa saincteté, consultée par le Nonce a declaré rescriuant en certaine cause, qu'il ne failloit adjouster aucune foy aux energumenes accusant quelqu'vn; Et qu'ainsi l'opinion de ceux qui croyoient au contraire, a esté siflée,[138] comme erronée, scandaleuse, & impie, & comme insinuée par l'astuce du diable soubs pretexte de quelque pieté, au grand dommage de l'Eglise, qui eust infailliblement arriué de là.

Voila ce qu'escrit le Reverendissime Evesque de Gand, au bas dequoy il souscrit.

[66] *Ita testor Iacobus Boouen* (sic), *Episcopus Gandauensis.*[139]

Dieu soit loüé & glorifié en toutes ses œuures.
Ainsi soit-il.

FIN.

---

[137] The particle -*da* is usually only associated with *oui*.
[138] See *Traitté Curieux*, p. 114, n. 175.
[139] Jacob Boonen, 1573–1655, was Bishop of Ghent for four years, 1617–1621, before becoming Archbishop of Malines.

COMPLAINTE DE

L'AVTHEVR A
son amy.

*Fondée sur une histoire prodigieuse, qui se passe
en certain pays. Humble salut.*

MONSIEVR,

Vous sçauez l'affront effronté, & le scandale horrible qu'on a cuidé
faire à nostre Ordre sacré, en certain pays de par le monde. Cette
Megere[1] infernale à bouche de vipere & langue serpentine continuë
tousiours plus furieusement ses calomnies enragées, ses rages endiablées,
ses diableries estranges, detestables & abominables contre ceux que
sçauez.

Ce n'est pas là seulement que se bornent ses furies; Mais ô crime!
ô blaspheme! ô sacrilege! ô fureur! ô rage! ô desespoir! ô *abominatio
desolationis!* de dire (*horresco referens*) que cette bouche endiablée
proteste tousiours. La grande [2] ouuriere suggestrice de ses impostures execrables, forgées neant-moins dans la plus profonde forge
des enfers. Et le plus grand desastre est qu'elle vomit ce blaspheme
satanique si impudemment, effrontement & impunement qu'elle
charme, enchante & ensorcelle vne infinité d'esprits legers, par le
poison mortel de cette creance demonopistique lesquels croient pas-
sionnement que c'est la sacrée vierge mere du grand Dieu grande
operatrice de merueilles, qui inspire, commande & contrainct puissamment cette megere à vomir ses impostures enormes.

C'est icy que i'admire la patience admirable de nostre Dieu, de
veoir qu'il souffre & tolere depuis si longtemps ce blaspheme horrible
& abominable faict contre sa tres-saincte Mere, Dame des hommes &
des Anges, Royne de la terre & des cieux. Mais si Dieu est misericor-
dieux aussi est-il iuste; *Numen malos ad iustitiam adducit, mortalis ante
Dei plagas non effugit.* Il ne manque de punir les crimes, soit tost soit
tard.

On est animé contre celuy que cognoissez, on le menace, on essaye
de l'intimider de toutes façons; dautant qu'ayant assisté à deux sçenes
de cette [3] Tragicomedie, il a publié partout que c'estoit fable & non
histoire qui se representoit, a dit c'estoit vne farce qui se joüoit soubs

---

[1] Extensively used in subsequent lines. See also p. 6, n. 8.

le nom de Tragedie, au grand interest de l'innocence, & au grand scandale de l'Eglise & au grand des-honneur de la sacrée mere de Dieu.

Mais quoy il a veu, il a remarqué la procedure estrange, scandaleuse, & abusiue de l'acteur ordinaire, il a speculé les mines, gestes, comportements, façons de faire & parler, & toutes les circonstances de l'actrice principale, & a descouuert euidemment quelle estoit cette farce diabolique. Il a voulu faire paroistre ce qu'il en recognoissoit estant spectateur & sur le theatre, on le rebuta fort aigrement. Il a donc declaré la verité de ce qu'il auoit descouuert; il s'est offert par lettres aux prelats & potentats du pays (soubs peine d'infamie & de punition arbitraire) de faire paroistre par effect la verité de sa declaration, l'Euesque Diocesain le mande il se treuue, il conuoque plusieurs grands personnages reguliers & seculiers en presence desquels il veut entrer en conference sur le sujet de question [4] ledict offrant y consent, il veut que tous les articles de la conference soient fidellement receuz & escrits par vn Notaire public, & Greffier de son Conseil spirituel, ledict Offrant l'accepte, ils conferent par trois iours consecutifs, questions, responses, allegations, *ad rem, extra rem*, s'escriuent la plus part, ledit Offrant donne raison de ses offres, & preuue suffisante de sa capacité, au faict de question, on luy promet coppie de tout procedé auant signer les articles, ayant signé, on luy fausse promesse, on prend pretexte de l'esconduire sur vne particularité, qu'il ne veut declarer qu'en general: Il se retire religieusement auec resolution de persister en ses offres. Il foüille au fond de sa memoire, il faict reuenir par ordre au plus pres qu'il peut les articles desdites conferences les redige par escrit, les exhibe à qui il appartient, ceux là à d'autres, en fin toutes les personnes capables & vuides de passion qui les ont veu, iugent que ledict Offrant a donné preuue suffisante de sa capacité, & assez de suject pour estre admis en ses offres, veu [5] mesme qu'il s'offre pour vn effect tant important, & que le refusant on rend la chose suspecte & grandement scandaleuse, & sujecte aux critiques de la posterité, comme elle sera en effect, voila où en est celuy que sçauez.

Ce pendant la megere continuë à vomir ses rages furieuses, ses furies enragées, contre ceux qu'elle a resolu diaboliquement faire reduire en cendre, & notamment l'escume de sa rage se vomit sur le susdict offrant, tantost il estoit emphiltré, tantost il a esté triplement endiablé, tantost il a esté en sa puissance; que luy reste-il plus sinon le clabauder magicien comme les autres? Mais ie croy que la plus enragée fureur de cette megere est, que celuy-là se gausse d'elle, de ses fables, & de ses execrables impostures.

Il faut que parmy nostre affliction, ie vous donne suject de rire, & de faire gausser tous ceux qui penseront de prés à deux poincts qui sembleroient inuentés si on ne les auoit euenté, l'vn c'est que toutes les personnes, qui ont tesmoigné quelque soupçon des fables de cette megere, [6] où bien declaré qu'il ne luy falloit croire, ou bien ont dit quelque chose à la iustification de ceux qu'elle calomnie Magiciens, aussi tost les a declaré possedées de quelque diable, enuoyé là (à son dire) par le Magicien; *Quasi vero* vn homme & encor prisonnier pouuoit enuoyer les diables en garnison où bon luy semble! *Quasi vero* vn homme en peril de sa vie, voudroit causer vn tel mal'heur à ceux-là mesme, qui sont pour le deliurer! Voyez, Monsieur, quels paradoxes, quelles resueries! Mais ne faut-il pas estre éceruellé pour croire telles fantaisies? Veu mesme qu'elle a osé dire telle chose de personnes de grande qualité, & tres-pieuses. Voire de Predicateurs mesme Religieux & de bonne reputation: Lesquelles personnes se sont mocquez de toutes ces fadaises; & ont tesmoigné par leurs[2] sagesse & vertu n'estre possedez, sinon d'vn zele de proteger l'innocence diaboliquement attaquée par ceste megere.

L'autre poinct, c'est qu'estant en exercice à l'entour de ceste megere, [7] on n'ose ouuir l'huys de la chambre, crainte (dit-on) que le Magicien ne se transporte corps & ame, en chair & en os tout proche la porte, & que venant à l'ouurir, il n'entre inuisiblement dans la chambre pour y faire quelque grand mal par sa presence inuisible.

Mais qui n'en riroit! mais qui dit telle folie? la megere crie enragement que cela est. Mais qui croit telle badinerie? Les demonopistiques.

Mais riez, Monsieur, d'vn homme qui se peut transporter inuisiblement où bon luy semble, & se rendre inuisible au milieu de telle assistance, & se tient neant-moings, depuis si long-temps dans vn sac de pierres, encagé comme vn pauure petit poulsin (sic) destiné à la broche.

Iamais les fées du temps passé n'ont fourny aux vieilles plus agreable subject pour endormir les enfants au coing du feu.

Ie m'asseure que toute la posterité s'estonnera qu'il y ayt eu des [8] gens au monde si simples que de croire telles niaiseries. *Interim iustus patitur.* Dieu console ceux qui en sont si cruellement interessez.

Pour moy i'ay tasché d'y contribuer ce qui est de mon deuoir, & faire ce à quoy ma conscience m'obligeoit; mais on ne croit plus que

---

[2] Haase, *op. cit.*, p. 392, gives many examples of non-agreement of the possessive when governing two co-ordinated nouns.

infirma mundi eligit Deus vt fortia quaeque confundat,[3] on ne croit pas que *abscondit haec à sapientibus & prudentibus & reuelat ea paruulis,*[4] on ne croit pas que tout Minimes que soyons & *apud nos dii sunt.* Ie laisse donc tout à la diuine prouidence, puisque *est magnus in coelo Iupiter qui omnia videt & moderatur,* comme dit Sophocle. Il remediera, s'il luy plaist, à tous ces scandaleux outrages. Ie l'en supplie de tout mon cœur.

Ie vous enuoye la coppie de la conference susdicte, si elle ne contient les mesmes mots, ou le mesme ordre, si suis-je certain qu'il ny a rien qui ne soit tres-veritable, & que tout est concordant quant au sens & à la substance, à ce qui peut estre enregistré par le Notaire, dont on m'a desnié la coppie. Vous en ferez part à nos amis [9] s'il vous plaist, le suject de cette megere, & de plusieurs autres de mesme trempe, m'a esté le motif de composer vn petit traicté par lequel ie descouure les couuertures des faux possedez, & refute l'erreur des demonopistiques. Ie vous prie le veoir, & faire veoir à nos amis, en attendant ie vous prie me continuer tousiours l'honneur de vostre amitié. Et me croyez tousiours,

MONSIEVR,

Vostre tres-affectionné & humble seruiteur,
Frere C. Pythois. R. M.

[10] SVIECT DE LA CON
FERENCE TENUE ENTRE
Monseigneur l'Euesque de Toul, & le P. Pythois. M.

LEs neufiesme, dixiesme & vnziesme Nouembre mil six cens vingt, le Pere Pythois Prestre Religieux & Predicateur en l'ordre des Minimes, & pour lors Vicaire en leur Conuent de Nommeney, estant à Nancy pour l'expedition de quelques affaires; apres plusieurs importunitez à luy faictes fut induict à la fin de se treuuer & assister aux exorcismes qu'on faisoit en la personne de certaine femme vefue pretenduë possedée, depuis long-temps. Y va donc & assiste par diuerses fois en telle maniere; Qu'ayant tres-exactement obserué de poinct en poinct, la procedure estrange & inaudite du Sieur exorciste, les mines, gestes, parolles & toutes les façons de faire de ladite femme, bref

---

[3] *1 Corinthians,* I, 27. see title-page, p. 3.
[4] *Luke,* X, 21.

toutes les circonstances du faict; [11] Et à ce rapporté tout ce qu'il auoit peu apprendre de l'histoire par plusieurs personnes dignes de foy, qui auoient esté plusieurs fois esdicts exorcismes: D'ailleurs eu esgard aux scandales, atroces & enormes impunément causéz par les calomnies diaboliques de ladicte femme contre plusieurs personnes de qualité; & particulierement contre un Reuerend Pere Provincial d'vn Ordre Religieux obseruantin bien famé; Mais plus encor considerant les horribles blasphemes qui se vomissoient effrontement & sataniquement par la bouche endiablée de ladicte, contre la sacrée Mere de Dieu, ledict P. se sentit obligé en sa conscience de s'offrir à Mr. L'Euesque de Toul, Diocesain d'icelle femme, pour employer tout ce que Dieu luy auoit donné de cognoissance, d'experience & de zele, affin de faire terminer cette diablerie illusoire, qui trompoit le monde, & mettoit en peril les biens, l'honneur & la vie, de tant de personnes de marque, & causoit tant de troubles & de scandales depuis si long-temps, sans que tant d'exorcismes & [12] tant de prieres en eussent peu rien tirer que des impostures & blasphemes. Pour à quoy satis-faire ledit P. Pythois escriuit lettres à mondict Sr. l'Euesque de Toul dont la teneur ensuit.

Monseigneur, i'ay sçeu qu'on crie contre moy, pour ce que i'ay parlé librement assistant aux exorcismes faits pour la liberation de celle qu'on appelle la possedée de Nancy ville de vostre Diocese. Ie ne sçaiz le sujet qu'on prend, ie sçaiz qu'entre autres paroles i'ay dit, que s'il m'estoit permis par mes Superieurs de trauailler en ce faict, i'estoys asseuré soubs l'assistance diuine de representer ladite personne exempte de toute diablerie dans quarante iours au plus tard, & promets de le faire moyennant qu'elle (contribuant ce qui est de son deuoir) soit commise au soin de personnes sans blasme que ie nommeray, traictée ainsi humainement que ie prescriray, exorcisée és presences des gens Ecclesiastiques, seculiers, & reguliers, doctes & vertueux que ie choisiray. En cas que ie ne fasse reüssir ceste mienne [13] promesse parmy ces trois conditions raisonnables, i'encoureray la marque d'abuseur public & les peines. Sur l'esperance d'vne bonne responce de vostre excellence, Ie suis,

MONSIEVR:

Vostre tres-humble orateur & seruiteur
F. Claude Pythois, Minime.

A Vitry le 20. Nouembre 1620.

LE sixiesme Ianuier de l'année suiuante ledit Pere Pythois estant à Remiremont, & entendant par certaines nouuelles, que certaines personnes auoient presumé de donner parolle de le faire retracter de ses offres faictes par ses susdictes lettres, & que par ce moyen ils auoient empesché qu'il ne fust mandé par mondit Sieur Euesque, escriuit de rechef lettres à mondict Sieur, en datte du septiesme Ianuier mil six cens vingt & vn, par lesquelles il desaduoüoit ceux qui s'estoient ingeréz de le faire desporter de ses offres; & declaroit qu'il [14] persistoit en icelles.

Surquoy Monsieur l'Euesque luy escriuit lettres par lesquelles il luy mandoit qu'il desiroit conferer auec luy sur le sujet de question; auant que de l'admettre à y trauailler.

A ce mandement ledict P. Pythois feit toute diligence pour se rendre à Toul au plustost, afin de satis-faire a mondit Sieur, & pour effectuer ses offres, au cas qu'il y fust accepté. Où estant, se passa ce qui est declaré cy apres.

SOMMAIRE DE CE
QVI S'EST PASSÉ EN
la conference tenuë entre Mr. l'Euesque de Toul, & le R. P. Pythois R. Minime sur le subject de la pretenduë possedée de Nancy.

LE septiesme iour de Feurier 1621. enuiron l'heure apres midy, ledit Pere C. Pythois s'estant transporté à Toul pour satis-faire au [15] mandement susdit de mondit Sieur comparut en sa maison Episcopale, où estoient mondit Sieur assisté de Monsieur de la Bastrée, Prieur de Chastency, Official & Vicaire general en l'Euesché de Genicourt, Chanoine en l'Eglise Cathedrale de Verdun, Prevost d'icelle &c. de Messieurs Midot Escollastre,[5] Maimbourg & Fleury, Chanoines en l'eglise Saincte Estienne dudit Toul, & des Reuerend P. Cheualier Religieux Domicain, Docteur & Lecteur en Theologie en leur Conuent dudit lieu, accompagné d'vn confrere; quatre Benedictins, & de Mr. Husson Notaire public, & Greffier de son conseil Spirituel à ce qu'on dit. Lequel Sr. Euesque apres auoir discouru sur le subject de l'assemblée & desduy les raisons qui l'au-

---

⁵ See p. 42, n. 134.

oient meu d'appeller ledit Pere jura solennellement (*Tactis sacro-sanctis Euangeliis*) qu'il procederoit en la conference auec droite intention de s'acquiter du deu de sa charge; feit aussi jurer ledit Pere que de son costé il procederoit conscientieusement & de droite intention, ce qui fut faict.

[16] I. Auant que d'aller plus auant Mr. demande s'il vouloit autre Notaire & autre tesmoins que les susdeclarez ou bien s'il vouloit forclore quelqu'vn.

Resp. qu'il aggreoit tous ceux qu'il auoit pleu à mondit Sieur conuoquer & n'en vouloit d'autres, & qu'il admettoit le susdit Notaire pour reçeuoir & escrire fidellement les questions & responses de la conference.

II. Monsieur demande s'il estoit authorisé de son Superieur pour se treuuer là, & pour respondre.

Resp. Qu'oüy & pour verification exhibe l'obedience formelle & vne lettre de sondict Superieur Provincial, par lesquelles il estoit bien authorisé. En icelles, entre autres articles est porté que ledict Pere Pythois se donne garde d'aller à Nancy à cause des puissans ennemis qu'il a audit lieu; & qu'il ne luy permet d'executer ses offres, sinon en la ville Episcopale de Toul, où bien à Vaucouleur ville du mesme diocese toutes deux de la iuridiction du Roy tres-Chrestien, de plus que le lieu de Nancy est [17] suspect pour le regard de la possedée putatiue, que plusieurs croient suggerée autant que se presenter à l'exorcisme, au reste qu'on pressent que la Damoiselle se treuuera delivrée l'vn de ces iours, apres quelque nouuelle grimace qu'elle aura inventée, ou quelque discours de nouuelle date, reuelation, vœu, puissance extra-ordinaire, ou autre invention fantasiée, ainsi que ses offres faicts demeureront sans suitte. Icelles furent leuës hautement & inserées au procez verbal dressé par le susdit Notaire, conjoinctement auec lesdites obedience & lettres. Ledict Pere Pythois presenta vne requeste de sa part, laquelle fut receuë par ledit Notaire, & est inserée au procez verbal, dont la teneur s'ensuit.

A MONSEIGNEVR LE

Reuerendissime Euesque & Comte de Toul.

REmonstre humblement vostre tres-humble orateur & seruiteur, Frere [6] Claude Pythois, Prestre & Religieux [18] Minime, que s'estant offert par lettres à vostre Seigneurie Reuerendissime de representer cette femme de Nancy exempte de toute diablerie, & estant mandé par vostredicte Seigneurie pour sçauoir quels moyens il vouloit tenir pour executer ses promesses. Il a treuué par bons conseils & aduis, qu'auant toutes choses, il estoit expedient & absolument necessaire de tirer ladite femme de Nancy & la faire venir en vostre ville de Toul, siege Episcopal de vostredicte Seigneurie Reuerendissime pour les raisons que le remonstrant la supplie considerer, assçauoir,

Que pour l'execution d'vn(e) affaire tant importante, & de si grande entreprise, il est besoin qu'il puisse tout disposer religieusement, pacifiquement, & sans contradiction ny aucun trouble de quelque endroict que ce soit. Ce qui seroit impossible de pouuoir obtenir à Nancy, où il y auroit plusieurs contredisans & critiques.

De plus qu'il n'est pas seur d'admettre pour assistans & tesmoings [19] de son expedition des personnes preoccupées de passion, & ja de long-temps opiniastrées à croire & faire croire la diablerie autre que ledict remonstrant ne l'estime. Car leur zele à soustenir leur premier jugement les pourroit inciter à troubler grandement l'ordre qu'il pretend garder.

Ce qui seroit encor impossible d'obtenir la chose se faisant en ladite ville de Nancy.

Outre plus, qu'il a commodité de faire assembler en vostredicte ville de Toul, siege Episcopal de vostredicte Seigneurie Reverendissime, † les Docteurs & Religieux bien qualifiez de diuerses Vniuersitez & diuerses Religions, tant de France, Lorraine, que des pays circonuoisins, ensemble autres personnes capables & à ce cognoissantes, que ledict remonstrant pretend conuoquer pour estre assistans & tesmoings de son action solennelle; * & qu'il a moyen de les faire venir, reçeuoir & traicter honorablement en vostredite ville de Toul, par personnes qui fourniront à [20] tous les fraiz qu'il conuiendra faire. Ce qu'il n'a moyen de faire audict Nancy, vne chose encor

†Notez.

*Malus non venit ad lucem ne arguantur opera eius.

---

[6] Even when entitled to the style *Père*, a Minim would frequently use *Frère* when referring to himself. It will noted here that Pithoys had used *Père* above, but has begun a humble plea at this point.

digne d'estre considerée est que s'il y a malefice en la personne de question, (comme on opine) il peut estre qu'il sera attaché audit lieu de Nancy. Ce qui est à soupçonner puis que tant d'exorcismes, depuis si long-temps faicts audit lieu ne peuuent operer la liberation pour laquelle on a tant trauaillé: partant tres-vtile d'en tirer hors ladicte personne & la faire venir en vostredicte Ville, attendu qu'en icelle est Vostre siege & tribunal, terreur plus effroyable aux demons; & où vostre authorité temporelle & spirituelle est plus puissante pour ordonner absolument que le tout se puisse effectuer selon l'ordre qu'il aura prescrit.

Ce consideré, Monseigneur, il vous plaise tant sur la presente requeste, que sur celle presentée par le Superieur Prouincial du remonstrant, ordonner ce que vostre Seigneurie Reuerendissime verra estre à faire par raison. Et iceluy remonstrant continuera ses prieres pour sa prosperité, [21] santé, estat & grandeur,

Frere Claude Pythois R. Minime.

3. * LEcture faicte des lettres dudit Pere Pythois adressées à Monsieur de Toul, en datte du vingtiesme Nouembre mil six cens vingt, contenant les offres qu'il auoit faict de representer la femme pretenduë possedée de Nancy exempte de toute diablerie, ledit P. les a recogneuës pour siennes & venantes de sa main, apres les auoir leu d'vn bout à l'autre.

4. Interrogé surquoy il auoit osé faire les offres contenuës esdictes lettres?

Resp. Sur la cognoissance qu'il auoit de la diablerie, qui se joüoit & pratiquoit en ceste femme de question.

5. D'où il auoit acquis ceste cognoissance?

Resp. Non seulement par la doctrine commune à tous theologiens en ce faict, mais encor par l'experience qu'il en auoit faict en sem-blables [22] subjects ausquels il s'estoit rencontré.

6. Si la diablerie qui se joüoit & pratiquoit en ladicte femme estoit possession reêle du diable, ou bien quelque autre chose! (sic)

Resp. Qu'il ne la croyoit possession, ains vne illusion diabolique causée par le moyen de quelque demon assistant present & non possedant.

7. D'où il auoit tiré ceste cognoissance pour nier vne possession reêle en ceste femme & pour y croire telle illusion diabolique.

Resp. D'autant qu'ayant esté aux exorcismes, il n'y auoit remarqué

* 1 & 2 missing in original.

aucun signe de possession; ains au contraire plusieurs de non possession; & que tous les effects plus notables qu'il y auoit peu veoir,
estoient produicts par l'industrie humaine ou pour plus, par l'assistance de quelque diable present non possedant.

8. Combien il auoit esté de fois aux exorcismes depuis qu'on
l'exorcisoit! (sic)

Resp. Par deux diuerses fois enuiron [23] cinq heures à l'vne, &
enuiron quatre à l'autre.

9. Si en deux fois il pensoit auoir bien recogneu l'illusion diabolique
estre telle qu'il la disoit, & non vne possession.

Resp. Qu'il y auoit recogneu tous les indices, par lesquels il auoit
decouuert vne toute semblable diablerie que celle-là : & qu'il n'y en auoit
veu vn seul de possession reêle.

10. Si l'asseurance qu'il auoit de guerir cette femme estoit aussi
pour toutes sortes de possedez, ou bien singulierement pour ladicte
personne.

Resp. Que c'estoit pour ladicte femme en particulier; & pour la
cognoissance singuliere qu'il auoit du mal de cette personne, & des
remedes qu'il y faut apporter.

11. Quels estoient les signes par lesquels il distinguoit vne vraye &
reêle possession, & vne illusion diabolique?

Resp. Qu'il les donneroit par escrit.

Ainsi finit la premiere Conference.

[24]   Seconde Conference.

LE lendemain huictiesme dudict mois à pareille heure, ledict
Pere Pythois comparut de rechef au mesme lieu où se treuua la mesme
assistance, & de surplus deux Reverends Peres Capucins.

Auant toutes autres choses Monseigneur l'Euesque luy demanda
s'il auoit noté les signes de possession, & de non possession: lequel
presenta en vn papier escrit ce que s'ensuit.

*Loquere vt te
cognoscam.*

1. Si vne personne qui se dit possedée parle en langues estrangeres
qu'elle n'ayt onc appris, notamment grec ou hebreu, ou autre de
pareille difficulté à entendre: Item si elle discoure pertinemment des
sciences subtiles & sublimes, qui soient au delà de sa capacité naturelle
ou artificielle: Item si elle tesmoigne sçavoir des choses merueilleuses
& de difficile intelligence, comme par exemple, les reigles [25] de
Musique & d'Arithmetique, & autres choses de pareille difficulté,
sans en auoir eu aucune instruction.

2. Si elle descouure les ruses & subtilitez qu'on peut meslanger parmy les exorcismes.

Quod si forte semel, casu inter plurima falso.

3. Si elle cognoist toutes les personnes qui se presentent sans les auoir iamais veu, & sans en auoir oüy parler.

4. Si elle reuele ordinairement des choses du tout secrettes & qu'il soit impossible d'en auoir la cognoissance par aucune coniecture ou subtilité humaine.

Ni revelata prius, vel daemon suggerit auri.

5. Si elle distingue & recognoist asseurement les choses consacrées & celles qui ne le sont pas: Comme aussi les choses supposées pour reliques, & declare comme on pratique les subtilitez.

Quid si capta fuit potuit nec cernere falsa?

6. Si elle faict des actions corporelles tellement surnaturelles que personne du monde ne les puisse effectuer, ny par force, ny par agilité, ny par aucune industrie artificielle.

Saltitat; haud satis est, volitatque per aëra Simon.

7. Si durant l'agitation elle a le visage [26] effarouché, les yeux estincelans, roulans & tournoyans extra-ordinairement, si ses regards sont affreux, sa contenance hideuse, son teint noirastre, sa langue enflée, noire & verolée. Si elle a des notables tordemens de bouche, de col & des autres membres qui ne se puissent exhiber naturellement & le corps ou le col luy enfle demesurement, si elle a la voix effroyable, & hurle, jappe, ou mugist du gosier à la façon des bestes bruttes.

8. Si les exorcismes, les Hosties consacrées & autres choses saintes qu'on applique produisent des effects plus notables que les simulées & supposées.

Quid si sancta ridet separat nec sacra profanis.

9. Si elle tesmoigne vne grande affliction de son mal, & si elle en deuient notablement des-faicte de l'ordinaire disposition de son corps (comme si elle deuient † pasle, maigre, infirme, morne, & quelque-fois toute desfigurée.)

†Quid si pulchra nimis similis sibi, semper eodem vultur &c.

10. Si elle est agitée de grandes inquietudes qui la contraignent de courir ça & là comme vne folle, sans que ny le temps, ny le lieu, ny les personnes luy donnent aucun respect.

11. Si elle a des espouuentemens qui [27] la saisissent promptement à l'entrée de certains lieux, & de certaines personnes, & qu'elle se treuue agitée és compagnies, & durant les actions qui luy sont plus agreables auec interruption notable & interrest de son contentement.

12. Si elle entre parfois en furie contre soy mesme, ou contre ses proches parents & plus familiers amis & bien faicteurs. Et qu'elle les iniurie & calomnie, & si elle fait de mesme enuers les personnes qu'elle est obligée grandement reuerer.

13. Si elle maudit, deteste, blaspheme & profere des paroles execrables au mespris des Sacremens, des SS. de la Vierge & de Dieu

mesme, car les diables n'ont point d'autre exercice que celuy-là.

14. Si elle resent de grandes difficultez & vne forte resistance plus grande que de paresse ou de stupidité, lors qu'elle veut aller à l'Eglise, ou bien prendre de l'eau beniste, faire le signe de la croix, dire ses prieres, notamment quand elle veut prononcer le sacré S. nom de Iesus, ou le nom gracieux de Marie, & sur tout quand elle entend la saincte messe & se treuue en la presence du tres auguste Sacrement, terreur horrible des demons.

[28] 15. Si luy donnant pour son manger & boire, du pain & de l'eau qu'on ayt beny secrettement & à son insçeu, elle tesmoigne auoir grand repugnance à les aualler, voir(e) les rejecte.

16. Si elle a des visions estranges, & que le diable luy apparoisse en quelque forme, & la persecute de quelque façon en son corps, qui se puisse remarquer.

Conclusion. J'aduouë qu'on aura suffisantes preuues pour croire & asseurer possession diabolique en icelle, supposé qu'il soit tres-euident & tres-manifeste, & qu'il ne conste tres-certainement qu'elle soit magicienne & exhibe les susdits signes par art magique.

Que si les indices prealeguez ne se rencontrent en la personne soy disant possedée, & que d'ailleurs on remarque speciallement.

1. Contre le septiesme indice, que durant son agitation ordinaire, sa face, ses œillades, ses parolles, ses gestes & comportement paroissent tenir du naturel & n'excedent pas la [29] violence des passions humaines, ains peuuent prouenir d'vne grande crainte & apprehension qui peut faire paslir le visage aussi tost qu'elle saisit. Et d'vne grande animosité auec ferme resolution d'affronter quelqu'vn qui peut donner vne hardiesse effrontée, & d'vne grande cholere enflambée, d'vn ardent desir de vengeance mortelle, qui peut faire monter le sang au visage, enfler les veynes, bouffir les joües, serrer les poings, & les dents, exciter la personne à se demener, blasphemer, iniurier, à frapper, à tout rompre, & à se prendre mesme à soy mesme. Ionct qu'il soit probable, qu'auant les agitations, ceste personne ayt reçeu quelque grand suject d'indignation, de hayne & desir de vengeance mortelle contre celuy ou ceux qu'elle denigre & diffame outrageusement.

2. Contre le neufiesme indice que nonobstant tant de diableries & de malefices qu'elle dit reçeuoir en son corps pour la tourmenter, & durant vn si long-temps. Elle paroist tousiours en saine, entiere & belle disposition corporelle [30] & se porte autant bien de santé, veoir (sic) encor mieux qu'elle ne souloit faire, auant sa pretenduë possession.

3. Contre les autres indices que ceste personne allant & venant par *quae est illa.*
la ville estant és lieux publics, és Eglises, assistante aux saincts sacri-
fices se comporte tousiours fort modestement & à son accoustumé,
que mesme elle se presente aux Sacrements de confession & de la
saincte Communion, & faict ses prieres & deuotions, & exercices
ordinaires, auec mesme facilité que peuuent faire les autres personnes
deuotes non possedées, sans que les diables presumez possedans luy
causent aucun trouble esdicts lieux & actions susdictes.

Que durant son agitation elle iniurie & diffame ordinairement &
vniuersellement tous ceux qu'elle sçait luy estre contraires, & desquels *Notez.*
elle peut apprehender quelque dommage & prejudice. Au contraire
dit chose à sa loüange, ou de ses proches amis, bien-faicteurs, & dict
bien de tous ceux qui la fauorisent en quelque [31] maniere, & si
d'auanture elle en dit quelque chose de mal, faict paroistre par apres
que ç'a esté par malice, & releue l'indice par des loüanges contraires.

Qu'au reste ladicte personne soit bien traictée, fasse bonne chere,
reçoive force presens & bien-faicts, soit estimée & honorée comme
tres-vertueuse & saincte, & que tous les trauaux de graues & vetru-
eux personages auec tant de perils & de saincts exorcismes durant
vn fort long-temps n'y profitent de rien.

I'estime qu'on ne doit asseurer asseurement vne possession reêle *Conclusion quae*
du diable en telle personne; ains seulement, ou quelques passions *est ista.*
extrement passionnées, ou au plus quelque espece d'illusions diaboliques, meslangées auec ses passions desreiglées. Ce qui se pourra
pratiquer si subtillement qu'il sera bien mal-aisé de le recognoistre,
si on n'en à veu & recognu de tout pareil & semblable alloy.

1. Surquoy interrogé d'où il auoit tiré les susdicts signes de possession.

[32] Resp. Que la substance d'iceux estoit tirée des RR.PP. Tyr-
rhaeus,[7] Delrio,[8] de Monsieur Boguet,[9] & autres qu'il auoit leu
autre-fois, & generalement de la doctrine qu'enseignent les Docteurs

---

[7] Petrus Thyraeus, late sixteenth-century author of several works on witchcrat. His
Demoniaci, hoc est de obsessis a spiritibus daemoniorum hominibus, Cologne, 1598, was much
quoted by Henri Boguet, see below.
[8] See p. 11, n. 23; much quoted by Boguet, see below, and by Pithoys himself.
[9] Henri Boguet, a judge from Dôle. A valuable work as in gives interesting legal data of
six cases of witchcraft. His initial *Discours execrable des sorciers avec leurs procez*, Paris, 1603,
was expanded into *Discours des sorciers avec six Advis en faict de sorcelerie et une instruction pour un
iuge en semblable matiere*, Lyon, 1605; 2nd edition, Lyon, 1608; 3rd edition, Lyon, 1610.
Boguet was a fanatical witch-hunter (see H. Trevor-Roper, *op. cit.* pp. 77–79) and it is
significant that Pithoys does not refer to this important work or the one by Thyraeus on
any other occasion, preferring the testimony of Canonists and the Fathers.

touchant les effects merueilleux, que les diables peuuent operer, par la cooperation d'vne personne sans la posseder.

2. Quels estoient ces Docteurs!

Resp. Que c'estoient ceux qui traitoient de la nature & des qualitez des mauuais Anges, & de la puissance d'iceux, et qu'il les auoit ja faict approuuer par des Docteurs; & les prouueroit par raisons & authoritez quand il seroit besoin.

3. Si tous lesdits signes estoient absolument necessaires pour asseurer vne possession reele du diable, ou bien si c'estoit assez de quelques-vns.

Resp. Qu'il estoit necessaire que tous se rencontrassent, qu'aussi n'estoit-ce assez de quelques-vns, ains qu'il en failloit plusieurs & des plus notables.

4. Quels estoient les plus notables, & sur lesquels on puisse asseurer certainement [33] une possession reele.

Resp. Qu'il donnoit les huict premeirs (sans forclore neant-moins les autres) & qu'on deuoit croire asseurement possession diabloique sur iceux, supposé comme il a esté dit qu'il ne seroit euident & tresmanifeste iceux estre produicts par arts magiques.

5. Si lesdicts signes se rencontrant generalement en quelque personne, & singulierement en la *femme pretenduë possedée à Nancy; il la tenoit pour reêlement possedée!

*Nequidem unam versum.

Resp. Qu'ouy au cas qu'il ne * feist paroistre, qu'elle effectuast auec l'assistance de quelque diable, & par art magique.

*Notez.

6. Si lesdits signes pouuoient estre produits par art magique!

Resp. Qu'il se croyoit ainsi; quoy qu'il arriue bien rarement & difficilement.

7. Sur le premier indice de possession interrogé s'il entendoit & si vne femme pouuoit entendre que signifioit, (*Excita rigorem in inio*) ce que mondict Sieur Euesque & plusieurs des assistans aduoüoient n'entendre pas.

Resp. Qu'il ne vouloit particulariser [34] en ce faict.

8. Sur le second indice; quelles ruses il entendoit meslanger parmy les coniurations!

Resp. Qu'il y en auoit de diuerses sortes, par exemple entremesler des noms hebraïques de profane signification parmy des noms diuins.

9. Sur ce interrogé s'il seroit permis d'adiurer en ceste forme! *Adiuro te per Asbech qui venturus est iudicare viuos & mortuos*; interpretant mondict Sieur qu'Asbech estoit le nom de son page.

*Notez bien cette protestation.

Resp. Qu'il ne vouloit respondre à cette particularité, mais bien * protestoit-il ne vouloir vser d'aucune ruse ou subtilité pour descouurir

la diablerie de ladicte femme: qu'elle ne soit iugée raisonnable &
iuste par personnes capables, doctes & à ce cognoissantes.

10. * Adiuré par le Dieu viuant de declarer manifestement quels
moyens il vouloit tenir pour descouurir ceste illusion diabolique.

*Ne quid
minus.*

Resp. Qu'il ne croyoit deuoir respondre plus particulierement, &
qu'il n'y employeroit rien qui ne soit approuué [35] comme il a dit.

11. Sur le cinquiesme indice, s'il estoit permis de presenter des
Hosties non consacrées, & les faire recognoistre au diable, pour
descouurir s'il est en la personne, ou s'il n'y est pas!

Resp. Qu'il ne pensoit pas estre malfaict, pourueu que cela se feist
secretement & sans scandale.

12. En quel autheur il auoit remarqué ce signe! Res. qu'il ne s'en
souuenoit à present, mais qu'il en auoit conferé auec des Docteurs,
sçauoir Mr. le Clerc, Docteur & Professeur en la faculté à Dole, &
les RR.PP. Petit & Grandin Religieux Cordeliers & Docteurs en la
faculté de Paris, qui l'auoient approuué: & qu'il auoit experimenté
cette pratique bien vtile pour descouurir vne illusion diabolique.

13. S'il estoit asseuré de representer la femme de question exempte
de toute diablerie, supposé qu'elle soit vrayment possedée! Resp.
Quoy qu'il en soit, que sur la cognoissance tres-certaine qu'il croyoit
auoir de l'espece de diablerie qui estoit [36] en cette femme, il se
promettoit de la representer telle qu'il auoit promis, moyennant les
conditions par luy proposées en sesdites lettres du vingtiesme Nouembre mil six cents vingt.

14. * D'où il auoit recogneu pouuoir prouenir l'illusion diabolique
qu'il dit estre en cette femme! si elle prouenoit de la femme, ou des
exorcistes, ou de quelques autres personnes externes!

Notez.

Resp. Que pour ne scandaliser personne il ne vouloit particulariser
en ce faict.

15. Quel aage il auoit! Depuis quel temps il auoit commencé sa
Theologie! en combien d'exorcismes il auoit esté autres-fois.

Resp. Que son aage estoit de trente trois ans trois mois; qu'il
auoit commencé ses estudes de Theologie depuis neuf ans; Qu'il
auoit esté & assisté aux exorcismes faicts en la personne d'vne jeune
enfant de Vitry, l'an 1618. de plus en vne femme.

Ainsi finit la seconde Conference.

Le neufiesme iour dudit mois ensuiuant, à mesme heure comparut
37] de rechef ledict P. Pythois au mesme lieu & deuant la mesme
ssistance, lequel estant requis par mondict Sieur Euesque de signer

les articles de la Conference precedente, declara qu'il ne deuoit signer chose de telle importance qu'on ne luy promette la coppie, à quoy mondit Sieur repliquant qu'il l'enuoyeroit à ses Superieurs, repartit que la chose le regardoit personnelement; & que pour asseurance sienne de ses responses & de sa signature il desiroit en auoir vne coppie, autrement qu'il ne pouuoit ny deuoit signer. Surquoy ledit Sr. Euesq. luy * promist, auec l'aduis mesme de quel-qu'vn des assistants qui dit cela estre raisonnable, & qu'on ne luy pouuoit desnier.

Notez la promesse donnée publiquement.

1. Interrogé si le S. Esprit qui dirige l'Eglise n'auroit pas pourueu de moyens necessaires pour recognoistre les vrays possedez, & si vn Pasteur & les commis de sa part, ayant suiuy en vn faict particulier les regles qui sont données pour tel suiet dans le *Rationale Romanum* auroient manqué à leur deuoir.

Resp. Qu'il croit que le S. Esprit [38] ne manque à diriger le gouuernement de la saincte Eglise, selon qu'il est creu & entendu par les Docteurs: qu'il respecte & reuere les Prelats & Pasteurs, & qu'il ne les veut reprendre ny corriger: De plus, qu'il proteste croire à tous les saincts Decrets, Canons & Ordonnances de la saincte Eglise Chrestienne, Catholique, Apostolique & Romaine. Et qu'il laisse la decision du reste ailleurs, disant n'estre besoin de s'arrester là pour tirer la resolution du faict, dont il s'agissoit.

2. Insistant que ceste decision estoit necessaire puis que luy se presentant pour liberer cette femme, cela obligeoit mondit Sieur Euesque de sçauoir si on auroit failly, en suiuant lesdites regles dudit *Rationale Romanum*, au suiet de ladite pretenduë possedée à Nancy: & qu'il ne le pouuoit mieux sçauoir que de luy! Partant qu'il estoit obligé de respondre.

Notez.

Resp. * Qu'il en laissoit la decision à qui il appartenoit, comme aussi de sçauoir si on auroit obserué comme on deuoit, toutes les reigles ordonnées pour tel subiect.

†*Resp. au 6. art. de la Conference.*
†*Resp. par les signes susdicts.*
A zelantibus te absconde consilium.

[39] 3. Enquis † *an sit*, si en ladite femme auoit possession, ou illusion! *Quid sit*, quels signes & quels indices il y auoit remarqué! † *Quale sit*, quels remedes il failloit apporter au mal.

Resp. * Qu'il croyoit auoir donné assez de cognoissance du faict, tant par le contenu cy dessus, comme par les articles d'vne declaration qu'il presentoit par escrit, & qu'il estimoit n'estre besoin de plus resoudre mondit Sieur.

4. Auant que de lire lesdits articles mondict Sieur insistant qu'il estoit mandé de passer à Toul auant que trauailler au soulagement de

ladicte femme, † afin de conferer auec luy des moyens qu'ily vouloit garder, & qu'il ne l'auoit satis-faict en ce poinct. Partant qu'il deuoit declarer nettement & cathegoriquement quels estoient ces moyens!

Resp. Qu'il croyoit auoir donné assez de suiet à mondit Sieur d'estre satis-faict, & que les articles de sadicte declaration presentée par escrit contenoient l'explication de ses lettres du 20. Nouembre mil six cens vingt, par lesquelles il ne s'estoit obligé [40] à † dire & discourir mais bien à faire.

5. Surquoy alleguant qu'il vouloit proceder ou par cauillation ou par charité, si par cauillation que mondit Sieur ne le deuoit permettre; si par charité qu'il ne deuoit faire difficulté de declarer manifestement † les moyens qu'il vouloit employer au faict de question!

Resp. Que la droicture de son intention estoit assez manifestée par les articles de ladite declaration, & qu'il croyoit n'estre besoin de dire plus.

Surquoy la lecture desdits articles a esté faicte, dont en voicy la teneur.

6. Pour plus ample declaration des poincts contenuz en ses lettres du vingtiesme Nouembre mil six cens vingt, ledit P. Pythois a dit.

Qu'il entendoit que ladicte femme pretenduë possedée contribueroit ce qui est de son deuoir se consentant à l'execution de ses offres, elle tesmoigne vn vray desir d'estre liberée de ses illusions diaboliques, & apporte de son costé vne humble submission, pour se laisser diriger & conduire selon Dieu & raison, & selon que l'importance [41] du faict sera iugée le requerir par gens doctes & à ce cognoissants.

Que les personnes sans blasme, qu'il pretend commettre pour garde fidelle & pour assistance de ladite femme, seront filles vertueuses, deuotes, de bonne fame & reputation, lesquelles retirées & demeurant auec elle, au logis qui sera preparé en la ville Episcopale de Toul, auront soin de luy donner toute assistance possible, ainsi qu'il sera ordonné raisonnablement, † & notamment de se treuuer presentes & assister quand quelqu'vn aura à luy parler.

Qu'elle sera traictée humainement, selon qu'il sera jugé raisonnable par gens capables & à ce cognoissans, & qui entendront l'importance du fait, & ne luy sera prescrit sans aduis desdits personnages, & sans exemples de semblables traictements experimentez tres-vtils par plusieurs experiences en semblables subjects.

Que les assistans seront tels, qu'il a specifié en sesdites lettres, & specialement en sa Requeste tendante à ce que l'execution de ses offres se face en la ville de Toul, siege Episcopal, & [42] tribunal, où

Marginalia:

† *Quia mandavit ad hoc, ergo tenetur! ô egregia consequentia.*

† *Notez.*

† *Coram extraneo ne facias consilium, nescis enim quid pariet. Non omni homini cor tuum manifestes neforte inserat tibi gratiam falsum & conuitietur tibi. Eccl. 8.*

Ample declaration des points contenuz és lettres premieres.

† *Hic oraculorum obmutescentia.*

Digne d'estre noté.

Notez qu'il promet effectuer ses promesses

publiquement &
solennellement,
& [42] ....
ladicte femme, & tous les diables qui la peuuent agiter sont obliqez de comparoistre, ou bien de l'abandonner.

Pour ce qui est d'encourir la marque d'abuseur public, & les peines à faute d'effecteur ses promesses, il laisse à juger quelle marque, & quelles peines meritera la chose, eu esgard qu'il n'entreprend cette affaire à intention de troubler & scandaliser personne, ains par vn *†Notez.* zele religieux de mettre fin à tant de † troubles & confusions suscitez & peut estre à susciter à l'occasion de cette femme, & particulierement par vne pure intention qu'il à de *leuer le scandale, atroce & enorme, qui est faict à son R. P. Provincial, & à tout leur Ordre,* par les calomnies diaboliques proferée(s) par la bouche de ladicte femme.

Pour conclusion a dit qu'il croyoit auoir assez donné de cognoissance, pour juger comme quoy il auoit faict ses offres, & comme il pretendoit effectuer ses promesses, qu'il promettoit de rechef faire reüssir (moyennant Dieu) parmy les conditions exposées. Et que c'estoit à Monseigneur [43] de resoudre sur ce que dessus ce que bon luy sembleroit.

Pour fin a protesté de rechef n'estre poussé en cette entreprise sinon d'vn zele religieux, & d'vne sincere intention de faire reüssir le tout à la gloire de Dieu, & à l'honneur de leur Ordre si cruellement offencé au sujet de ceste femme. Et qu'il seroit tresmarry qu'il en arriuast aucun scandale à personne.

(7). La lecture des susdites (sic) articles estant faicte par mondit Sieur a dit qu'ils contenoient bien l'explication de ses offres, mais non pas des moyens qu'il vouloit employer pour les effectuer, & que c'estoit cela qu'il vouloit sçauoir.

Resp. Qu'il croyoit auoir donné assez de cognoissance de ce qu'il pretendoit faire, & qu'il n'estoit besoin de plus resoudre mondit Sieur.

Surquoy mondit Sr. dit qu'il luy donneroit resolution telle que meriteroient ses responses.

8. Du depuis mondict Sr. se souuenant que ledit P. Pythois auoit dict qu'il sçauoit chose d'importance, mais qu'il ne luy vouloit dire qu'en particulier [44] & secretement; enuoye le rappeler pour sçauoir de luy si ces choses touchoient le suject de Nancy, ou quelque autre; si c'estoit celuy de Nancy qu'il n'en vouloit rien oüyr qu'en presence du Notaire, & de deux tesmoins, si quelque autre qu'il l'en pourroit oüyr quand il voudroit.

Resp. Que c'estoit sur le sujet de l'enfant de Vitry, mais que cela pourroit bien seruir au suiet de la femme de Nancy.

9. Insistant de rechef pour sçauoir quels moyens en particulier il vouloit tenir pour liberer cette femme.

Resp. Qu'il ne vouloit particulariser d'auantage, alleguant qu'il ne feroit rien que bien, & qu'il accommoderoit les remedes selon ses diuerses occasions, qu'il recognoistroit par les mines, gestes & comportements de ladicte femme, & qu'il n'estoit besoin d'en dire d'auantage.

Ainsi finit la troisiesme Conferance.

LE lendemain dixiesme dudit mois comparut ledit P.M. à l'heure & au lieu ordinaire.

1. Mr. l'Euesque luy demanda de rechef s'il ne vouloit pas le satis-faire [45] sur le point qu'il vouloit sçauoir plus particulierement.

Resp. Qu'il desiroit luy donner toute sorte de satis-faction qui *Notez cest* seroit en son pouuoir, mais qu'il ne croyoit deuoir particulariser *article.* d'auantage à present. Que si apres auoir leu & consideré à loisir tout ce qui auoit esté respondu en toutes les conferences, ensemble l'importance de ce qu'il vouloit sçauoir plus particulierement, il recognoissoit n'auoir assez declaré & qu'il fut besoin de plus, il promettoit le faire, & ce dans iours au plus tard.

2. Sur ce Mr. Midot declare hautement que l'importance du faict meritoit bien cela, & s'offre mesme d'aller à Vitry expressement pour ce suject, au cas que ledit P.M. ne puisse aller audit Toul. A quoy Mr. l'Euesque replique qu'il ne veut cela, & qu'il veut donner sa resolution presentement, empeschant mesme que le Notaire articule ce poinct.

Resolution de Monsieur l'Euesque.

Ny vostre cognoissance, ny vostre experience, ny vos reuelations, ny vos magies ne m'ont pas satis-faict. Sortez! allez, retirez-vous.

[46] Sur ce ledit P.M. ayant faict vne reuerence religieuse, & s'estant retiré quelque peu, demande humblement coppie du procez verbal dressé par ledit Notaire. A quoy Mr. l'Euesque respond qu'il ne l'auroit pas, & qu'il l'enuoyera à son General.

A ce ledit P. remonstre qu'on luy auoit donné promesse de ce, & que la chose le touchant personnellement comme estant ses responses & ses signatures il deuoit en auoir coppie, pour rendre raison de ce qu'il auoit dit à qui il appartiendra, & pour asseurer qu'on ne pourroit rien alter en sesdictes responses, ny par parentheses, ny par aucune alteration de lettres. Monsieur l'Euesque replique qu'il ne l'auroit pas & luy commande de rechef qu'il ayt à desloger & se retirer.

Quoy voyant ledit P. Minime se retire religieusement apres auoir fait la reuerence à mondit Sieur, & à l'honnorable assistance.

Humilis locutus est sensate & non est datus locus, Pauper locutus est, & dicunt: Quis est hic? & si offenderit subuertent illum. Ecc. 13.[10]

---

[10] From the Apocrypha, *Ecclesiasticus*, XIII, verse 27 (in part) and verse 29; see also the marginal note on p. 61, taken from the same book, VIII, 18, 19.

TRAITTE
CVRIEUX DE L'ASTROLOGIE
IVDICIAIRE.

1641.

TEXT WITH NOTES

A / TRES-HAUT ET TRES-PVIS/SANT PRINCE, MONSEIG-
NEVR / FRIDERIC / MAVRICE DE LA/TOVR, DVC DE
BOVILLON, / PRINCE SOVVERAIN DE SEDAN / & RAV-
COURT, VICOMTE DE TVREN/NE, COMTE DE MONT-
FORT, / VICOM/TE DE Lenquais, Seigneur & Baron / de Mon-
gascon, Limeuil, Maring/ues, Joses, Gerzat, S. Bauzire, / Chastel-
Dennazat, Briue, la Milhere, Beaumont, Floyrac, Mar/zac &c.[1]

Monseigneur,

Ce n'est pas mon dessein d'entreprendre icy les louanges qui sont
duës à vos vertus heroïques. Ma plume est trop pesante pour voler si
haut, & pour prendre un essor de si longue haleine. C'est un tableau
qui demande le pinceau d'Apelles, & des couleurs plus riches & plus
esclattantes que celles de la nuture. Seulement ie vien mettre aux
pieds de Vostre Altesse les desfaites d'vn monstre horrible, qui de
tout temps a esté en horreur aux Estats bien policez, & particulierement à toute l'Eglise Chrestienne.

I'ay creu que Vostre Altesse ne dedaigneroit pas l'hommage que
je luy ren(d) de la victoire que j'en ay obtenue avec des armes, sinon de
son redoutable arcenal, au moins[2] qui sont entretenues à ses gages.
Et si elle daigne ietter les yeux sur les despoüilles de cet ennemy
vaincu, elle recognoistra que veritablement c'est un monstre d'insolence, d'impieté & de blaspheme, plus redoutable que le Polypheme
d'Vlysse, & que le Hydre & et le Cerbere de Hercule: voire aussi
pernissieux aux Estats & à la religion Chrestienne que l'enfer mesme
d'où il est sorty.

[1] The significance of this dedication is discussed in the Introduction, p. XX–XXIII.
[2] For *au moins:* see Haase, p. 247.

[iij]   Cela me fait esperer que Vostre Altesse, qui ioint la crainte de Dieu & la haine du vice à tant d'autres vertus, ne deniera pas à ce liure qui contient la desfaite de cet ennemy de Dieu & des hommes, la protection que de sa grace elle luy a promise, auant qu'il osast paroistre en public.

Au reste, je ne pense pas que les enfers l'osent attaquer, le voyant appuyer d'une Tour³ si puissante & et si glorieuse, qui est vne des colonnes de la maison de France, qui a ses fondemens dans le champ Royal des fleurs de Lys, & qui s'esleue iusques au plus haut faiste de la gloire par sa propre vertu.

Mais Vostre Altesse ne doute pas que le nom de l'Eternel ne soit encores une Tour plus puissante,⁴ comme dit le Sage en ses Prouerbes, & que le iuste qui aura cette Tour pour son refuge, n'y doiue trouuer une haute⁵ retraitte. L'Eternel doncques, et le Fort, le Tout-Puissant, le Dieu des armees, des batailles, & des victoires, soit le protecteur de Vostre Altesse, & des Estats qu'il a soumis à vostre Souveraineté, et veuille remplir de frayeur & de tremblement le cœur de vos enne-mis, & vous combler de gloire & de prosperité. C'est la plus ardente priere que ie fais de tout mon cœur à l'Eternel pour Vostre Altesse serenissime, à laquelle ie suis pour jamais,

Monseigneur,

Tres-humble, tres-obeissant,
& tres-fidele sujet &
seruiteur
C. PITHOYS.

DEDICATION OF THE SECOND EDITION.

[ij]

A TRES ILLVSTRE / ET GENEREVX / MONSEIGNEVR / GEORGE LOVIS / COMTE DE LEWEIN / stein, Baron de Schar-pheneck.⁶

MONSEIGNEVR,

Pource que plusieurs personnes de ce temps s'emportent à cet excez de vouloir sauoir quel sera leur estat, leur portement, leur condition,

---

³ A pun on the Duke's name.
⁴ A further pun: see also *Proverbs*, XVIII, 10, for the allusion to Solomon which follows.
⁵ *autre*(?)
⁶ See Introduction, p. XXI.

& les choses qui leur arriueront pendant leur vie: & qu'il y en a qui s'adonnent si auant que cela est vne pierre de scandale & d'achoppement à leur ame: ne pouuans autrement satisfaire à leur curiosité que par le moyen de ceux qui exercent l'Astromantie, qui n'est autre chose qu'vne vraye magie, voire mesme sublime, & le plus subtile moyen dont l'ennemi de nostre salut se sert pour allecher & attirer les hommes, pour les precipiter en perdition. Car personne ne peut fait tirer son horoscope, sinon en adioustant foy à ce que luy dit le Genethliaque, qui est l'organe duquel le diable se sert pour abuser ceux qui s'y amusent. Ce vieil & rusé serpent ne requiert autre chose que la creance: de sorte que ceux là qui sont curieux de sauoir ce qui leur arriuera adioustans foy aux paroles du Genethliaque, traittent par ce moyen un pact secret auec le diable, quoiqu'ils ne se l'imaginent pas, d'autant qu'ils ne parlent qu'au Genethliaque, & non pas auec le diable: il est neantmoins tres-certain que se fians à ce qu'il leur dit par la bouche de l'enchanteur, ils commencent dés lors à estre fils de perdition. Afin donc que la laideur de ce crime apparoisse aux yeux d'vn chacun, ie l'ai voulu despeindre icy de ses couleurs: afin que tout homme qui auroit enuie de faire tirer son horoscope, ayant en soy la moindre estincelle de la crainte de Dieu apprenne [iij] à se retirer de bonne heure de ce chemin glissant, qui precipite les hommes en perdition. Et d'autant, MONSEIGNEVR, que ie sçai tres bien que ceux qui s'emportent à telle curiosité diabolique vous sont en abomination, veu vostre zele & ferueur que vous auez à la gloire de Dieu, ainsi que cela est bien cognu à vn chacun, ie n'ay point fait de difficulté de vous en faire voir l'horreur, & le danger mesme qu'il y a de souffrir telles gens en vn Estat,[7] estans beaucoup plus dangereux qu'vne peste qui ne destruit que le corps, veu que cet art destruit le corps & l'ame tout ensemble. Vous en serez, MONSEIGNEVR, le Iuge vous mesmes (sic): et je m'assure que tous ceux qui prendront la peine de lire le traitté que i'en ay fait, en rendront le mesme iugement que i'en fai, appuyé sur la force des raisons que i'apporte par les tesmoignages de la parole de Dieu, qui le defend expressement, les Loix, les Canons des Papes & des Conciles, & les coustumes. Ie vous mets au frontispice pour en estre celuy qui defendra les veritez que i'y apporte. Et puis que vous m'auez fait l'honneur de me commander d'en faire un escrit pour vostre satisfaction & contentement particulier, ie suis

---

[7] An essential point of his argument later on. The Council of Toledo, 636, had emphasised the political dangers of astrology.

assez glorieux de vous pouuoir rendre ce seruice,[8] & de vous asseurer
que ie suis, & veux demeurer veritablement toute ma vie,

MONSEIGNEVR,

> Vostre tres-humble, tres obeissant, &
> tres fidele seruiteur
> N.V.M.L.A.S.[9]

DESSEIN DE L'AUTHEUR.[10]

Mon dessein n'est pas d'attaquer l'Astrologie, que chacun sçait
estre vne des plus nobles sciences, & extremement necessaire à l'art
militaire, à l'agriculture, & sur tout à la nauigation: mais[11] vne
certaine inuention diabolique diabolique qu'on appelle faussement
Astrologie iudiciaire, & que nous appellerons plus proprement *Astromantie*; puis que fondee sur vn tas d'observations vaines, elle entreprend de deuiner les choses futures, qui dependent purement de la
libre volonté de Dieu & des hommes.[12]

C'est donc à ceste engeance des demons,[13] à ceste furie[14] infernale,
à ce monstre d'insolence, d'impieté & de blaspheme que je declare la
guerre en ce monde & en l'autre, & le veux poursuiure par mer &
par terre, & par toute l'estenduë des cieux, & la presser si pres qu'il
soit contraint de se relancer dans les enfers.

Ie ne doute pas que ce dessein ne doiue estre odieux à quelques
vns: mais pourtant mon intention n'est pas de desplaire à aucun, ains
de rendre vn bon office au public, lequel a vn notable interest en la
cause que i'entrepren. Aussi est-il vrai que cette mienne entreprise ne
butte qu'à venger la Theologie, voire la religion Chrestienne de
l'opprobre qu'elle reçoit de ceste astrologie iudiciaire, & de rompre
tous les filets & les pieges que ceste maudite enchanteresse a tendu[15]
pour enlacer les esprits curieux.

---

[8] Since this is the second edition, is this a piece of literary deception? Is it possible to
argue from this that we have here the original dedication and that it dates from before 1633,
the date of George(s) Louis Loewenstein's death?

[9] N[unc] V[ero] M[agister] L[icenciatus] [in] A[cademia] S[edanense]. This possible
interpretation is discussed in the Introduction, pp. XXII–XXIII.

[10] Although the text of the *Traitté* is identical in both editions, there are a few variants
in the *Dessein de l'Autheur*. The text reproduced here is that of the second edition with the
variants from the first edition noted below. Pages unnumbered.

[11] *var.* . . . nauigation. Mais vne . . .

[12] An important argument developed later.

[13] A favorite phrase with Pithoys.

[14] Used with the full force of the classical image of the Erinyes. cf. use of *Megere*, pp. 45 et sq.

[15] *var.* . . . vray . . . a tendus.

Ie doi cet office au public en qualité de Chrestien, de Theologien & de Professeur és sciences philosophiques, de la Sphere & Geographie.[16] Et me sen tant plus[17] obligé à ce deuoir, que i'ay cognoissance[18] de la vanité, voire de l'impieté qui se couure sous les inuentions diaboliques des Genethliaques.

Au reste, on ne trouuera rien en tout ce traitté[19] qui ne soit orthodoxe & approuué de tout le Christianisme. L'Escriture saincte, les Canons de l'Eglise, les loix ciuiles, Dieu, les Peres, les Theologiens, les Iurisconsultes, les Sages de tous les siecles, les censures des Papes, les edits des Empereurs & des Rois auec quantité de demonstrations plus que mathematiques sont les armes que i'employe pour combattre ce hydre qui a plus de cent testes, au front desquelles on verra graué ce titre[20] d'enfer, *Mystere d'iniquité.*

Or afin qu'aucun ne prenne suiet de picotterie[21] sur le mot de *Genethliaque*, Ie declare que par un Genethliaque, i'enten celuy qui fait profession expresse des reigles de l'art, & et de tirer des horoscopes pour toutes sortes de personnes, à qui plus:[22] & qui faisant son gagnepain[23] de ce mestier infame,[24] en soustient opinionastrement la certitude.

---

[16] See p. 231 et sq. *Cosmographie, ou doctrine de la sphere, avec un Traitté de la geographie,* Paris, 1641.
[17] *var.* . . . me sen de tant . . .
[18] *var.* . . . que plus j'ai de cognoissance . . .
[19] Pithoys wrote *Traite, traité, traitté* indifferently.
[20] *var.* . . . tiltre . . .
[21] *var.* . . . picoterie . . .
[22] *var.* . . . a qui plus, . . .
[23] *var.* . . . gaigne-pain . . .
[24] *var.* . . . mestier infame en soustient . . .

DECLARATIONS

                         PREAMBVLAIRES

                    touchant l'Astromantie des
                        Genethliaques.

                      SECTION I.

     *La source de l'Astromantie des Genethliaques: & le puissant
        charme qu'elle exerce sur les esprits curieux.*

LE desir de sçauoir est plus naturel à l'homme, que l'appetit de
manger & de boire aux autres animaux; et comme ceux cy se laissent
aller à ce qui chatouïlle le sens, ainsi l'homme à ce qui contente
l'esprit. Aussi fut-ce par cet endroit que le plus malicieux des demons
attaqua les premiers habitans du monde du milieu du Paradis, &
dans le comble de la felicité. *Dieu sçait* (dit ce serpent diabolique)
*qu'au iour que vous en mangerez, vos yeux seront ouuerts, & serez comme
dieux, cognoissans le bien et le mal* au ch. 3. de la Gen. [2] vers. 5. Aussi
tost les voila piquez d'vn desir curieux, de sçauoir aussi bien que Dieu
mesme toutes les bonnes & mauuaises auentures. O que cette curiosité
fut fatale à tout le genre humain, puis qu'elle le despouïlla de son
innocence, & luy fit perdre les gages de son immortalité! Neantmoins
cette funeste curiosité n'a pas laissé de passer de pere en fils, si bien
qu'elle semble aussi naturelle aux hommes comme le peché originel. Il
n'y a si stupide qui ne soit curieux de sçauoir, & sur tout, de preuoir le
bien & le mal qui luy peut auenir. Et tant plus Dieu se reserue cette
haute cognoissance, tant plus les hommes sont ils curieux de la recercher.
    C'est ce qui a donné l'estre à tant d'Arts diuinatoires qui se sont
establis dans le monde à la faueur des plus noires obscuritez du
paganisme, & lors que les demons tenoient tous les peuples captifs
sous la tyrannie de leurs enchantemens. De ces cachots tenebreux
sont sortis l'*Astromantie*,[24a] qui deuine les choses par les astres, la *Geo-*

[24a] cf. Pithoys' earlier work, *Horoscope, roue de fortune*, pp. 35/6, 'Au feu! Magistrats, au
feu, ces Astromantiens, Geomantiens, Pyromantiens . . .' Definition of these terms and the
others which Pithoys uses may, with the exception of *Belomantie*, be found in Bouché-
Leclercq, *Histoire de la divination dans l'antiquité*, 4 vols, Paris, 1879–1882:
    Geomantie, I, p. 265.
    Hydromantie, I, pp. 184–8.
    Pyromantie, I, pp. 178–80.
    Coskinomantie, I, p. 183.

mantie, par la terre, l'*Hydromantie*, par les eaux, la *Pyromantie*, par le feu, la *Coskinomantie*, par le crible, la *Belomantie*, par les fleches, la *Catoptromantie*, par le mirouër, l'*Oinomantie*, par le vol & le cri des oyseaux, la *Splagchnomantie*, par les entrailles des animaux; la *Necro-mantie*, par les morts, la *Physiomantie*, par la proportion & complexion du corps & des [3] traits du visage, la *Chiromantie*, par la main, l'*Ono-mantie*, par les lettres du nom, la *Cabale*,[25] par certains noms & figures.

Toutes ces sciences, ou pour mieux dire, toutes ces maudites engen-ces de magie,[26] ont eu leurs iuenteurs, leurs sectateurs, leurs fauteurs, & leurs admirateurs. Et toutes ont attiré vne infinité de curieux à la recerche de leurs obseruations, & à la pratique de leurs reigles, par l'experience pretendue de leur verité au fait de la diuination. Mais depuis que la lumiere de l'Euangile a esclairé les peuples Chrestiens, toutes ces vaines sciences se sont euanouïes pour la pluspart, & n'en sont restees que quelques vnes, lesquelles ont trouvé des esprits curieux, qui malgré toutes les censures de la Theologie se sont opinia-strez à leur defense.

Sur toutes l'Astromantie[27] à (sic) tousiours triomphé des esprits qui se sont vne fois assuiettis à ses loix, tant les charmes de cette enchan-teresse sont puissans, & presque ineuitables. En effect n'est-ce pas pour emphiltrer vn esprit curieux, de luy promettre vne cognoissance plus emerueillable que le don de prophetie, vne cognoissance, di-ie, de toutes les choses considerables qui pourront arriuer à quelque peuple à quelque Monarchie, & à chasque personne particuliere, en tout le cours de sa vie, voire encore apres sa mort? Et si cette cognois-sance, si souhaitable à [4] l'esprit humain, a du pouuoir sur ses affections; l'artifice des inuentions qu'elle fournit pour y paruenir, n'a pas moins de charme sur sa curiosité. Elle vous luy estale des principes

---

Catoptromantie, I, p. 185, n. 1.
Oinomantie, I, p. 131.
Splagchnomantie, I, p. 170.
Necromantie, III, p. 363 et sq.
Physiomantie, I, p. 175.
Chiromantie, I, pp. 267–269.
Onomantie, I, p. 154.
Pithoys, devoting himself to *Astromantie*, gives a fairly clear idea of the term.

[25] *Cabale*, the word is used in two senses: here and elsewhere it refers to the *Qabballah*, the esoteric theology and mysticism derived from the *Sefer Yetsirah* ('Book of Creation'), the *Sefer Hazzohar* ('Book of Brightness' – see *Daniel* XII, 3) and other sources, gnostic and Talmudic in belief and tradition. On pp. [15] and [37] it has the more usual meaning of 'faction.'

[26] See above, p. 70, n. 13. Usually *engence du diable*.

[27] For the pre-eminent position of astrology (in the occult sense) as opposed to the cruder forms of divination, see F. Cutman, *Les religions orientales etc.*, Paris, 1929.

qui semblent plus esclattans de lumiere que le Soliel en son plus beau midy. Elle vous luy en tire des conclusions qui semblent plus certaines que toutes les demonstrations des Mathematiques:[28] encore auec la plus ingenieuse, la plus subtile, & la plus plaisante methode, qui puissent tomber en l'esprit humain. Ioignez à cela l'experience de quelques predictions esmerueillables, que les euenements ont fait voir plus veritables que n'auoient desiré ceux là mesmes qui les auoient faites, sur l'obseruation de ses maximes.

Quelle curiosité donc ne se laisseroit allecher aux appas de cette charmante Circé? Quel esprit ne se laisseroit enlacer dans ses pieges? Et y estant vne fois engagé, quel moyen de s'en desprendre, puis qu'il y a tant de plaisir en la douce tyrannie de cette enchanteresse? Sainct Augustin[29] estoit trop curieux durant le temps de sa vanité, pour auoir negligé la recerche de cette Astrologie iudiciaire: aussi rend il tesmoignage de ses enchantemens, & confesse que c'est vn effect particulier de la bonté de Dieu, qu'il ait esté deliuré des resueries impies, & des diuinations trompeuses de cet art diuinatoire, qui est vn abysme d'erreur. Cela se voit au 7. de [5] ses Confess. chap. 6. & ailleurs. Ie le sçay par experience, pource qu'autre fois i'ay esté frappé de cet astrabolisme, par la malheureuse & funeste rencontre d'un Genethliaque? (sic) en sorte que les allechemens de cette Magicienne m'auoient si bien ensorcellé, que ie ne pensois plus à d'autre estude. Mais par la grace de Dieu, ie fus gueri de cette maladie d'esprit, par le moyen d'vn personnage sçauant és Mathematiques, voire en cette mesme Astrologie. Deux ou trois arguments suffirent pour faire tomber le charme qui m'auoit emphiltré; mes yeux estans dessillez ou plustost mon esprit mis en liberté, ie fus capable de recognoistre la vanité & l'impieté de cette inuention diabolique, laquelle du depuis[30] m'a tousiours esté en horreur. Et c'est le mesme effect que i'espere deuoir estre produit dans les esprits curieux par ce *Preseruatif*, qui contient le contrepoison de l'Astromantie, & les moyens d'euiter tous ses charmes.

[28] Here used in the usual sense, but frequently with a restricted meaning, see p. 87 [24].
[29] An important source of information about superstition in the Roman Empire and the Christian reaction to it. For the passage referred to below, see Migne, *P.L.*, Vol. XXXII, cols. 737/9. For the additional references ('& ailleurs,') see p. 84, n. 56–58 The translation of the quotation ends at '... tousiours esté en horreur.' (?) = a rhetorical question?
[30] *du depuis*, not used after first half of the XVIIth century; Littré quotes Régnier and Retz.

SECTION II.

L'insolence presomptueuse & blasphematoire des
Genethliaques.

Si nous en croyons aux Genethliaques, leur Astromantie doit tenir le
premier rang entre les sciences humaines, soit pour l'excellence de son
obiect, soit pour la lumiere de ses principes, soit pour la subtilité de
ses inuentions, [6] soit pour l'artifice de sa methode, soit pour l'vtilité
qui se peut tirer de ses predictions. Ils font quelque estat de la Cabale,
& de la Chimie, mais aussi veulent-ils qu'elles facent hommage à leur
Astromantie de leurs plus rares secrets. Toutes les autres sciences sont
l'obiect de leur mespris, ils les laissent aux pedans; & la Theologie
mesme leur semble vn amusement d'esprits foibles, & ne feignent pas
d'en choquer les maximes, & d'en frapper les fondemens. Ils ne s'ar-
restent pas aux bornes que cette diuine science, fondee sur la parole
de l'Eternel, a prescrites à l'Astrologie, & que les loix ciuiles defendent
expressément aux faiseurs d'Almanachs[31] d'outrepasser: la curiosité
& la presomption d'esprit qui les possedent, leur persuadent aisément
qu'il y a bien de plus grands mysteres à descouurir, par l'inspection
des phenomenes celestes: & leur insolence iointe à l'impieté, fait qu'au
mespris des loix diuines & humaines, ils entreprennent hardiment de
predire des choses qui dependent purement du conseil de Dieu, & de
la libre volonté des hommes.

1. Ils se vantent hautement de pouuoir predire tout ce qui arrivera
de plus notable au cours de la vie d'vn petit enfant naissant, voire
qui pourra naistre en telle ville dans cinquante ans. De sorte que luy
tirant son horoscope ou sa geniture (comme ils parlent) ils prediront
s'il sera homme de lettres, ou [7] d'art mechanique; aduocat, ou
soldat; enclin à la pieté, ou au libertinage; en quelle sorte de negoces
ou de trafique il pourra reüssir; si heureux ou malheureux és affaires
qu'il entreprendra; s'il sera riche, ou pauure; s'il sera marié, & quelle
femme il aura, combien d'enfans, de quel sexe, de quelle esperance,
à quelle charge il pourra paruenir, soit dans l'Eglise, soit dans l'Estat;
en quelle consideration il sera aupres des Grands, & de ses proches,
& de ses amis, & de ses voisins; quelles perfidies, trahisons, embusches,
persecutions, prisons, & autres afflictions il pourra souffrir de ses
ennemis; quels accidens luy pourront estre causez par la rencontre des

---

[31] The definition and origins of the word are discussed by C. Saumaise in *De Annis
climactericis*, The Hague, 1648, pp. 605 et sq.

animaux, ou d'autres creatures: & pour fin, en quel iour il finira sa vie, & par quelle sorte de mort, asçauoir ou par l'eau, ou par la corde, ou par le glaiue, ou par quelque autre funeste accident: & pour comble, si son ame sera recueillie dans le ciel, & s'il sera glorifié apres sa mort. N'est-ce pas là faire les deuins & plus que les deuins de tout le Paganisme? N'est-ce pas là entreprendre sur la diuinité?

2. Encore n'est-ce pas tout, l'Astrolabe[32] de ces Astromantiens porte bien plus haut puis que les plus hardis d'entr' eux osent dire,

Que ç'a esté la rencontre de Mars, de Mercure, & de la Lune, avec la conionction de Iupiter & de Saturne en l'extremité de l'Escriuisse qui a causé le deluge vniuersel. Et [8] qu'ainsi d'autres Phenomenes ont naturellement foudroyé Sodome & Gomorrhe; & que de ces mesmes causes sont procedés tous les prodiges que les Hebreux ont veu en l'Egypte, aux deserts de l'Arabie, & à leur entree dans la Palestine.

Osent dire que Iupiter auec Saturne a inspiré la religion des Iuifs;[33] auec Mars, celle des Chaldeens; auec le soleil, celle des Egyptiens; auec Mercure, celle des Chrestiens. Osent dire que les Gemeaux tenans l'ascendant Saturne & Mercure conioincts sous le Verse-eau, en la neufieme maison, cela fait naistre vn Prophete. N'est-ce pas là profaner le Christianisme, renuerser les maximes de la religion, confondre toute la Theologie, & paganiser solennellement?[34]

Mais quel Chrestien ne fremira, en entendant qu'en vertu de cette persuasion diabolique, ils entreprennent de dresser les horoscopes à Moyse, à Iesus Christ, & à Mahomet, & que par ce moyen ils facent dependre de l'influence des astres le Sauueur du monde, auec tous les mysteres qu'il a tres librement operé pour le salut des hommes? N'est-ce pas là ietter les fondemens de l'Atheisme, & dresser vn triomphe à l'impieté? Et de fait, si ces choses estoient aussi veritables & certaines, que ces enchateurs nous cuident[35] persuader: qui ne voit que l'Exode, le Talmud, la Cabale, l'Euangile, & l'Alcoran, seroient [9] de mesme impression? Que les Prophetes & les potirons auroient vne mesme extraction? Que le Prophete Ezechiel & Nostradamus[36]

---

[32] *Astrolabe* – the instrument, here used to symbolize the whole art of astrological divination.

[33] cf. *Horoscope, roue de fortune*, pp. 33–34, 'Osent dire ... que Iupiter auec Saturne ait inspiré la religion Iudaïque; auec Mars celle des Chaldeens; auec le Soleil celle des Egyptiens; auec Mercure celle des Chrestiens.'

[34] *paganiser solennellement* – a delightful phrase, typical of Pithoys at his most acid. He had previously used the phrase in *Horoscope, roue de fortune*, p. 32.

[35] *cuider* – already archaic.

[36] *Prophetes ... potirons ... Ezechiel ... Nostradamus* – typical use of juxtapositions.

auroient peu descouurir par vn mesme Astrolabe tout ce qu'ils on predit?

Ah! impies Genethliaques, si vous ne l'osez dire, vous ne laissez pas de le penser; puis que vous nous voulez persuader que Noé, Iacob, Moyse, Dauid, Esaie, Ieremie, & les autres Prophetes estoient sçauans, & bien versez en l'Astrologie iudiciaire. Que reste il plus à leur outre-cuidance pour esleuer leur art magique au dessus de tout ce qu'il ya de plus diuin dans l'Encyclopedie,[37] que de dire que Iesus Christ estant sçauant en cette Astrologie, & en tous les mysteres de la Cabale, il en a tiré les inuentions de faire tous ses miracles: & que c'estoit de là qu'il auoit appris certainement l'heure & le genre de la mort qu'il deuoit souffrir, auec tout ce qui en deuoit auenir? Dieu eternel! iusques où peut aller l'insolence & l'impieté de cette maudite Astromantie, qui fait ainsi profaner tout ce qu'il y a de plus adorable dans la religion Chrestienne, voire par des hommes mesmes qui veulent estre estimez Chrestiens? Il ne faut pas trouuer estrange si ces Genethliaques s'en font accroire, s'ils sont tout boursoufflez de iactances, s'ils s'ad-mirent eux mesmes, & s'estiment grands personnages. Mais voyons si tout le monde est de leur opinion.

[10]   SECTION III.

Censure Theologique sur l'insolence des Genethliaques,
laquelle contient tous les argumens de ce Preseruatif.

LE plus grand desplaisir qu'on puisse faire à vn orgueilleux que la fortune a tiré de la lie du peuple, & eleve en quelque haut degré d'honneur; c'est de lui faire sa genealogie, & de lui ramenteuoir [38] ses premieres & plus essentielles qualitez: & si d'auenture sa conduite s'accorde avec le lieu de sa naissance, en sorte que sur le theatre de la gloire il face des actions de casanier & qui sentent l'air de la boutique; c'est de les mettre en veuë, afin de faire cognoistre à tout le monde que la fortune peut bien donner des qualitez nouvelles, mais non pas des merites.[39]

C'est le bon office que je veux rendre à l'Astromantie des Gene-thliaques, puis que le vol de sa presomption l'a fait eleuer si haut, voire au mespris de toutes les vrayes & nobles sciences, & mesme de la

---

[37] The whole sphere of learning and the arts: cf. Du Bellay, 'Ce rond de sciences', *Défen-se* (1549).
[38] *ramentevoir* – 'to recall,' used by Malherbe, Molière and Voltaire.
[39] This paragraph brings Pithoys close to the moralists of the XVIIth century.

Theologie Chrestienne. Ie veux luy faire sçauoir 1. qu'elle est tenuë pour infame au ciel & en la terre. 2. Ie luy veux faire sentir la puanteur de son extraction, & la turpitude de ses progeniteurs. 3. Ie luy veux faire cognoistre quelles sont ses qualitez essentielles & inseperables: & par mesme [11] moyen faire voir que toutes ses obseruations & prattiques ressentent la puanteur de son extraction.

Or afin qu'on ne m'accuse d'imposture, ou qu'on ne me soupçonne pas de vouloir proceder frauduleusement en cette affaire, qui est de tresgrande importance; ie veux appuyer mon discours de raisonnemens succincts, mais si clairs & si concluans, qu'ils forceront les plus passionnez fauteurs des Genethliaques à quitter leur parti, pour euiter les anathemes qu'ils y verront attachez.

1. Tout art qui porte les plus naïues marques de Magie,[40] & qui est reuestu des plus hautes couleurs d'vne iuention diabolique, sans doute doit estre tenu, haï & detesté comme art magique & inuention diabolique.

2. Or est-il que l'Astromantie des Genethliaques est telle.

3. Doncques l'Astromantie des Genethliaques doit estre tenuë, haïe & detestee comme vn art magique & vne iuention diabolique.

La premiere proposition est sans difficulté, ie prouue la seconde par cet autre raisonnement.

Les plus naïues marques de Magie, & les plus hautes couleurs d'inuention diabolique sont

1. Lors qu'vn art est condamné de Magie, & diffamé comme vne inuention diabolique[41] [12] par toutes sortes de tesmoignages diuins & humains.

2. Quand il est institué par des Magiciens, & que ses plus celebres Professeurs ont esté tenus pour Magiciens.

3. Quand il est nuisible, dommageable & pernicieux à la societé humaine & au salut.

4. Quand il entreprend des choses qui sont au dessus de toute la nature, & qui surpassent les forces de l'homme, & la capacité de l'entendement humain.

5. Quand pour atteindre à quelque effect miraculeux il employe des moyens absurdes & ridicules, qui n'ont pas la vertu ny la proportion qu'il faut en vne cause ou moyen, pour en tirer vn tel effect. Ces

[40] Defined by Bouché-Leclercq, op. cit., I, pp. 7–13, as the active, not the contemplative element in the occult sciences: '... la science active qui permet à la volonté humaine de disposer des puissances surnaturelles.'

[41] It will be seen from this that Pithoys in no wise rejects a fundamental belief in the Devil. His position remains unchanged from the *Descouuerture des faux possedez*.

cinq marques sont suffisantes pour conuaincre vn art de magie, &
d'inuention diabolique.

Or que l'Astromantie des Genethliaques porte ces cinq marques de
magie, imprimees en gros caracteres sur son front effronté, c'est ce
qui paroistra par les discours suiuans plus clairement que le Soleil en
plein midy.

Donc l'Astromantie des Genethliaques porte les plus naïfues
marques de magie, & les plus hautes couleurs d'vne inuention diabolique.

Sur l'obligation que ie m'impose (*ad poenam talionis*) [42] de prouuer
la seconde proposition de ce second raisonnement, & tout ce que
i'avanceray és suivans; ie continueray [13] ma censure Theologique
par ses raisonnemens particuliers, fondez sur chasque marque de la
magie des Genethliaques.

1. Tout art qui est condamné par les loix diuines & humaines,
comme infame, detestable & magique, & qui a tousiours esté tenu
pour tel par tous les plus sçauans de tous les siecles,[43] peut estre
librement & hautement declaré infame, detestable & magique.

Or est-il que l'Astromantie des Genethliaques est condamnee
comme telle par les loix diuines & humaines, & par tous les plus
sçauans de tous les siecles.

Donc elle peut estre librement & hautement declaree infame,
detestable, & magique.

2. Tout art qui a esté inuenté par des impies, idolatres & magiciens,
& duquel les plus celebres Professeurs ont esté reputez pour impies,
athees, & magiciens, peut estre tenu pour magique & diabolique.

Or est-il que l'Astromantie des Genethliaques est telle.

Doncques elle peut estre tenue pour magique & diabolique.

3. Tout art perniceux qui introduit la fatalité, qui renuerse les
maximes de la religion & les fondemens de la pieté, & qui ouure la
porte à l'atheisme et à l'idolatrie, doit estre haï, detesté & fuï comme
vn art magique, impie, & abominable.

[14] Or est-il que l'Astromantie des Genethliaques est telle.

Donc elle doit estre haye, detestee & fuye comme magique, impie, &
abominable.

4. Tout art qui entreprend de deuiner & predire des euenemens

---

[42] i.e. punishment of the same nature as the offence, 'an eye for an eye.'

[43] The common idea of proving a point because of universal belief. Bayle refuted this
notion which had been frequently ridiculed in the past – Montaigne, *Essais*, III, 11, '. . .
dans une presse où les fols surpassent de tant les sages en nombre.'

qui dependent du concours fortuit de plusieurs causes, ou de la libre volonté de Dieu & des hommes, qui est vne entreprise temeraire, impie, blasphematoire, & qui tient manifestement de l'impossible, c'est vn art impie, blasphematoire, & magique.

Or est-il que l'Astromantie des Genethliaques entreprend telle chose, comme il appert par l'article precedent.

Doncques elle est vn art impie, blasphematoire & magique.

5. Tout art qui n'employe pas des moyens propres & conuenables pour obtenir l'effect qu'il pretend, ains seulement des obseruations & prattiques vaines, absurdes, chimeriques, & entierement ridicules, & encore suggerees par les Demons à des Magiciens impies, athees & idolatres; c'est vn art superstitieux & magique.

Or est-il que l'Astromantie des Genethliaques se trouuera conuaincue de telle prattique.

Donc l'Astromantie des Genethliaques est vn art superstitieux & magique.

[15]   *Conclusion generale de la Censure Theologique.*

TOut art qui est conuaincu par les tesmoignages diuins & humains, par son extraction infame, par ses qualitez & proprietez inseparables, & par toutes sortes de circonstances, d'estre vn art superstitieux, magique, impie, blasphematoire, & entierement diabolique, doit estre detesté de tous les gens de bien, & seuerement censuré, interdit, anathmatizé, & banni pour iamais de tout le Christianisme.

Or est-il que l'Astromantie des Genethliaques est toute telle, comme il se trouuera verifié par toute la suitte de ce traitté.

Donc l'Astromantie des Genethliaques doit estre detestee de tous les gens de bien, & seuerement censuree, interdite, anathematizee, & bannie pour iamais de tout le Christianisme.

Peut estre que d'abord cette censure semblera bien hardie aux admirateurs de cette Astrologie tant releuee, tant mysterieuse, tant esmerueillable parmi la Cabale[44] des Genethliaques: Mais quiconques aura consideré l'insolence impie & blasphematoire que nous auons descouuerte en ces athees, s'il luy reste quelque sentiment de religion, il est impossible qu'il n'approuue cette censure, & qu'il ne la iuge trop douce, pour vn suiect qui merite [16] la punition de mille enfers.[45]

---

[44] Here 'faction.' See p. 73, n. 25.
[45] See the quotation from *Leviticus*, p. 82, [18].

Que sera-ce dõnc quand i'auray fait voir que les premisses de tous ces syllogismes sont pleines de verité et de lumiere; & que i'en auray fait reiaillir la clarté iusques dans les yeux des plus aueuglez Genethliaques? Se trouuera-il aucun qui en ose disputer les consequences ny les conclusions, apres qu'il aura consideré la force & la necessité d'icelles?

Et si tout ce que ie pose en fait contre ceste Astromantie est plus que suffisamment verifié par toutes les parties de ce *Preseruatif*, ie ne pense pas qu'aucun Genethliaque ny toute la Cabale ensemble osent former aucune plainte contre moy, pour auoir fait la genealogie de leur art diuinatoire, & pour l'auoir depeint de ses propres couleurs.

[17] # CHAPITRE I.

CONTENANT LES DEVX

premieres marques de Magie qui se trouuent en l'Astromantie des Genethliaques.

SI l'Astromantie estoit vne vraye science, & telle que les Genethliaques veulent persuader, elle meriteroit bien le premier lieu dans l'Encyclopedie, auec tous les eloges qu'ils luy donnent: voire il y auroit de quoy s'estonner que tous les hommes de lettres qui ont esté en tous les siecles, ne se soient pas entierement occupez à la recerche de sa cognoissance, qui seroit preferable à toute autre, puis qu'elle seroit capable d'eleuer ses doctes au dessus des Prophetes, & de tout ce qui est plus reueré en la terre.

Mais tant s'en faut que cette inuention tienne le haut bout dans l'Encyclopedie, que mesme elle n'a pas esté trouuee digne d'y estre nommee entre les arts: De sorte que les Sages de tous les siecles ne l'ont iamais voulu recognoistre pour vn art, ains seulement pour vne inuention magique, pernicieuse, infame, & purement diabolique. C'est ce qui paroistra par le contenu de ce chapitre.

[18]   SECTION I.

*Que l'Astromantie est conuaincue de magie par toutes
les sortes de tesmoignages diuins & humains.*

ARTICLE I.

Tesmoignage de Dieu contre l'Astromantie des Genethliaques.

IE ne sçauroye commencer par vne preuue plus puissante que le
tesmoignage de l'Eternel, qui condamne irremissiblement comme
sorciers, enchanteurs & magiciens tous ceux qui font profession de
predire les choses à auenir. Voicy donc l'arrest irreuocable qu'il a
rendu contre telles gens au Leuitique chap. 20. vers. 27. *L'homme ou la
femme qui seront sorciers ou deuins* [46] *mourront, & seront lapidez de pierres, &
leur sang sera sur eux.*

Notez premierement que voila les deuins rangez auec les sorciers,
& qu'en tous les autres lieux, où il est fait mention de ces prognostiqueurs, ils sont tousiours traittez comme les sorciers & les enchanteurs.

Notez 2. que cet arrest est prononcé generalement contre toutes
sortes de deuins, sans exception quelconque. Aussi est-il vray que de
quelque façon qu'on entreprenne de [19] deuiner les choses futures
qui dependent de la libre volonté de Dieu & des hommes; c'est vn
crime de leze majesté diuine, [47] vne saillie d'impieté, vne relique
d'idolatrie Payenne, vne marque d'atheisme, vne pratique de magie
noire & diabolique. En vn mot, c'est fouler aux pieds cette Loy du
Dieu viuant si expressément & hautement publiee au chap. 19. du
Leuitique verset 26. *Vous ne deuinerez point, vous n'obseruerez point les
temps.* [48] Cette Loy si generalement & si absolument prononcee ne
fait-elle pas le procez à tout art diuinatoire? ne rend elle pas coul-

---

[46] Littré distinguishes between *devin* and *sorcier.* (a) *devin*, 'celui qui prétend découvrir
ce qui est caché soit dans le passé ... soit dans l'avenir.' La Fontaine, *Fables*, VIII, 15;
Racine, *Esther*, II, 1. (b) *sorcier*, 'celui qui passe pour avoir fait un pacte auec le diable.'
Corneille, *Polyeucte*, IV, 6; La Fontaine, *Fables*, IX, 7.

[47] *leze majesté divine* – the phrase occurs in an edict promulgated at Sedan on 20 July,
1573; see P. Congar, *Les débats du protestantisme à Sedan*, in *Annales Sedanaises*, No. 49, Sedan,
1963, pp. 22–40, 'Pratiquer une religion était obligatoire à Sedan par l'Ordonnance du
20 juillet, 1573, "tous athéistes, libertins, anabaptistes ... sont accusés de lèse majesté
divine, et punis de mort."' It may be safely assumed that Pithoys knew of this edict, as
he was involved in legal and religious matters in the town.

[48] *vous n'obseruerez point les temps* – the meaning seems obscure. There are many variants:
Septuagint has ὀρνιθοσκοπήσεσθε, i.e. divination by watching birds, 'auspices' (AUSPEX)
from the Latin form (AVES + SPECTARE) of the Greek; the *Vulgate* has *somnia*, 'dreams.'

pables les Genethliaques? Apres cela ne passeront-ils pas en l'estime des Chrestiens pour sacrileges, pour impies, pour athees, & pour infames magiciens, puis que Dieu mesme les met au rang des sorciers, des enchanteurs, voire des idolatres, & qu'il prononce contre tous ces impies vn mesme arrest de mort & de malediction?

ARTICLE II.

Tesmoignage & condamnation des Canons Ecclesiastiques.

AFin que les Genethliaques ne pensent pas restreindre les sentences diuines à ceux qui deuinoient par le vol des oiseaux, ou par les entrailles des animaux, ou par quelque autre artifice; voicy les Canons qui nous asseureront qu'elles sont prononcees contre eux, & contre leur Astrologie iudiciaire, qui [20] doit estre condamnee comme infame & magique.

En la 2 partie du Decret de Gratian, en la Cause 26. quest. 2. C. 9. *C'est un culte d'idolatrie d'obseruer les prognostications, & de recercher le cours des estoilles.*[49] Et au chapitre precedent, *La pieté Chrestienne condamne & bannit ceux qui prognostiquent par l'obseruation des planetes.*[50] Et en la question 3. & 4. C. 1. où sont denombrees & denommees & descrites toutes les sortes de deuins, vous y auez les Astrologues & les Genethliaques entre les Geomantiens, Aëromantiens,[51] Hydromantiens, Pyromantiens, Augures, Sorciers, Enchanteurs. Desquels le texte dit ainsi: *Les Astrologues sont ainsi appellez, d'autant qu'ils deuinent par les astres: aussi sont-ils appellez Genethliaques à cause qu'ils considerent le iour natal, & qu'ils descriuent la geniture des hommes par les douze signes du ciel, & par le cours des astres. Ceux cy* (il veut dire ces deuins) *sont vulgairement appellez Mathematiciens. Les Latins appellent cette sorte de superstition, Constellation, ou obseruation des astres lors que chacun est né. Au commancement ces mesmes interpretes des estoilles estoient appellez Magiciens, par apres ils ont esté nommez Mathematiciens.* En ce mesme texte ces Genethliaques, Magiciens, & Mathematiciens,[52] suiuent les sorciers & enchanteurs.

[49] i.e. *Decretum Gratiani, seu Decretorum Canonicorum collectana*, many editions, quotation from that of Paris, 1550, fol. ccccxcv, 'Institutiones hominum quae sunt superstitiosae, vel non.'

[50] ibid., fol. ccccxciv, 'De mulitplici genere divinationis.'

[51] Not included in the earlier list, pp. [2] & [3]. See Virgil, *Aeneid* III, 359 et sq.

[52] *mathematiciens* – here meaning those who practised occult sciences based on figures, particularly on prime numbers, and who gave numerical values to names by substituting figures for the latters; see Bouché-Leclerq, op. cit. I, pp. 258–265. In the seventeenth century Mersenne, a Minim – the order to which Pithoys had belonged – had ridiculed this superstition; see Whitmore, *Minims*, p. 145. For further references to *mathematiciens* see pp. [234] & [236].

Voila comme on range ces gens, qui se cuident esleuer au dessus des prophetes.

[21]   ARTICLE III.

Tesmoignages des Peres & Theologiens.

LEs Peres ne se sont pas oubliez à censurer bien seuerement les Genethliaques dans leurs escrits particuliers, & en leurs Synodes, sur le fait de leur art diuinatoire.

En la cause 26. quest. 2. Sainct Hierosme est rapporté sur le C. 9. disant que cette inuention est vne superstition, & vn opprobre de l'Egypte, laquelle est mere de toute idolatrie.⁵³

Sainct Augustin au liure 4. de ses Confessions chap. 3. se repent d'auoir recerché l'entretien des espieurs de planetes, qu'on appelloit Mathematiciens, & dit que le Christianisme condamne & reiette cela.⁵⁴ Le mesme Sainct Augustin au liure 2. de la doctrine Chrestienne chapitre 21. 22. 23. dispute contre les Genethliaques, met leur inuention entre les superstitions pernicieuses, & dit qu'ils vendent aux niais vne miserable seruitude.⁵⁵ Et au septieme de ses Confessions chapitre sixieme, il declare comme il auoit reietté les fausses prognostications & les resueries impies des Mathematiciens, & remercie Dieu de ce qu'il auoit retiré de cette curiosité damnable, & raconte comme la fausseté & la sorcellerie luy en auoit esté descouuerte.⁵⁶ Et au cinquieme de la Cité de Dieu, [22] chapitre 2. 3. 5. 6. 7. il bat d'estoc & de taille cette folle & extrauagante persuasion des Genethliaques,⁵⁷ & sur le Pseau. 61. il parle d'vn Chrestien qui s'estoit addonné à l'Astromantie, & dit de luy qu'il auoit esté seduit de l'ennemi, & que de Chrestien il estoit deuenu Mathematicien, deceu & deceuant, seduit & seduisant, &c.⁵⁸ Voila quel est ce bel art.

Tertullian⁵⁹ au liure de l'Idolatrie: Ie n'allegue pas, dit-il, que, l'Astrologue adore les idoles, desquelles il a descrit les noms dans le

---

⁵³ i.e. In the passage from Gratianus, see above p. 83, n. 49.
⁵⁴ Migne *P.L.*, vol., XXXII, cols. 694/5. See also p. 74, n. 29.
⁵⁵ Migne, *P.L.*, vol., XXXIV, cols. 51/3.
⁵⁶ Already referred to, p. 74, n. 29. In Migne, *P.L.*, vol. XXXII, cols. 787/9. Augustine drew very largely from his own experience and from Varro, *De Re rustica*, for his knowledge of witchcraft, augury etc. Pithoys surprisingly does not refer to Augustine's strictures against hydromancy (see p. 72, n. 24) in *De Civitate Dei*, VII, 35.
⁵⁷ Migne, *P.L.*, vol., XLI, cols. 142/8.
⁵⁸ Migne, *P.L.*, vol. XXXVI, cols. 746–747.
⁵⁹ The earliest of the Latin Fathers. His *De Idolatria* is a warning against allowing Christianity to become corrupted by pagan practices and is therefore appropriately quoted here by Pithoys. The quotation will be found in Migne, *P.L.*, I, col. 671.

ciel, ausquels il a attribué la puissance de Dieu; qu'à cause de ce les hommes pensent qu'il n'est pas besoin de recercher Dieu, presumans que nous sommes gouuernez par l'immuable decret des astres: ie ne proposeray qu'vne chose, asçauoir que les Anges deserteurs de Dieu [60] sont inuenteurs de cette curiosité, & que par cela mesme ils sont condamnez de Dieu. O sentence diuine, & qui a son execution iusques en la terre, à laquelle ils rendent tesmoignage sans le cognoistre. Les Mathematiciens sont chassez comme les Anges d'iceux: Rome, l'Italie est defendue aux Mathematiciens, comme le ciel aux Anges; il y a vne mesme peine de bannissement pour les maistres & pour les disciples.

Tatianus [61] en l'oraison contre les Grecs, dit, *Les demons ensiegnans aux hommes les figures de la disposition des astres, comme en vn jeu d'eschecs, ils ont introduit la fatalité, qui est chose tres pernicieuse.*

[23] Voyez Cyrille d'Alexandrie [62] au liure 10. contre Julian, liure quatrieme sur Esaie chapitre 47. Eusebe [63] liure 6. de la preparation Euangelique chap. 8. Origene [64] disputant dans ce mesme liure chap. 9. Sainct Basile, [65] Homilie 6. sur la Genese. Sainct Ambroise [66] au liure 4. de l'Exameron chap. 4. Sainct Chrysostome, [67] Homilie 2. sur le 2. chapitre de Sainct Mathieu. Sainct Gregoire [68] en l'Homilie

[60] Scriptural authority for this tradition is *Job*, IV, 18; *2 Peter*, II, 4; *Jude*, 6; *Revelation*, XX, 9–10.

[61] Christian apologist of the IInd century. Quotation from ΠΡΟΣ ΕΛΛΗΝΑΣ (*Oratio contra Graecos*) will be found in Migne, *P.G.*, VI, cols. 825–826. The reference to *jeu d'echecs* is an anachronism; the original ὥσπερ οἱ κύβοις παίσοντες and rendered by 'velut qui *tesseris* ludunt' suggests dice rather than chess.

[62] Patriarch of Alexandria, apologist. Works translated into Latin by J. Aubert, Paris, 1638. *Pro sancta Christianorum religione adversos libri athei Iuliani*, in Migne, *P.G.*, vol. LXXVI cols. 1002–1058. *In Isaiam*, in Migne, *P.G.*, vol. LXX, cols. 1010–1011.

[63] One of the earliest Church historians. His *Praeparatio evangelica* contained passages from pagan authors which might help towards the conversion of non-believers. Book IV, quoted here, also referred to by Bayle in *Pensées sur la Comète*, LXXX and CXXXVII. See Migne, *P.G.*, vol. XXI, cols. 446–455 and 463.

[64] In fact in chapter 11 of the *Praeparatio evangelica* and not 9, as stated by Pithoys; in Migne, *P.G.*, vol. XXI, cols. 478–506: 'Divinarum quoque Scripturarum auctoritate ac testimonio fati vim omnem refutari. Ex Origene.'

[65] Basil the Great, 329–379: a student of Origen, distinguished between literal, moral and allegorical meanings in Scripture. The *Hexaemeron* was his most important work. The reference will be found in Migne, *P.G.*, vol XXIX, cols. 127–128.

[66] One of the most learned of the Latin Fathers, 339–397. This reference to his *Hexameron*, IV, 4, is of great interest as it was among the first Christian condemnations of superstition. The chapter is headed *Mathematicorum scientia inutilis est*; see Migne, *P.L.*, vol. XIV, cols 192–197. The sense of 'mathematicus' is that understood by Tacitus, see p. 214, n. 416.

[67] *In Mathaeum homilia II*, in Migne, *P.G.*, vol. LVI, cols 636–646. Chrysostome is at pains to explain that the *wisdom* of the Magi was not the same as the power of divination among the Assyrians.

[68] Gregory the Great, c540–640. Reference to *XL Homiliarum in Evangelia, Liber I (Homilia (X, in Migne, *P.L.*, vol. LXXVI, cols. 1110–1114.

sur le mesme chapitre. Le Concile de Bracare[69] au chapitre 9. & 10. Le Concile premier de Tolete en l'Assertion de la foy contre les Priscillianites.[70]

Ie serois ennuyeux si ie voulois ici entasser les censures des Theologiens, Scholastiques, Canonistes & Sommistes, on pourra voir Bonauenture,[71] Gabriel,[72] Richard,[73] Argentina,[74] Mairon,[75] Celaja[76] sur le 2 des sentences dist. 14. Onandus[77] sur la dist. 7. Scote[78] sur la dist 19. Alexandre d'Ales[79] 2. part de sa Somme quest. 164. Le Prince des Scholastiques[80] en la 1. p. quest. 115. & en la quest. 85. a. 5.

[69] i.e. the modern Braga, in northern Portugal. The Second Council of Braga (so called because of a suppositious Council in 411) was held in 563. It was here that the Goths renounced the Prisillianist heresy rather than at Toledo, as Pithoys suggests. The articles referred to will be found in Hefele, *Histoire des Conciles*, III, 1, Paris, 1909, pp. 177/8. (9) Quiconque croit que les âmes et les corps des hommes sont soumis au cours des astres, ainsi que l'ont enseigné les païens et Priscillien, qu'il soit anathème. (10) Quiconque croit que les douze signes (du Zodiaque) ordinairement observés par les mathematiciens sont divisés selon les parties de l'âme et du corps, et sont attribués aux noms des patriarches ainsi que l'a enseigné Priscillien, qu'il soit anathème. See the article *Priscillien* in Bayle, *Dictionnaire*. See also Bull of Sixtus V in Appendix, p. 243.

[70] First Council of Toledo, 581 or 582; very little is known of this Council. Was Pithoys thinking of Fifth Council in 636? See Hefele, op. cit., III, 1, p. 278, (sera anathéatisé) celui qui cherche à connaître par des moyens superstitieux l'époque de la mort du prince, ou qui forme des plans et groupes de partisans pour lui donner un successeur de son vivant. See also Bayle, *Dictionnaire*, art. *Lutorius*, rem. A.

[71] Saint Bonaventura (Giovanni Fidanza), 1221–1274.

[72] Possibly the Greek prelate, called by the French Gabriel le Sévère whose *Apologia* was published in Venice in 1600.

[73] Probably Ricardus a Sancto Victore, a Scottish theologian at the Abbaye de S. Victor in Paris during the XIIth century. His works (in Migne, *P.L.* CXCVI) included writings on allegories in the Psalms and in Ezekiel: see Oudin, *Histoire des écrivains ecclésiastiques*, II, Paris, 1722, p. 1196.

[74] Thomas ab (or 'de') Argentina, *Commentaria in IIII libros*, Venice, 1564. Or possibly R. Argentina, *De Praestigiis*.

[75] Franciscus de Mayronis, d. 1325.

[76] See Echard, *Historia Scriptorum Praedicatorum*, II, c. 230. His name is variously spelt, Celaja, Zelaia etc.

[77] Onandus – an error for Ouandus, the Latin form of Ovando. Juan de Ovando was a Spanish theologian of the XVIth century whose collected commentaries on Duns Scotus were published in Valencia in 1624. Reference here is to *Liber Sententiarum, Distinctio 7*, in edit. cit., pp. 202–228. Pithoys may be assumed to be referring to the passage headed *Num Scotus recte ordinet praedicta signa*. The arguments are of importance as they are similar to those put forward by Pithoys himself when he pointed out that prediction is not compatible with the exercise of free-will.

[78] Duns Scotus, c. 1265–1308, known *inter alia* for his commentaries on the *Sententiarum libri IV* of Petrus Lombard.

[79] Alexander of Hales, 1180–1245, the Doctor Irrefragibilis, born in Gloucestershire but spent most of his life in Paris. There were several editions of his *Summa universae theologiae*, including one made in Cologne in 1622 in which the reference given here will be found in vol. II, pp. 750–756.

[80] i.e. St. Thomas Aquinas. The second reference is erroneous, for 85 read 95. See Migne, *P.L.* (2e série), vol. III, cols. 729–730, 'utrum divinatio quae fit per astra sit illicita' and 'impossible est quod corpora coelestia directe imprimant in intellectum et voluntatem.'

Dominique Dagues,[81] 1. p. quest 115. a. 4. François Zumel[82] 1. p. quest 57. a. 3. Antonin[83] 2. p. de sa Somme tit. 12. chap. 1. Heruæus[84] au traitté de la matiere du ciel quest. 9. & sur tous Guillaume de Paris[85] au traitté des loix, & Michel Medina[86] au liure 2. de la droicte foy en Dieu chap. 1. &c.

[24]   ARTICLE IV.

Tesmoignage & condamnation des loix ciuiles.

PEut estre que les gens qui tiennent si peu de conte (sic) des ordonnances de Dieu, ne feront pas grand estat de l'opinion des Peres, & des Theologiens; & qu'ils attribueront toutes les inuectiues de ces docteurs, contre leur art magique, à vne mauuaise humeur, accompagnee d'vne simplicité & de l'ignorance de leur art mysterieux. Poursuiuons donc la preuue de nostre censure, oyons les tesmoignages des loix, des Iurisconsultes, des Philosophes, des Medecins, voire mesme des Astrologues.

Au Code[87] Tit. de maleficiis, mathematicis, & alijs similibus en la loy deuxieme. *C'est chose dangereuse d'apprendre, & d'exercer publiquement l'art de Geometrie; & l'art de Mathematique est damnable, & absolument defendu.* En la loy 5. au mesme tit. *Qu'aucun ne consulte le Mathematicien; & que la peruerse profession des deuins cesse.* Et au §. de la mesme Loy. *Que la curiosité de deuiner soit pour jamais interdite à tous.* Et en la Loy 7. *S'il se trouue à la suitte de l'Empereur*[88] *aucun Mathematicien couurant de songes fabuleux quelque art diuinatoire; qu'il soit despouïllé de sa charge, & qu'il n'euite pas les tourmens.*

[25] Nous auons appris cy dessus du droict Canon qui sont ceux que nous deuons entendre par les Mathematiciens, voicy Gothofredus

---

[81] i. e. D. Bagnes (Bañez): see Echard, *op. cit.*, II, pp. 352–353.

[82] Francisco Zumel, Spanish theologian, 1540–1607. See J. H. Serry, *Historia Congregationum*, Antwerp, 1709, I, 22 & 120; II, 25, 31, 262, 287.

[83] i.e. S. Antoninus, *Summa Maior*, Venice, 1503, vol. II, p. cccvi, section beginning, 'Superstitio est vitium, contrarium virtuti religionis.'

[84] i.e. Hervé le Breton, d. 1323. Reference is to his *De Materia coeli*, Venice, 1513.

[85] Guillaume de Paris (or 'd'Auvergne'), d. 1248. There were several editions of his work that might have been known to Pithoys: see *Gallia Christiana*, VII, 94.

[86] Miguel Medina, d. 1580. *Christiana Paraenesis, sive de recta fide in Deum*, Venice, 1564.

[87] i.e. *Codex Iustiniani*. Pithoys used the edition of Geneva, 1624, by D. Gothofredus from whom he borrowed information in the marginal notes. But see also the *Corpus Iuris Civilis*, of P. Kreuger, Berlin, 1954.

[88] Note the danger of astrology when it becomes allied to political intrigue. Pithoys had already emphasised this danger in the second dedication, see p. 69; Bayle was also to take up this theme in the *Pensées sur la Comète* and elsewhere.

celebre Iurisconsulre qui nous l'apprendra derechef sur la premiere
loy que nous auons cité. *Les Mathematiciens*, dit-il, *sont deuineurs, lesquels couurans leurs inepties du nom honorable des Mathematiques, font profession de cognoistre la destinee d'vn chacun, & les obseruations natales des
astres.*[89] Voila sans autres nos Genethliaques.

Voyez Baldus,[90] Salicetus,[91] & vne multitude d'autres[92] sur la
loy *Artem*,[93] sur la loy *Nemo*,[94] au C. de maleficijs & Mathematicis,
& vous trouuerez que la Iurisprudence est bien aussi seuere que la
Theologie contre les Genethliaques.

ARTICLE V.

Tesmoignage des plus sçauans Philosophes, Medecins, & Astrologues.

ENcore vne fois si l'Astromantie estoit vne science, ou vn art si
noble & si excellent, & mesme si vtile, comme les Genethliaques le
veulent persuader, d'où vient qu'elle n'a pas esté mise dans l'Encyclopedie? pourquoy Socrates ne l'a-il pas nommee entre les arts?
Pourquoy Platon ne l'a-il pas establie dans sa Republique tres heureuse, aussi bien que tant d'autres especes de Mathematiques? [26]
Il recommande fort l'Astronomie[95] qui consiste en la cognoissance des
mouuemens des cieux, des rencontres, aspects, conionctions, des
planetes & des estoilles du Firmament,[96] d'autant que c'est vne vraye
science & tres vtile à l'art militaire, à la nauigation, à l'agriculture.
Mais de l'Astromantie des Genethliaques, il n'en dit pas vn mot.

Tant s'en faut qu'Aristote l'ait estimé digne de sa recerche, que
mesme il n'a pas iugé qu'elle meritast d'estre nommee en aucun lieu
de ses escrits. Et que les Genethliaques ne pensent pas reietter ce

---

[89] See note 87 above. The words will be found in a marginal note in column 835.

[90] Petrus de Ubaldi, c. 1320–1400. See Bayle, *Dictionnaire*, art. *Balde.* One of the most
considerable of the mediaeval jurists. His work is diffuse but may have been known to
Pithoys through the compendious *Tractatus universi iuris et auspice Gregorio XIII Pontifice
Maximo in unam congesti etc.*, 18 vols Venice, 1584. Referred to subsequently as *Tractatus.*

[91] Bartolomeo Saliceto, d. 1411. Collaborated with Baldus on commentaries on Justinian.

[92] Pithoys had already quoted the works several jurists in the *Descouuerture des faux possedez*, see pp. 37–40. It is worth recalling here that he was a practising lawyer.

[93] See the Index to the above-mentioned *Tractatus*, vol. I, p. 89. Under heading *Artem
exercere licitum, & non licitum quando sit:* Artem divinandi, seu sortilegiorum, bis idolatra
præsumitur.

[94] As above, p. 302. *Maleficiis, sive sortilegiis utitur tamquam instrumentis ad nocendum corporibus humanis.* This heading refers to P. Grillan, *De Sortilegiis et Hereticis*, Lyon, 1536; see
Tractatus, vol. XI, 2. Grillan is the French form of Paolo Grillando.

[95] Also called 'vraye astrologie' below. See Introduction, p. 29. cf. p. 245

[96] Littré – 'huitième ciel dans lequel on supposait que les étoiles fixes étaient placées et
que l'on se représentait comme étant de cristal.' Pithoys himself defined the term in his
Cosmographie, see p. 236.

mespris sur l'incapacité du personnage: car les doctes sçauent trop bien qu'Aristote a esté l'vn des beaux esprits, des plus subtiles, & des plus penetrans qui furent iamais; au reste piqué d'vne curiosité insatiable de descouurir les secrets, & de penetrer iusqu'au fonds de toutes les vrayes sciences; & que d'ailleurs il estoit des plus sçauans dans les mathematiques & dans la vraye Astrologie, comme il paroist en diuers endroits de ses œuures.

Et puis que cette Astromantie est tant vtile, voire (si on en croit aux Genethliaques) si necessaire à la medecine, comment s'est-il peu faire qu'Hippocrate & Galien l'ayent entierement negligee, & qu'ils n'ayent eu aucun esgard à toutes les obseruations des Genethliaques dans les recerches qu'ils ont faites touchant les causes de la sterilité, de fecondité, [27] de la formation de l'embryon, des diuerses genitures de sept, de huict, & de neuf mois, de la complexion de l'enfant,[97] voire des maladies vulgaires & contagieuses? &c. Ils ont bien obserué les temps des Equinoxes & des Solstices, & le leuer de quelques astres, comme du grand Chien des Pleiades, & du Chartier, &c. & ont remarqué les accidens qui pouuoient arriuer en telles saisons à cause de la temperature de l'air, laquelle a beaucoup de pouuoir sur le temperament des corps. Mais de maisons de Genie, de malades, de mort; de maisons propres, & estrangeres, d'horoscope, de Seigneur de la geniture, de significateur, de prometteur, de direction de planete ou de partie de Fortune, ou de quelque autre obseruation de la boutique des Genethliaques, pas vn petit mot.

Ce n'estoit pas que cette Astromantie ne fust bien cogneuë de ces grands personnages, il y auoit maintes annees qu'elle estoit en prattique par tout l'Orient: mais sans doute ils l'ont mesprisee, d'autant qu'ils ont recognu par ses propres maximes qu'elle n'estoit pas vne science, ains vne invention vaine & ridicule, qui ne pouuoit seruir que de couuerture aux Magiciens, pour mieux cacher l'intellegence secrette qu'ils ont auec les demons.

Bref, que diront les Genethliaques, si mesmes les plus habiles Mathematiciens & Astrologues sont de mon opinion?[98] Ciceron 2 De [28] diuinat.[99] loüe Eudoxius,[100] le plus grand Astrologue qui ait

[97] Juan Huarte, previously quoted p. 15, n. 38, follows Galien and Hippocrates closely: a possible source of Pithoys' thought on this matter.

[98] Pithoys here follows Pererius (*De magia* III, pp. 167–170) very closely.

[99] *De Divinatione*, composed by Cicero with the object of elucidating ancient rites. One of the most important sources of our information about occult practices in ancient Rome; frequently referred to by Bayle in *Pensées sur la Comète*.

[100] Eudoxus of Cnidus, c. 408–355 B.C. One of the outstanding Greek astronomers. Described the constellations and explained celestial motion in terms of circular orbits.

esté du temps de Platon & d'Aristote, comme aussi Panaetius,[101] Archelaus,[102] Cassandre,[103] & autres celebres Astrologues de son temps, lesquels auoient rejetté & condamné l'Astromantie des Genethliaques.

Ioannes Kepplerus,[104] vn des plus sçauans entre les Astrologues, au liure 1. de la nouuelle estoille, chapitre 2. decalre qu'il faut interdire toutes les merceries de cette Astromantie, & qu'il protestera tousiours à l'encontre par tous ses escrits.

Pic Comte de la Mirande a fait douze liures contre les Genethliaques: Et son nepueu F. Pic,[105] cinq, tous deux sçauans en l'Astrologie iudiciaire.

Tycho Brahé[106] au liure premier de la nouuelle estoille, pag. 612. nie que les uertus des estoilles soient cognuës aux Astrologues: & en la page 648. il monstre qu'il n'est pas au pouuoir des Astrologues de remarques toutes les rencontres des estroilles: & en la page 650. il dit qu'Appian (qui estoit Genethliaque) allegue en vain, pour authoriser son art, les maximes des Arabes & d'autres Astrologues, & les appelle

[101] Panaetius of Rhodes, 185–110 B.C. Stoic philosopher who rejected the claims of astrology. See M. van Straaten, *Panaetius, sa vie, ses écrits et sa doctrine etc.*, Amsterdam, 1946.

[102] Archelaus of Athens, fl. 450. The pupil of Anaxagoras according to Bayle, *Dictionnaire*, art. *Archelaus*.

[103] Cassandre, Prophetess and priestess of Troy who foretold the destruction of the city. The above four names are found together on a single page of Pico della Mirandola's *Disputationes* (II, p. 530) an acknowledged source of Pithoys's knowledge, see below.

[104] Johann Kepler, 1571–1630. Became assistant to Tycho Brahe (see below) and published *Astronomiae instauratae progymnasmata*, Prague, 1603, and *De Nova stella*, Prague, 1606, on the nova of 1604 – not to be confused with Brahe's work of the same title on the nova of 1572. See J. L. E. Dreyer, *Tycho Brahe*, Edinburgh, 1890, pp. 368–370.

[105] Giovanni Pico della Mirandola, 1463–1494 and Giovanni Francesco Pico della Mirandola, 1470–1533. Important critics of superstition, the former mentioned by Bayle, *Dictionnaire*, art. *Cardan*, rem. P. Pithoys may have had any of the following works in mind:
(a) *De Adscriptis numero nongentis ... moralibus: physicis: mathematicis ... magicis: cabalisticis disputabit publice Johannes Picus Mirandulanus etc.*, Rome, 1486.
(b) *Johannis Pici ... disputationum adversus astrologos liber primus, secundus*, Deventer, 1502. This was expanded later into twelve parts (the twelve books mentioned by Pithoys) and called *Disputationes adversus astrologium divinatricem*, included in *J. Pici Opera omnia*, Venice, 1498, edited with notes in *Edizione nazionale dei classici del pensiero italiano*, vols. II & III, Florence, 1946 & 1952.
(c) *Opera singolare del rev. padre Jeronimo Savonarola contra l'astrologia divinatrice in corroboratione delle refutatione astrologice del conte Pico de la Mirandola*, Venice, 1536. This is chiefly by Savonarola whose defence was undertaken by Giovanni Francesco Pico.
(d) Implied in the above: Savonarola, *Contra gli astrologi*, Florence, 1495.

[106] Tycho Brahe, 1546–1601. His observations did more than anything else before Galileo to bring into disrepute the Aristotelian conception of an unchanging and perfect universe beyond the moon. References are to *Tychonis Brahe, Dani, De Nova et nullius aevi memoria prius visa stella, iam pridem Anno à nato Christo 1572 mensae Novembri primum conspecta, contemplatio mathematica*, Copenhagen, 1573. Reference here to *Progymnasmata*, Uraniburg, 1610.

niaiseries pueriles. Et en la page 777. il dispute contre Cardan[107] Genethliaque, & monstre que l'art de l'Astromantie n'est pas humain. Reste donc qu'il soit diabolique, puis que d'ailleurs il ne peut estre de Dieu, qui le defend, qui le maudit, & condamne ses [29] ouuriers à la mort, voire à la mort eternelle.

A tous ces tesmoignages, qui font voir en quel estime l'Astromantie a tousiours esté & au ciel & en la terre, nous ioindrons sa genealogie, qui les purgera de toutes impostures, & conioinctement auec eux confirmera la verité de nos premiers syllogismes.

SECTION II.

Que l'astromantie a esté inuentee & cultiuee de siecle en siecle, par les celebres Magiciens idolatres, athees, & impies.

TElle source, tel ruisseau. Il est mal aisé que d'vne puante fondriere il en sorte quelque odeur agreable. Que pourrions nous doncques esperer d'vne extraction, & d'vne genealogie si infame, comme est celle de l'Astromantie des Genethliaques? Rien certes qu'vne invention magique, qui porte les marques de l'impieté & de l'enchantement de ses peres. Voyons donc d'où est sortie cette engeance, quels ont esté ses progeniteurs quels auortons de nature elle a couué, & puis nous conclurrons les eloges qu'elle merite.

[30] ### ARTICLE I.

Que l'Astromantie tire son extraction des demons, & des Magiciens idolatres, athees, & impies.

SI nous en croyons aux Genethliaques, nous trouuerons aussi tost le bout de l'eternité, que la naissance de leur Astromantie. A leur dire elle est fondee sur vne experience de quarante sept mille ans & plus.[108] Ce qui laisse à conclurre euidemment que nos livres diuins sont pleins de fables, & qu'vn enchanteur a bien trouué l'inuention de passer pour grand Prophete, voire encore quelque chose de plus

[107] Hieronymus (Jérôme) Cardano (Cardan), 1501–1576. An important source o information about astrology. Subject of a long and interesting article in Bayle, *Dictionnaire*. See Introduction. Referred to in footnotes by the French form of his name – Cardan.

[108] A figure that is suggested by the supposed duration of the Platonic Year: see the definition in *Cosmographie* quoted on p. 237 of this edition.

horrible, mais ie presse les autres consequences sous le silence: &
pleust à Dieu que i'en peusses effacer l'impression que le demon en a
fait dans l'esprit des Genethliaques. Ie ne m'arresteray pas pourtant
à conuaincre de fausseté cette opinion de l'antiquité du monde,
puisque toutes nos Chronologies font voir que c'est vne refuerie de
Cabaliste. Je viens donques sans destour à l'extraction de leur art
diuinatoire.

Quoy qu'il en soit des autres sciences & pratiques, il est certain que
l'vsage de la medecine & de l'Astrologie est aussi vieux que le monde;
par ce que l'homme n'a pas plustost senti la douleur, qu'il n'ait aussi
tost cerché le moyen d'y remedier; & puis qu'il auoit [31] appris du
Createur à quelle fin les astres se mouuoient dans les cieux, il n'a pas
manqué d'observer la diversité des saisons & des temperatures qui luy
estoient causees par les diuers mouuemens de ces globes celestes, &
tout cela s'est pratiqué fort longtemps dans vn pur & legitime vsage.

Mais en fin l'impatience des hommes à attendre leur soulagement
de la nature trop tardiue à leur gré en ses operations, & leur curiosité
naturelle à cognoistre les choses qui leur deuoient arriuer, ont ouuert
la porte aux demons pour suggerer les inuentions diaboliques, par le
moyen desquelles les hommes pourroient plus promptement & plus
certainement obtenir ce qu'ils desireroient. Et c'est l'amas & l'assemblage de telles obseruations qu'on appelle art magique & diabolique. Or de ces deux especes de magie, celle qui regarde la reuelation, & la cognoissance des choses futures, a tousiours esté tenue la
plus spiritelle & la plus diuine par tout le Paganisme; d'autant que
la prognastication a tousiours esté estimee comme vn rayon de la
diuinité, & que d'ailleurs elle a tousiours esté de l'apanage de la
sacrificature: [109] & c'est ce qui a donné aux demons tant de prise sur
les esprits des hommes, pour les tenir si long temps dans leur esclauage
par les enchantemens de cette furie infernale. Car si tost qu'vn homme
a imprimé dans l'esprit d'vne populace [32] simple & stupide l'opinion
d'vne suffisance & d'vne saincteté extraordinaire, il luy est facile de
faire passer ses songes pour reuelations, & ses sorcelleries pour miracles.

C'est ainsi que l'Astromantie s'est establie dans le monde: Voila le
trou par lequel ce maudit serpent est sorti des enfers, pour se glisser
parmi les hommes, afin de les empoisonner par son souffle venimeux.

Mais qui l'a receu le premier dans son sein? Sur quels peuples a

---

[109] Pithoys may have had in mind 2 *Kings*, XVII, 17. cf. Racine, *Athalie*, Préface.
(Vulgate: 2 Kings = 4 *Regum*).

il premierement lancé son venin? L'histoire veut que Zoroastre[110] ait esté le chef & le prince de tous les Magiciens, aussi bien que des Bactriens. C'est la plus commune opinion, que les diables se sont serui de la suffisance & de l'authorité de ce prince Astrologue, pour donner la vogue à leurs inuentions, & qu'il est le premier qui les a receuës & authorizees, & en a approuué la prattique; & sur tout celles qui appartiennent à l'Astromantie, d'autant qu'il estoit grand astrologue & mathematicien.

Toutesfois ie ne m'arresteray pas à cest homme pour verifier l'extraction de nostre monstre astrologique, il faloit plus d'vne matrice pour eclorre ce hydre à tant de testes. Les Genethliaques ne nient pas que cette engeance n'ait esté premierement forgee en quelque region orientale, & que les Babyloniens, Arabes, & Egyptiens ne soient accourus pour luy faire hommage de [33] leur intelligence, & que c'estoit à l'enui qui luy prepararoit vn plus magnifique berceau. Bien plus, si on en croit à leurs Kalendriers, ç'ont esté les Chaldeens qui ont dressé les regles de cet art sur vne experience de quarante sept mille ans & plus, comme nous auons desia remarqué cy deuant, & les Egyptiens les ont accreuës de temps en temps auec leurs astro-labes. Or qui ne sçait que les Babyloniens, les Arabes, les Egyptiens; & surtout les Chaldeens estoient lors entierement adonnez à toutes sortes de magies, de diuinations & d'idolatries, & que les plus grands magiciens & devins estoient estimez & reuerez de ces peuples comme demi-dieux? Il faudroit estre ignorant en l'histoire saincte & profane pour en douter; & la plus part des faux dieux & des desses imaginaires que ces nations idolatres ont si long temps reueré, n'auoient esté canonizés qu'en vertu de leurs enchantemens & prognastications magiques.

Voila l'extraction de l'Astromantie, sa naissance, & son berceau. L'enfer l'a vomi de sa plus puante cloaque,[111] les diables l'ont fourree dans l'esprit des plus subtils Magiciens idolatres & impies, & ceux cy l'ont cultiuee & fait passer de pere en fils: en sorte que cette maudite engeance s'est tousiours conseruee parmi la vicissitude des temps, & à (sic) tousiours eu la vertu d'engendre des [34] Magiciens. C'est ce que nous fera voir l'Article suiuant.

---

[110] cf. S. Augustine, *De Civitate Dei*, XXI, 14: 'Magicarum artium fuisse perhibetur inventor.' Cf. also Bayle, *Dictionnaire*, art. *Zoroastre:* '. . . Roi des Bactriens & a passé pour l'inventeur de la magie.'

[111] Phrase typical of Pithoys' style. 'à' for the verb: only instance in this text; habitual in *Descouverture*, corrected in this edition. See Introduction, p. XXXVII.

ARTICLE II.

Que l'Astromantie a esté cultiuee des Magiciens, meschans, impies, &c.

VNe engeance de demons n'est pas propre à produire des enfans de Dieu. Vn germe d'enfer ne peut engendrer que des esprits diaboliques. Aussi telle qu'a esté la naissance de l'Astromantie, telle a esté toute sa generation. Elle a tousiours fait des enfans semblables à ses progeniteurs, et ce d'autant que le mesme esprit diabolique qui l'a engendree, a tousiours fait passer de pere en fils la curiosité de deuiner, qui est la semence maudite de cette magie.

C'est chose certaine que tous les plus fameux Astrologues qui se sont meslez de la diuination, au poinct qu'elle est mise par les Genethliaques, ont esté recogneus, ou du moins reputez de tout le monde pour Magiciens, ou pour athees, impies, & meschans.

Balaam[112] estoit vn des plus fameux deuins astrologiques, aussi estoit-il vn impie, maudit de Dieu, & vn des plus infames Magiciens de son siecle, puis qu'il se mesloit de lancer des imprecations, & qu'il faisoit tomber sur les peuples l'effect de ses maledictions.

Nous ne pouuons pas douter de la magie de ceux qui prattiquoient cet art durant le [35] temps de Daniel,[113] puis que le liure de ce sainct personnage nous le declare manifestement. Voire c'estoit alors que l'art de magie & le nom de Magicien estoient en leur plus haut lustre parmi les nations que les diables auoient aueuglees par leurs enchantemens: c'estoit alors qu'en toute occasion, & principalement en toute perplexité, les peuples & les princes mesmes auoient recours aux deuins, sorciers & magiciens, comme il se void au chap. 2. 4. & 5. du Prophete allegué. Ie laisse à penser si les Astromantiens estoient des derniers à participer à cet honneur.

Les predictions de Thrasylle[114] à Tibere, & tant de testes imperiales qu'elles firent couper, et tant de sang innocent qu'elles firent respandre, ne sont-ce pas des fideles tesmoignages de la magie, & de la meschanceté diabolique de ce maudit Genethliaque plus pernicieux à l'Empire que cent demons?

Apollonius Thyanaeus[115] n'a pas esté si fatal aux Princes du sang

---

[112] See in particular *Numbers*, XXIII; XXIV; XXXI, *Deuteronomy*, XXIII, 4; *Revelation* (*Apocalypse*), II, 14.
[113] *Daniel*, chapters II; IV; V. See this paragraph.
[114] Thrasyllus of Alexandria. Tiberius met him in Rhodes between 6 B.C. and 2 A.D. The power that he held over Tiberius is frequently mentioned by Pithoys.
[115] cf. the important article *Apollonius* in Bayle, *Dictionnaire*.

& aux grands de l'Empire, mais il n'y auoit pas moins de diablerie dans son Astromantie magique: nous en verrons vne marque bien expresse, quand nous monstrerons que les predictions des Genethliaques ne sont pas astrologiques. C'est assez de noter icy que cet Astrologue a esté reputé pour le plus celebre Magicien de son temps.

Peut estre que nos Genethliaques reietteront [36] la magie & l'impieté de tels Astrologues sur le paganisme, ou sur la stupidité des siecles ausquels ils ont vescu: Mais que diront-ils d'Agrippa,[116] de Paracelse,[117] de Nostradamus,[118] & de tant d'autres qui ont passé & passent encore pour infames Magiciens? Quoy qu'ils puissent alleguer pour les purger de magie, les termes barbares desquels ils se seruent, les extrauagances qui se voyent dans leurs epistres liminaires; les obseruations chimeriques qui se remarquent dans leurs escrits, les consequences impies & blasphenatoires qui naissent de leur doctrine diabolique, leur vie brutale & infame, leur orgueil & leur impieté exemptent assez de iugement temeraire ceux qui les tiennent pour Magiciens.

Or puis que l'obiection de nos Genethliaques m'a fait descendre iusques icy, ie ne remonteray pas plus haut dans les siecles passez; aussi ne suis-ie pas d'auis de faire vn catalogue de ces infames Genethliaques, il est plus à propos de ietter leurs noms & leurs escrits dans le feu, attendu mesme que leur plus grande ambition a esté de se faire nommer, & de rendre leur memoire immortelle: ioinct que ce seroit vne espece de sacrilege de faire tomber tant de monstres d'infamie dans la pensee des gens de bien. Ie finiray donc cette quetion ennuyeuse par deux tesmoignages qui sont assez puissans pour authoriser la conclusion que nous en voulons tirer.

[37] Cardan[119] devoit bien cognoistre les Professeurs de l'Astromantie, puis qu'il auoit fueilleté tous les liures de ceux qui l'auoient precedé, & qu'il se vante d'estre le restaurateur de cet art. Voicy donc le tesmoignage qu'il en rend en l'Aphoris. 155. Section 3. Les Astrologues qui se meslent de deuiner, dit-il, sont tres-meschans, trompeurs, & pernicieux en leurs moeurs: au contraire les Philosophes naturels sont amateurs de la verité, & gens de bien & d'honneur. Que

116 Henri Corneille Agrippa, 1486-1535, a famous magician; the subject of a long article in Bayle, *Dictionnaire*.
117 Theophrastus Bombast von Hohenheim, 1495-1541, Swiss physician. A strange mixture of quackery and serious medical analysis characterises his work.
118 Most famous of French astrologers, mentioned on only two other occasion sin this text.
119 See previously, p. 90, n. 107, and subsequently *passim*. His *Aphorismorum astrologorum, segmenta septem, libelli quinque* were published in Nuremberg in 1547. See p. 241 (verso) 'Astrologi, ut divinatores, pessimi homines sunt etc.'

pourront alleguer les Genethliaques contre le tesmoignage de cet homme qu'ils esleuent iusqu'au ciel pour auoir excellé en leur art? Il est vray que voila vn grand effront qu'il fait à toute leur cabale, de diuulguer si hautement ce qu'il en a recogneu par experience: mais cela n'empesche pas que cette declaration ne confirme bien fort la verité de nostre assertion.

Peut estre que Pererius[120] Iesuite leur sera plus suspect que Cardan, neantmoins son tesmoignage est trop solennel & trop public pour en douter. Doncques ce personnage apres auoir prouué par diuers argumens que les Genethliaques sont disciples des diables, & qu'ils ont familiarité auec les demons, pour derniere preuue de cela, il adiouste, que plusieurs de ces Astrologues, ayans esté tirez au tribunal de l'Inquisition, y ont recogneu & confessé qu'ils auoient eu confederation & familiarité auec le diable. Mais laissons ces [38] malheureux dans le bourbier, crainte d'en estre infectez, si nous nous arrestions plus long temps à descouurir sa puanteur.

Conclusion de tout ce qui est contenu
en ce premier chapitre.

Tout art qui est condamné par les loix diuines & humaines comme infame, detestable & magique; & qui a tousiours esté tenu pour tel par les plus sçauans de tous les siecles; voire qui a esté inuenté & cultiué par des magiciens impies, athees, idolatres, & duquel les plus celebres Professeurs ont esté reputez pour Magiciens, doit estre estimé & hautement declaré infame, detestable, & magique.[121]

Or est-il que tout le contenu de ce premier ch. prouue suffisement que l'Astromantie des Genethliaques est telle.

Donc l'Astromantie des Genethliaques doit estre estimee & hautement declaree infame, detestable, & magique.

---

[120] Benedictus Pererius, a Jesuit Father, referred to on several occasions by Pithoys and an important source of the present work. Author of *De Magia*, i.e. *B. Pererii adversus fallaces et superstitiosas artes, id est de magia, de observatione somniorum, & de divinatione astrologica libri tres*, Ingolstadt, 1591; other editions, Lyon, 1592; Cologne (with slight alteration to title), 1598; Lyon, 1603; Cologne, 1612. There appeared an English edition by P. Enderlie, *The Astrologer anatomiz'd: or the Vanity of star-gazing*, London, 1661.

[121] Recurrent words.

[39] ## CHAPITRE II.

CONTENANT LA TROI

siesme marque de la Magie des Genethliaques,
qui consiste en la perversité dommageable de leur art diabolique.

TOut art qui a son institution de Dieu, ou des hommes, soit liberal, soit mechanique, a pour fin l'vtilité publique, & sert en quelque maniere à l'accommodement de la vie humaine, sans aucun interest de la religion, ny de la republique, ny de la iustice qui doit estre obseruee entre les hommes.

Il est au rebours des arts magiques, & des inuentions pernicieuses que les demons coniurez à la ruine du genre humain ont establies expressément, pour auoir le commerce le plus libre auec les hommes, & par ce moyen plus de commodité de leur nuire, & de les faire tomber dans leur esclauage, à l'interest de la religion qu'ils doiuent auoir enuers leur Createur, & de la justice qu'ils sont tenus de garder entre eux.

Or de tous les arts que les esprits malins ont suggerez à diuers magiciens, il n'y en a [40] point de plus dangereux ny de plus perniceux que l'Astromantie des Genethliaques, soit à ses propres maistres qui en font profession, & la mettent en pratique, soit à ceux qui recerchent les ouurages, soit à tout le public, comme ie veux faire paroistre par le articles suiuans.

SECTION I.

Que l'Astromantie des Genethliaques est grandement
pernicieuse à plusieurs en particulier.

ARTICLE I.

Que l'Astromantie est extremement pernicieuse
à ses propres maistres.[122]

LE traitement que l'Astromantie fait aux Genethliaques me fait souuenir de celuy qui fut fait à Samson par Dalila; il est vrai que cette garce[123] ne liura Samson qu'és mains des Philistins, mais cette

---

[122] Bayle puts forward the same argument, *Dictionnaire*, art. *Hortensius*, M., rem. A.
[123] Not always pejorative: Littré quotes Gui Patin in this respect.

paillarde¹²⁴ Astrologie liure ses courtisans en la puissance des demons
qui ne leur creuent pas les yeux du corps, comme firent les Philistins
à Samson, mais ceux de l'esprit; afin qu'en toute seureté ils en puissent faire leur iouët & passetemps. Aussi la fraude que commit Dalila
contre Samson, est-elle bien esloignee de la trahison [41] & de la perfidie diabolique de cette maudite sorciere enuers les Genethliaques,
puis que les demons mesmes ne leur pourroient faire aucun mal, si ce
n'estoit par le moyen de ses charmes. Nous en descouurirons quelques
effects.

Ceux qui ont pratiqué les plus grands maistres de cet art diuinatoire, nous asseurent qu'ils n'y ont rencontré que des ceruelles alam-
biquees, des phantasies extrauagantes, des imaginations creuses, des
melancholies profondes, des pensees puerilles, des discours enfantins
ou pedantesques, des resolutions tremblantes & pleines d'obscurité;
& que neantmoins si on leur en veut croire ils passerent pour habiles
hommes: à les ouïr leur esprit porte plus haut que celuy d'Aristote;
ils ont plus de lumiere qu'il n'y en a dans le corps du soleil; leur genie
ne cede rien à celuy de Cesar; & de là nait la vanité, la presomption,
l'admiration & l'amour de soy-mesme. Ce ne sont que iactances,
ils auront tiré l'horoscope des plus puissantes Monarchies, ils en
sçauent le cours, le progrez, la decadence, la fin, leurs propres
horoscopes leur promettent de grands auantages de la fortune, quoy-
que sur le tard, &c.

Ne sont-ce par là des symptomes d'vne maladie d'esprit? Les
resueries de ces malades sont-elles pas aussi fortes que celles des
Cabalistes? mais ne sont-elles pas aussi plaisantes [42] que celles du
preuost divin? à vn besoin ne seruiroient-elles pas de pièces de petit
coucher aux Princes, ou de theatre à Tabarin?¹²⁵ Aussi tout cela n'est-il
encor que ieu, l'Astromantie qui tient du naturel de ses peres, a
bien d'autres marques de sa tyrannie sur les esprits qui se soumettent
temerairement à son empire.

S'il est vray ce que disent Cardan & le Iesuite Pererius au lieu cy
dessus allegué,¹²⁶ cette sorciere traitte les Genethliaques plus indigne-
ment que ne fit iadis la magicienne Circé les compagnons d'Vlysses:
& de fait, elle les enchante quelques fois si prodigieusement, qu'elle

---

¹²⁴ Originally as a noun it was a vague term for any wretched person, but soon acquired
the modern pejorative meaning. The adjective was always pejorative.
¹²⁵ An appropriate allusion. Tabarin was the nickname for the clown Jean Salomon who
advertised the wares of a mountebank, Mondor, on the Pont Neuf. He retired in 1630. See
Lanson, *Manuel bibliographique*, Paris, 1931.
¹²⁶ See p. 96 [37].

leur fait perdre tout sentiment de la diuinité, & de tout ce qu'il y a
de plus adorable, voire tout sentiment de leur propre conscience,
qui leur permet librement de mettre la vertu dans le vice, & de faire
gloire d'impieté: aussi faitelle qu'ils se perdent de veuë, en sorte
qu'ils ne peuuent appercevoir en eux mesmes ce qui creue les yeux
& le coeur à tout vn monde: si bien qu'ils s'imaginent estre tout brillans
de gloire, sous l'opprobre & la vergongne qui les couure depuis les
pieds iusques au dessus de la teste.

Ce mal est extremement dangereux, & d'autant qu'il menace d'vne
perdition eternelle; & pour ce qu'il est à craindre qu'il ne deuienne
incurable à cause de l'insensibilité.

Certes on peut dire fort à propos de tels [43] Genethliaques, ce
que disoit de soy-mesme vn des plus anciens maistres de ce mestier,
duquel il est parlé au 23. des Nombres, à sçauoir *qu'ils dorment ayans
les yeux ouuerts.* Et ce que dit l'Esprit de Dieu à l'Euesque de Laodicee
au chap. 3 de l'Apoc. *Tu dis, Ie suis riche, & n'ay que faire de rien, &
tu ne cognois point que tu es malheureux, & miserable, & pauvre, & aveugle
& nud.* Iamais hypochondriaque [127] ne fut en pire estat. Il n'y a point
de malades si desesperez que telles gens, d'autant qu'il n'est pas
possible de leur dessiller les yeux, & de leur faire cognoistre leur
aueuglement, leurs defauts, leurs miseres, & le deplorable estat où
cette furie infernale les a reduits. Non certes, ce n'est pas vn effect de
l'industrie humaine, mais de la seule puissance de Dieu, qui peut
ouurir les yeux des plus ensorcellez Genethliaques, & leur descouurir
l'abysme dans laquelle ils se vont precipiter, & leur inspirer la resolution de renoncer à la magie qu'ils professent hautement contre
l'authorité des loix humaines & diuines.

O pleust-il à Dieu de faire ressentir ces effects de sa misericorde à
tous les Genethliaques, & notamment à ceux qui portent le nom de son
Fils, & desquels les ames ont esté rachetees de l'esclauage des diables,
par vn prix si precieux comme est le sang de Iesus Christ. Sous l'esperance de cette grace nous leur adressons ce que sainct Pierre au 8.
des [44] Actes [128] disoit à vn mal heureux qui vouloit obtenir par
voye humaine les dons de Dieu. *Ie voy que tu es en fiel tres amer, & en
lieu d'iniquité; repens toy donc de cette tienne malice, & prie Dieu si possible
la pensee de ton coeur te sera remise.*

---

[217] Referred originally to the hypocondria, the lateral abdominal walls – thence generally
to any illness affecting internal organs, especially the liver and associated with melancholy.
Used here with a fair measure of its modern meaning.
[128] Verses 22. and 23 – but order reversed. *Numbers*, XXIII, 16; *Revelation*, III, 17.

Et que les Genethliaques sçachent que la pensee, voire la resolution qu'ils ont d'atteindre à vne cognoissance qui n'appartient qu'à Dieu seul, est encore plus impie & plus blasphematoire que celle de cet ambitieux.

Ie pourrois encore faire vn article des dommages, incommoditez, malheurs, desastres & calamitez que l'Astromantie a procuré à plusieurs infortunez Genethliaques, & faire voir comme plusieurs ont esté haïs, detestez, & persecutez des peuples, & des Princes, voire criminellement poursuiuis & punis de supplices rigoureux en qualité de Magiciens. Mais cette remarque viendra plus à propos ailleurs. Seulement noteray-ie que la temerité de plusieurs à tirer l'horoscope des grands, leur a cousté la vie, & la ruine de toute leur famille: peut estre que ce seul malheur leur fera descouurir la perfidie diabolique de leur Astromantie, qui leur prepare la honte, la confusion, la mort, où ils cuident rencontrer le comble de la gloire, & les plus rares faueurs de la fortune. Voila le premier mal qui nait de l'Astromantie, & pour lequel cette engeance deuroit estre en abomination à tous les esprits [45] qui font profession d'honneur, & de vertu. Voyons si elle sera plus fauorable à ceux qui vont cercher leur bonne auenture [129] chez les Genethliaques.

ARTICLE II.

Que l'Astromantie est grandement pernicieuse à ceux qui en recerchent les ouurages.

QVelque prediction qu'on puisse tirer d'vn horoscope, elle ne peut estre que facheuse, importune, & pleine de troubles & d'inquietudes. Voicy comment.

Ou l'horoscope promettra quelque bon heur,[130] ou il menacera de quelque malencontre, ou peut estre sera-il l'vn & l'autre, comme il arriue souuent.

S'il promet à vn homme quelque grand bien, aussi tost voila son appetit agité de passion, son desir piqué d'impatience, son esprit rempli d'inquietudes, par vne crainte continuelle de laisser eschapper ce bon heur: et si d'auenture il arriue que le temps ne luy apporte ce qu'on luy auoit fait vainement esperer, le voila tourmenté d'vn regret aussi sensible que s'il auoit perdu quelque bien veritable.

[129] A phrase which Pithoys used in the title of one of his books: see Bibliography, *L'Horoscope roue de fortune.*
[130] Pithoys alternated between 'mal heur' and 'malheur,' 'mal heureux' etc.

Si par malheur il le menace de quelque arrest de mort funeste prononcé contre luy en robe estoillee dans le tribunal de la huictieme chambre des enquestes Genethlialogiques, [46] à la poursuitte de Mars ascendant auec l'espaule droicte de l'Orion, ou le coeur du Scorpion auec la Lune; voila cet homme veritablement mal heureux par la seule apprehension qu'il a de le deuenir: aussi tost vne frayeur le saisit qui luy fait souffrir cent mille fois l'agonie de la mort, pour vne fois qu'il eust eu à mourir, & peut estre sans peine ny frayeur.

Que si la destinee se trouue entrecoupee de biens & de maux, voila son coeur en proye à vne foulle de passions contraires; la crainte & la confiance, l'esperance & le desespoir, le desir & l'auersion, la joye & la tristesse se trouuent tousiours ensemble, qui luy font souffrir vn tourment plus cruel que celuy de la gehenne,[131] & ne luy laisse prendre aucun repos. Ceux qui ont fait & qui font encore la malheureuse experience de ce que ie dis, en peuuent rendre bon tesmoignage.

Encore si ces predictions pouuoient seruir de baille-toy-garde,[132] en sorte que par precaution on puisse destourner l'euenement des choses malheureuses, & faciliter l'euenement des bonnes; cela serviroit d'appareil à la blessure. Mais (quoy qu'en disent les apprentis) ce n'est pas l'opinion des maistres de l'art, qu'il soit au pouuoir humain d'empescher l'euenement prognostiqué par vn horoscope bien aiusté au poinct de la geniture.[133] Aussi tous les Genethliaques releuent-ils[134] [47] la certitude de leur art par vne infinité d'euenemens qui ont respondu à leurs predictions, nonobstant tout le soin & toute l'industrie qu'on a peu apporter pour s'en garantir. Mais le plus fort tesmoignage que nous ayons de leur opinion touchant l'ineuitabilité du sort de leurs predictions, c'est d'apprendre par les histoires que la pluspart de ces Genethliaques mesmes sont noyez, ou suffoquez, ou accablez, ou accrauantez,[135] ou foudroyez, ou pendus, ou decapitez, ou esgorgez, ou bruslez, ou exterminez par quelque sorte de mort funeste & tragique, sans que leur preuoyance y puisse aucunement remedier. D'où il appert que si aucuns aduouënt

---

[131] From *Gehenna*, a charnal pit outside the walls of Jerusalem. Fires were kept burning there to ward off wild beasts, hence its association with Hell. cf. Milton 'Tophet thence and black Gehenna called,' *Paradise Lost*, I.

[132] Not in Littré, Huguet or Godefroy. A clue to the meaning may be found in Furetière's *Dictionnaire: 'en bailler à garder*, faire accroire à.'

[133] Frequent references: see p. 135 et sq. [105] [106] [107 et sq].

[134] 'reuelent-ils'(?)

[135] Widely used in XVIth century. See Huguet, who quotes Garnier, Brantôme, Ronsard and others. A form 'aggravanter' also used.

quelque incertitude en leurs deuinemens, c'est qu'ils ne sont qu'-
apprentis à ce mestier, ou qu'ils craignent que leur demon ne soit
empesché de quelque part de les faire reüssir a poinct nommé. Cela
estant ainsi, à quoy bon de nous aduertir d'vne chose qui doit infailliblement arriver? pourquoy nous en donner tant d'inquietudes
auant le temps? Inquietudes certes si fascheuses & si importunes,
qu'elles ont fait plusieurs miserables & malheureux parmi les richesses
& les honneurs qu'ils possedoient.

Mais il y a encore vn plus grand mal à redouter pour les curieux
qui vont cercher dans ces inuentions magiques les euenemens qu'ils
deuroient remettre à la prouidence diuine; c'est que souuent, par vn
iuste iugement de [48] Dieu, ceux qui font tirer leur horoscope sont
abandonnez à la tyrannie du demon qui preside à la magie, & qui
veille continuellement à l'execution de ses propres predictions; lequel
ayant la permission de Dieu, ne manque pas de faire ponctuellement
rëussir ce qui a esté predit sur sa geniture. Vne infinité ont fait l'experience de cette punition diuine; toutes les histoires sont pleines
d'exemples prodigieux de cette verité. Et c'est de telles executions que
les Genethliaques releuent la certitude de leur Astromantie diabolique.

Que si on leur promet quelque bonheur; ou Dieu permettra qu'il
succede, mais à leur ruine eternelle; ou bien il leur fera experimenter
tout le rebours à leur honte & confusion, voire à la perte de leurs
biens, de leur honneur, & de leur vie; comme il arriua iadis à Babylone, à laquelle tous les Astromantiens & autre deuins promettoient
vn regne florissant, exempt de tout malheur, pendant que Dieu luy
fait dire par son Prophete Esaie chap. 47, *Ces choses viendront sur toy
pour la multitude de tes enchanteurs, & pour la grande force de tes deuins. Or
te tiens avec tes deuins, (esquels tu as pris peine dés ton adolescence) si par
auenture tu pourras en auoir profit, ou si tu pourras en estre confortee. Maintenant
que les espieurs du ciel viennent en auant, & ceux qui contemplent les estoilles
deuinans selon les Lunes; & qu'ils te sauuent des choses qui sont à auenir sur
toy.*[136]

[49] O que de personnes ont malheureusement esprouvé l'effect
de ce iuste iugement, & tout ensemble la vanité & la fausseté de
l'Astromantie des Genethliaques. Combien de Princes, de capitaines,
[de] Prelats, de ministres d'Estat, de marchands, de nautonniers[137]
ont fait naufrage à cet escueil?

---

[136] Quotation taken from parts of verses 9, 12 and 13. Error in original edition which
gives chapter 37.
[137] Belongs only to elevated style in modern French. It was used as a simple synonym of
'matelot' as late as Montesquieu, *Esprit des lois*, XXI, 8.

L'Empereur Emanuel,[138] le roy Pierre d'Aragon,[139] Simeon prince de Bulgarie,[140] Louys Sforce Duc de Milan[141] en pourroient bien dire leur sentiment. Ces princes auoient beaucoup de fiance aux predictions des Astromantiens, aussi en auoient-ils des plus habiles de leur siecle. Cependant le premier perdit toute son armee au destroit de Sicile. Le 2. fut vaincu & meurtri par son frere naturel. Le 3. vid tailler en peices toute son armee par les Crabates.[142] Et le 4. s'est veu despoüillé de sa Duché,[143] & finir miserablement sa vie dans vne prison. Et tout cela contre les belles predictions de leurs Genethliaques, & tout au rebours des heureuses auentures que ces Charlatans[144] leur auoient promis.

Corneille de la Pierre[145] Iesuite sur le 19. vers. du 19. chapitre du liure des Actes, apres auoir noté que plusieurs par les arts curieux, dont il est parlé en ce lieu, entendent l'Astrologie des Genethliaques, adiouste qu'il a veu à Rome plusieurs grands personnages, qui ont esté miserablement deceus par ces Astrologues, qui promettoient à l'vn vne longue vie, [50] à l'autre vn Cardinalat, à l'autre vn souuerain Pontificat; promesses qu'ils ont experimenté[146] trop vaines à leur grand dommage; en sorte qu'estans frappez de maladies mortelles & incurables, il estoit impossible de les faire resoudre ny de les disposer à la mort, sur la fiance qu'ils auoient en leurs horoscopes. Ainsi mouroient malheureusement à l'improuiste. Qui[147] fait voir que c'est une tromperie du diable, lequel par ces deuinemens dresse des pieges aux ames, afin de les attraper & de les engloutir comme vn loup rauissant. Sur quoy ce personnage leur crie, *Resueillez vous Prelats, fils des hommes, iusques à quand aimerez vous la vanité, & cercherez vous le mensonge?*[148]

---

[138] i.e. Manuel Comnenus (Manuel I), Emperor of Byzantium. It is not clear which episode is referred to; Manuel, a highly superstitious man, was engaged in several disastrous naval engagements with the Sicilians. See F, Chalandon, *Les Comnène*, vol. II, Paris, 1912, pp. 228, 376 and 606.

[139] i.e. Pedro I, of Castille and Leon, surnamed 'The Cruel,' 1334–1369.

[140] Defeated in 926. See S. Runciman, *A History of the first Bulgarian Empire*, London, 1930, p. 176.

[141] Driven out of Milan by Louis XII of France and died in prison at Loches in 1508. See Cardan, *De Exemplis geniturarum*, No. 9.

[142] Chrobati, or Croats.

[143] *sa Duché* – 'longtemps feminin,' Littré.

[144] A word introduced from Italian in the XVIth century. Littré quotes Le Loyer, *Discours et histoire des spectres*, 1605.

[145] A Belgian Jesuit, C. van Steen, also called Cornelius à Lapide, d. 1637. His commentary on Acts was published in Antwerp in 1627. See Richard, *Bibliothèque sacrée*, vol. VIII, pp. 272/3.

[146] Non-agreement *passim*, see Haase, op. cit., p. 219.

[147] *Qui* for *Ce qui*.

[148] Repeated p. 218 [251].

Ie passe que de ces prognostications peuuent encore arriuer quantité d'inconueniens à diuerses personnes: comme le mespris de leur condition presente, la negligence de leur charge, la prodigalité, le luxe, la dissipation de leur patrimoine, la ruine de leur famille; les soupçons, les ialousies, les enuies, les haines, & de là les empoisonnemens, les assassins, les meurtres de femmes, de freres, & d'autres parens & alliez.[149] Les maux publiques nous seront plus sensibles que les particuliers, qui ne touchent que ceux qui souuent les ont bien merité.[150]

Et c'est en cela seulement que les Genethliaques peuuent dire que leur astromantie est vtile à quelque chose, asçauoir en ce qu'elle [51] punit les ouuriers d'iniquité qui la mettent en prattique. C'est chose iuste, que celuy qui loge la vipere dans son sein en soit picqué; & que celuy qui cerche le peril perisse en iceluy. Toutesfois Dieu par sa misericorde en veuille preseruer tous ceux qui les ont peu recercher sans y penser aucun mal.

SECTION II.

Que l'Astromantie est tres pernicieuse au public.

IAmais la boëte de Pandore[151] ne fut si funeste aux humains, que l'Astromantie aux Genethliaques. Les maux que nous auons descouuerts en la Section precedente ne sont que des esgratigneures en comparaison des blesseures mortelles que la Furie[152] infernale a fait & tasche encore tous les iours de faire dans les Estats, soit au gouuernement ciuil, soit en celuy de la religion. Nous en descouurirons deux ou trois des plus considerables, & puis nous en tirerons la conclusion.

ARTICLE I.

Combien l'Astromantie est dangereuse à vn Prince & à ses domestiques, & aux principaux Officiers de son Estat.

EN l'Article precedente nous auons veu vn Empereur, vn Roy, vn Prince, & vn Duc [52] malheureusement deceus par les plus habiles

---

[149] See Littré, 'allié' 3°.
[150] Haase, loc. cit.
[151] See Introduction, p. XXXIV.
[152] ibid.

Genethliaques de leur siecle, lesquels toutesfois estoient bien recompensez de leurs fausses & trompeuses predictions.[153] Ce seroit tousiours vn notable interest pour le public, quand il n'y auroit que le Prince qui ressentiroit les effects pernicieux de l'Astromantie, puis que tous les subiets d'vn bon Prince sont obligez d'exposer leurs biens & leur vie pour sa conseruation, & de contribuer tout ce qui est en leur pouuoir, pour empescher que rien ne puisse troubler son repos & ses contentemens. Mais d'ordinaire la plus part de leur peuple ou de leurs domestiques, ou les plus considerables de leur Estat, sont enueloppez dans le malheur d'vn pernicieux horoscope. Que de batailles precipitees, que d'armees taillees en pieces, que de peuples ruinez par des reuoltes ou par des guerres temerairement entreprises à la persuasion des Genethliaques. Et si le Genie qui est deputé de l'enfer à l'execution de leurs predictions ne peut boulleuerser tout l'Estat, au moins fera-il tous ses efforts pour remplir la Cour & le Palais de funestes accidens & de pitoyables desastres.

Le regne de Tibere est suffisant pour nous representer les sanglantes tragedies qu'vn maudit Genethliaque y peut iouër, voire aux despens des plus gens de bien.[154] Ce regne, ou plustost cette tyrannie plus que barbare [n']est-[53]elle pas gorgee du sang & du carnage des plus vertueux Romains? n'est-elle pas toute noircie de parricides execrables? Les prisons, les assassins, les glaiues des bourreaux n'ont-ils pas passé sur les plus nobles testes, voire sur les plus illustres de la maison des Cesars? Mais quelle furie infernale pouuoit susciter tant de fausses accusations contre les plus fideles & les plus respectables subiects de ce Prince? C'estoit la meffiance, dit l'histoire, qui formoit ce tyran à la haine, à la ialousie, à la dissimulation, à la perfidie, à la cruauté, & le portoit à tant de tragiques & funestes resolutions contre les testes qui luy donnoient le moindre ombrage.

Mais quelle Megere[155] pouuoit inspirer cette meffiance si sanglante & si meurtriere en l'esprit de cet Empereur? Sans doute l'Astromantie d'vn maudit Genethliaque nommé Thrasylle,[156] par l'inuention de ses horoscopes. O que de grands hommes & de grande vertu, voire des plus illustres de leur siecle, ont passé par le couteau fatal de cette Parque plus redoutable que tout l'Enfer. Et qui sçait s'il n'y en a point encore qui souffrent de la disgrace par le souffle malin de

---

[153] Danger to the Head of the State – one of Pithoys's main arguments. It is reinforced by the words, '... quand il n'y auroit que le Prince ...' below.
[154] See p. 35, n. 92.
[155] See p. 6, n. 8. Cf. Corneille, *Rodogune*, II, 4. See also Introduction, p. XXXIV.
[156] See p. 94, n. 114.

quelques Genethliaques à gages? C'est vn dangereux ennemi pour
l'Estat & pour tous les gens de bien, qu'vn malicieux Genethliaque
aupres d'vn Souverain qui preste l'oreille à ses predictions diaboliques. C'est le fleau des plus fideles [54] domestiques, le boute-hors[157]
des plus anciens Officiers, le coupe-gorge des plus grands capitaines, le
chasse-arriere[158] des plus genereux Princes de la Cour, le persecuteur
des plus dignes magistrats, le boureau des plus notables citoyens, le
trouble-ioye des plus nobles familles; Bref, c'est vn perturbateur du
repos public, vne allumette de sedition & de reuolte, vn tison fatal,
capable d'allumer vn feu dans l'Estat, & peut estre en danger de le
rediure en cendre, ou de faire perir le Prince qui aura basti ses desseins sur l'asseurance de ses predictions.

Ie laisse encore à coniecturer le notable dommage que cette Astromantie pourroit causer à ce Prince, si quelque imagination de mespris,
ou de peu d'estime, ou de trop petite recompense, ou l'esperance
d'vne meilleure fortune sous vn autre gouvernement, suggeroit au
Genethliaque, comme le roy des Moabites à Balaam, d'appliquer son
astrolabe à diuers endroits, ie veux dire sur diuerses testes destinees à
porter la couronne, & que de là il prist suiect de persuader au
premier pretendant du royaume, Que dans trois mois les phenomenes
du ciel doiuent estre funestes à celuy qui regne, qu'au contraire ils
luy promettent heureux succez en ses entreprises, & luy doiuent
mettre la couronne sur la teste; & que s'il laisse passer l'occasion, il
n'y a plus d'esperance de la recouurer, que plustost le ciel indigné
[55] du mepris qu'il aura fait de son prognostique, luy prepare vne
prison pour le reste de ses iours? Et si à cela il adiouste que d'autres
phenomenes vont inspirer aux peuples & aux genereux du royaume le
ressentiment des exactions & de la conduite trop rigoureuse, le mescontentement du luxe & des profusions des deniers publics,[159] l'indignation des prosopopathies,[160] l'appetit de vengeances de tant de
maux soufferts & à souffrir, le desir de l'ancienne liberté: Ie laisse,
di-ie, à coniecturer quelle resolution se pourroit former là dessus, &
les malheurs qui en pourroient arriuer. Iugez de là s'il y va de la conscience, & de l'interest des principaux ministres d'vn Estat, d'auertir
le Souuerain combien les Genethliaques y sont dangereux, & que
c'est vn peché criant de souffrir qu'ils y prattiquent hautement leur

[157] Littré, '... ils jouent à boute-hors se dit de deux hommes qui cherchent à se sup-
planter.'
[158] In neither Littré nor Huguet.
[159] See Littré, 'denier' 6°:
[160] *Hapax legomenon*(?) of which the meaning is obscure.

magie. Encore n'auons nous pas descouuerts les plus grands maux que les demons ont eu dessein de preparer aux hommes par le moyen de leur Astromantie, le chapitre suiuant nous fera voir les plus horribles.

ARTICLE II.

Que l'Astromantie des Genethliaques butte à renuerser les fondemens de l'Estat & de la Religion.

TOus les Peres et les Theologiens se pleignent de ce que cette maudite Astromantie [56] introduit necessairement la fatalité; et les Arabes & Chaldeens qui l'ont establie n'en doutoient pas, puis qu'ils despoüilloient l'homme de toute liberté.[161] Et bien plus, cette fatalité interdit à l'homme tout soin & toute preuoyance du futur, luy permet le libertinage, & luy promet l'impunité des crimes; elle luy fait mespriser les loix, & negliger le recours à la prouidence de Dieu. Et de fait, si dés le commencement du monde toutes les choses qui doiuent arriuer durant le cours & la fuitte des temps sont marquees dans les cieux, & si les astres suiuant le bransle de leur mouuement sont disposez pour les faire toutes sortir en estre à poinct nommé, & qu'il ne soit pas possible de resister à leurs influences, ny de dementir ce que prognostiquent leurs characteres ineffaçables; quelle liberté pourrons-nous imaginer en l'homme? Certes nulle, ains plustost vne determination, vne contrainte, vne violence siderale en toutes ses actions. Et si cela est que toute arriue par vne destinee fatale, à laquelle toute l'industrie de l'homme ne puisse resister;

1. A quoy bon de se mettre en peine de l'auenir? Si les phenomenes celestes sont disposez pour inspirer la bienuueillance & la faueur que tu desires; tu n'as que faire d'employer des amis, ny de perdre temps à courtiser, ny de t'entremettre de rendre aucun service; quoy que tu faces, ce bonheur, ne se peut eschapper. [57] Que si les phenomenes sont disposez au rebours, rends mille deuoirs au delà de ce que tu dois, offre tous les seruices qui seront en ton pouuoir, expose tes biens, ton honneur & ta vie pour tesmoigner ton affection, employe qui que tu voudras; tout cela en vain, puis qu'il n'y a point de phenomene au ciel qui te promette la bienvueillance que tu recerches. Et ce que ie conclu en cette matiere, peut estre conclu en tout autre, voire

---

[161] One of the most far-reaching of the arguments used. Cf. what Bouché-Leclercq has to say about free-will and the origins of divination, op. cit., I, pp. 14 et sq. and see Introduction to the present work pp. XXI, XXII.

mesme contre le recours que les hommes doiuent auoir, en toutes leurs affaires, à la prouidence de Dieu.

2. De cette mesme fatalité nait vne pernicieuse temerité, qui fait precipiter les hommes à toutes sortes de perils, sans iugement, sans deliberation, sans preuoyance, & sans prendre autre aduis que de leur destinee, qui leur persuade indubitablement que si l'heure de mourir est venuë, il n'y a pas moyen de reculer; & si elle est encore bien esloignee, vne gresle de mousquetades fondant sur leurs testes ne la sçauroient auancer d'vn moment.

3. Encore cette pernicieuse fatalité sert elle à excuser toute mauuaise conduite, & pour authoriser toutes sortes de crimes, & pour en obtenir l'impunité. Car c'est son horoscope qui le conduit, qui le gouuerne, & qui le pousse à tout ce qu'il fait.

Si quelque garnement a dissipé son patrimoine, s'il est reduit à l'indigence, il reiettera [58] cette mauuaise conduite sur la malignité de Mars qui presidoit en la 2. maison au poinct de sa geniture.

S'il fait mauuais mesnage, ou s'il est vsurier & de mauuaise conscience, il dira que Saturne en la 7. maison luy a suscité ces desordres & ces inclinations peruerses.

S'il est mol, effeminé, adonné à paillardises & autres vilenies infames, il en reiettera la vergongne sur le front de Venus qui l'est venu corrompre & allecher dans la maison de Saturne.

S'il est menteur, malicieux, cauteleux, & frauduleux en ses conuentions; il dira que toutes ses fraudes luy ont esté inspirees par Mercure, qui s'est trouué en la maison de Mars.

S'il est periure, homicide, & coulpable d'autres grands crimes; il deschargera sa coulpe sur la fureur de Mars, qui s'est trouué dans le 7. domicile pour le violenter à telles choses. C'est ainsi qu'en parloit vn de ces Genethliaques du temps de S. Augustin, comme il declare sur le Pseau. 61. Ce n'est pas la volonté qui fait vn acte adultere, mais *Venus;* ce n'est pas la volonté qui commet vn homicide, mais *Mars*, &c.[162]

4. En suitte brisez donc Magistrats, brisez ces rouës meurtrieres, abbattez ces poteaux, ostez ces gibets infames: qu'on ne bastisse plus de prisons, qu'on ne voye plus de bourreaux, [59] qu'on ne parle plus de procedure criminelle: Qu'on laisse en liberté les concubinaires, les adulteres, les voleurs, les meurtriers, les parricides, & tous les

---

[162] *Enarratio in Psalmum LXI*, in Migne, P.L., vol. XXXVI, col. 747, 'Iste dicebat quia adulterium non faciebat voluntas propria, sed Venus . . .' A similar argument is frequently aduced to-day by those who consider that the psychologists are too willing to excuse criminals on psychopathetic grounds.

scelerats; s'il est vray que tous ces euenemens sont marquez par les phenomenes du ciel, & que les astres sont determinez à leur production, & qu'il n'est pas au pouuoir de ces malheureux de resister à la violence du sort. Pourquoy punir ce qu'vne si puissante fatalité force irremediablement d'executer?

5. D'ailleurs à quoy bon toutes ces loix qui nous sont donnees, tant de la part de Dieu, que des Princes qui gouuernent les Empires & les Estats? Est-ce pour obliger & astreindre les hommes à faire les choses que la fatalité mesme leur a prescrites, & ausquelles elle les a destiné? Vainement certes, puis que malgré & en despit de leur plus obstinee resistance, ils y seront contraints par l'imployable rigueur du destin. Est-ce donc pour les obliger & contraindre à s'opposer à la violence de cette fatalité? Quinte essence[163] de folie, puis que cela tient de l'impossibilité.

Ainsi de l'Astromantie nait la fatalité, de la fatalité l'impunité des crimes, de l'impunité des crimes l'insolence des scelerats, & le renuersement des loix; & du renuersement des loix qu'en doit-on esperer, sinon le renuersement des Estats, & la ruine des peuples?

6. Ce n'est pas encore tout le mal que cette [60] Astromantie nous fait par la maudite fatalité; en voicy encore vn autre qui ne cede guere au precedent: c'est asçauoir, que tout ainsi qu'elle fait attribuer tous les defauts aux influences malignes, aussi fait elle faire hommage aux phenomenes gracieux, pour tous les biens & les heureux succez qui peuuent arriuer à quelqu'vn durant le cours de sa vie, voire mesme apres son trepas: tesmoin ce Genethliaque de S. Augustin, qui disoit encore, Ce n'est pas Dieu qui fait le bien, mais *Iupiter* &c.[164] De sorte que si vn homme a esprit, & qu'il soit capable de toutes sciences, principalement des Philosophiques, Astrologiques, Chimiques, & autres rares cognoissances, il croira que Mercure en la 1. maison accompagné des Gemeaux, ou du Taureau, ou de la Balance, luy a inspiré cette capacité naturelle en plein iour.

Que s'il est doüé de grand courage & de magnanimité auec son bel esprit; il dira que celuy vient de la Lune accompagnee du Belier. Si prudent & politique; cela luy viendra de la Lune accompagnee de Iupiter. Si honneste & vertueux; cel prouiendra de la mesme en trine aspect[165] avec auec Iupiter.

---

[163] Frequently two words, as here.
[164] *Enarratio*, as above.
[165] Littré, 'trin (ou trine) 2°: terme d'astrologie usité seulement dans cette locution: Trine aspect, position de deux planètes éloignées l'une de l'autre du tiers du zodiaque. Th. Corneille, *le Feint Astrologue*, II, 3.'

S'il est enclin à la pieté, & qu'il ait en soy des bons sentimens de religion; il estimera qu'ils luy sont versez par Mercure accompagné de Iupiter & du Taureau en la 9. maison, &c.

[61] 7. Par ce moyen voila toutes les prieres inutiles, les actions de graces vaines; il n'y a point de benefices ni de graces surnaturelles à esperer de quelque faueur particuliere de la bonté de Dieu: tout ce que vous deuez receuoir, soit bien, soit mal, est enserré & enueloppé dans les phenomenes du ciel, qui ne manqueront de vous desployer à mesure qu'ils aduanceront leur cours & leurs reuolutions. De sorte que voila d'vn costé la repentance des crimes renyouee aux bigots; & de l'autre, la bonté & la prouidence du Createur payee d'vne ingratitude plus noire & plus horrible que l'Enfer. Et l'vn & l'autre ne sont-ils pas des marques bien expresses d'vne execrable impieté? voire ne sont-ce pas les degrez par où l'Astrologie a tousiours conduit les hommes à l'atheisme & à vne idolatrie diabolique?

8. Et de fait, qui ne sçait que la plus part des nations ont esté plus de deux mille ans enchantees par les persuasions diaboliques des Astromantiens, qui attribuoient aux astres, & singulierement au Soleil, le souuerain gouuernement de tout ce monde elementaire? En suitte, qui ne sçait que ç'a esté cette Furie infernale qui a ouuert la porte à la premiere & à la plus obstinee idolatrie que les diables ayent iamais peu planter dans le cœur des humains?

Et qui ne void que cette engeance [62] des demons fait tousiours tous ses efforts pour frapper les fondemens de la religion Chrestienne, & renuerser les maximes de la Theologie, en s'attribuant vne cognoissance qui n'appartient qu'à Dieu seul, & en establissant vne fatalité qui ruine la liberté de l'homme & la prouidence de Dieu, & par consequent qui authorise les crimes, destruit toutes les loix, oste tout sentiment & tout exercice de religion, renuerse tous les Estats, & met toutes les nations dans vn horrible desordre? Et puis dites que nous n'auons pas raison de crier hautement que cette Astromantie est vne inuention des demons, tres pernicieuse entre toutes les iuentions magiques.

Conclusion de tout ce qui est contenu dans ce Chapitre.

TOut art pernicieux & à ceux qui en font profession, & à ceux qui en recerchent les effects, voire aux Princes & aux Estats qui en permettent la prattique: Qui fait tomber ses professeurs dans vn sens reprouué, & les expose au peril d'vne mort funeste, & peut estre eternelle: Qui n'apporte que trouble, qu'inquietude, que chagrin, & en fin que desordre & malencontre à ceux qui en recerchent les ouurages: Qui ne sert qu'à dresser des embusches, & à tendre des pieges, & à creuser des precipices dans vn Estat, pour y [63] faire tomber & le Prince & les subiects: Qui despoüille l'homme de tout soin, le precipite à tous dangers, authorise ses plus grands crimes, fait fouler aux pieds toutes loix, & negliger la prouidence de Dieu: Qui fait perdre tout sentiment de pieté, & renuersant les fondemens de religion ouure la porte à l'atheisme & à l'idolatrie. Tout art, di-ie, qui cause tous ces malheurs, est vn art magique & diabolique, voire le plus impie & le plus detestable de tous les arts inuentés par les demons.

Or est-il que tout le contenu de ce Chapitre ioinct aux tesmoignages contenus au precedent, prouue peremptoirement que l'Astromantie des Genethliaques cause irremediablement tous ces malheurs.

Donc l'Astromantie des Genethliaques est vn art magique & diabolique, voire le plus impie & le plus detestable de tous les arts inuentez par les demons.

[64]   CHAPITRE III.

CONTENANT LA QVA

triesme marque de la magie des Genethliaques,
qui consiste en ce qu'ils entreprennent choses impossibles.

VN homme qui se vanteroit d'auoir des inuentions pour faire tarir la Meuse, pour empescher que la pluye ne tombe sur les Ardennes[166] tout le long d'vn hyuer, pour exciter vne tempeste en vn moment, pour conuertir tout le plastre du mont-Marthe[167] en marbre noir, pour faire parler les cheuaux & les boeufs &c. sans doute il passeroit pour maistre fol, ou pour le plus grand enchanteur qui fut iamais.

Or est-il que tous ces effects prodigieux ne tiennent pas plus de l'impossible que la preuoyance dont se vantent les Genethliaques. Voire i'oseray dire que ceux là seroient bien plus faciles à croire, d'autant qu'ils ne sont [65] contestez que de la raison, & du sens, qui se peuuent tromper: Mais il est impossible de croire que la preuoyance

---

[166] *Meuse ... Ardennes:* an unexpected touch of local colour. Pithoys was writing or revising his MS in Sedan.

[167] This is the original 'Plaster of Paris.' The quarries at Montmartre are referred to by Martin Lister, *A Journey to Paris in the year 1698*, 2nd edition, London, 1699, p. 144.

des Genethliaques soit telle qu'ils la veulent persuader, sans renoncer au sens commun, à la raison, & à la religion Chrestienne. Les Genethliaques qui sont nez & esleuez dans le Christianisme ne doutent pas du dernier poinct: ils sçauent bien que leur iactance choque bien fort la religion de leur pays, puis qu'aux Prouerbes de Salomon chap. 27. & en l'Ecclesiaste chap. 8. la cognoissance qu'ils s'attribuent des choses futures est declaree impossible: & qu'en Esaie chap. 41. & en Daniel chap. 2. elle est donnee pour vne marque bien expresse de la diuinité:[168] ils sçauent bien, di-ie, que ces sentences condamnent leur isolence blasphematoire: mais c'est de quoy ils ne se mettent guere en peine. C'est assez qu'ils soient de nostre mere Scte Eglise,[169] & qu'ils se trebuschent aucunefois à la Messe. Au reste, malgré tout ce qu'en dit l'Esprit de Dieu, ils preuoiront les choses futures, voire celles là mesmes que la Theologie proteste ne pouuoir estre preueuës que de Dieu seul: ils les preuoiront, disent-ils, par le moyen des phenomenes celestes, qui leur en descouurent les euenemens. Et c'est iustement ce que ie veux faire voir impossible. Pour cet effect ie pourrois entasser vne pile de tesmoignages, comme celuy de Ptolemee,[170] qui au liure 2. Quadripart. declare qu'il n'y a [66] que ceux qui sont inspirez de Dieu qui puissent predire des choses particulieres. Mais ie ne veux pas agir par authorité, ains par force de la raison, qui fera voir leur entreprise entierement impossible.

Or cette impossibilité paroistra de deux costez, asçauoir & de la part des astres, & de la part de l'esprit humain, qui se trouue reduit à l'impossibile, par les propres maximes des Genethliaques. Et pour proceder auec ordre en cette matiere, (qui est la plus importante, entant (sic) qu'elle est tout le fondement de ces deuins) ie la diuiseray en trois Sections. La 1. fera voir quelle est la nature, la vertu, l'influence, & les principaux effects des astres. La 2. que les astres ne peuuent pas prognostiquer ce que les Genethliaques entreprennent de predire. La 3. que les propres maximes des Genethliaques reduisent leur entreprise à l'impossible.

[168] The references are as follows:
Proverbs, XXVII, 1.
Ecclesiastes, VIII, 7.
Isaiah, XLI, 21–24.
Daniel, II, 20–23.
[169] An unusual phrase for a Protestant to use(?).
[170] i.e. *Tetrabiblos*, of which there were numerous editions in the libraries of Europe by the beginning of the XVIIth century. There is nothing in Book II to support Pithoys's suggestion. The reference may be to Bk. I, 2: translated by F. Robbins, *Tetrabiblos*, London, 1940, pp. 18–19: 'But when the claims (that we make for prediction) are great or divine, we should be satisfied with what is possible and think it enough.'

SECTION I.

Quelle est la nature, la vertu, l'influence,
& l'efficace de astres sur les choses sublunaires.[171]

ARTICLE I.

De la nature des astres, de leur vertu, & du moyen par
lequel ils agissent sur les choses sublunaires.

LEs plus raffinez Genethliaques qui portent le nom de Chrestien par benefice [67] d'inuentaire, ont bien recogneu la force des argumens qui se pouuoient tirer de la nature du ciel & de l'ame raisonnable, pour battre en ruine toutes les forteresses qu'ils ont basties dans les cieux. C'est pourqouy afin de conseruer aux astres l'empire vniuersel sur toutes choses d'icy bas, & particulierement sur les actions humaines; ils ont posé pour auant-mur que les astres estoient animez & pleins d'intelligence, & qu'ils auoient vn commerce admirable entre eux touchant l'œconomie de leurs influences, pour laquelle ils sont en perpetuel mouuement chacun en son ordre, tousiours veillans, tousiours en garde, tousiours en sentinelles; les vns parlans, les autres escoutans; les vns commandans, les autres obeissans auec vne correspondance esmerueillable; en sorte que les reuoltes mesmes, & les violences des vns sur les autres reüssissent toutes au bien public de l'vniuers.[172]

Ces resueries de cerueaux desmontez sont trop diffamees dans les Academies Chrestiennes,[173] sans qu'il soit besoin de perdre le temps à les refuter.

Ie suppose doncques auec toute la vraye Philosophie receuë par tout le Christianisme, I. Que les astres sont corps simples, incorruptibles,[174] inanimez, solides, lumineux, de figure ronde, capables de mouuement orbiculaire. II. Qu' ils ont vne grande vertu pour agir sur le monde elementaire, laquelle ils [68] desployent continuellement en la production d'vne infinité d'effects, qui sont capables d'en

---

[171] i.e. subject to corruption; *per contra*, according to Aristotle the celestial bodies beyond the moon were not subject to corruption. See below p. [67[.

[172] Similar to Voltaire's objection to the monadology of Leibnitz.

[173] A phrase which Pithoys does not use again. It is not possible to decide whether he uses it in the sense of *Académie Protestante* (e.g. Saumur, Sedan, where he was writing etc.), or in a wider sense.

[174] He accepts this theory, outdated since Brahe and Galileo. See also the extract from his *Cosmographie*, p. 235. Elsewhere he castigates Aristotle, e.g. in the present work p. [69].

persuader la croyance aux plus brutaux. III. Que cette vertu se desploye par le moyen de la lumiere & de quelques autres qualitez corporelles que les astres influent sur les corps sublunaires. Ceux qui entendent ces matieres sçauent le beau champ qu'il y a pour s'esgayer en l'explication & en la preuue qui se peut faire de ces trois theoremes philosophiques. Mais puis que toutes les escoles en protestent la verité, & que toute opinion contraire y est sifflee [175] comme extrauagance de Cabaliste; sans m'arrester plus long temps en beau chemin, ie vien au moyen par lequel les astres agissent sur ce monde elementaire.

Il ne se peut faire qu'vne chose, quoy que puissante, puisse produire quelque effect en vn suiect fort esloigné, si elle n'a quelque moyen pour y atteindre, & pour y faire descouler sa vertu: comment donc les astres peuuent-ils produire quelque chose icy bas en estant esloignez de plus de trente quatre millions de lieuës geometriques?

Premierement on ne peut douter que les astres ne poussent les rayons de leur lumiere iusques icy bas,[176] & que par le moyen de cette lumiere, qui est vne qualité extremement actiue, ils n'y puissent produire quelques effects.

[69] Secondement. Quoy qu'Aristote face tous les efforts pour prouuer que la lumiere des astres est la seule ouuriere qu'ils employent en la production des choses qui semblent dependre de leur influence; neantmoins il y a plus d'apparence de croire qu'ils influent encore quelques autres qualitez occultes, par le moyen desquelles ils contribuent à la production de certains effects qui ne semblent pas pouuoir estre produits par la lumiere seule: comme sont le flux & reflux de la mer; l'inegalité da la temperature és lieux qui sont perpetuellement esclairez d'vne mesme lumiere; les pierres & les mineraux dans les entrailles de la terre, &c. Nous accordons ce poinct aux Genethliaques malgré les philosophes, qui s'opiniastrent à canonizer tous les sentimens d'Aristote, & qui font profession de le suivre κατὰ πόδας;[177] mais à condition qu'ils n'en feront pas sortir des monstres d'impossibilité.

En troisieme lieu, il est encore certain que la lumiere des astres

---

[175] This seems to rebut Racine's claim that the first use of the 'sifflet' was for Fontenelles' *Aspar* (1680). Pithoys had already used the word with this meaning in *D.F.P.*: see p. 44, n. 138.

[176] Bayle uses a similar argument in the *Pensées sur la Comète*, XIV: 'Accordons que les comètes peuvent pousser jusques sur terre quantité d'exhalaisons.'

[177] A strongly worded attack on scholastic philosophy. κατὰ πόδας, 'Hot on the heels of someone,' 'To follow closely.'

& leurs influences occultes sont distribuees diuersement par le moyen du mouuement perpetuel des orbes celestes, d'où prouient vne grande diuersité de leurs effects. Et de cecy ie ne croy pas qu'aucun en puisse douter.

[70]   ARTICLE II.

Ce que les Astres peuuent produire dans le monde elementaire.

VOicy vne pomme plus fatale à la philosophie, que celle qui tomba dans le songe de Paris ne le fut à la ville de Troye: car elle a mis vne discorde entre les Philosophes, & les Astrologues, & les Genethliaques, plus irreconciliable que celle des trois Deesses fabuleuses. Les vns veulent que l'influence des astres ne soit absolument necessaire qu'à certains effects; les autres[178] veulent que sans icelles rien de tout ne se puisse faire icy bas; & les Genethliaques pretendent que les astres seuls sont cause de tout ce qui se fait. Or ne veux-ie pas entreprendre d'accommoder ce vieux different, puis que mon dessein n'est d'autre que de m'attacher à l'impossibilité de l'Astromantie: seulement ie diray ce qui me semble plus probable en passant au suiet qui m'appelle.

L'experience ne permet pas de douter que les astres ne produisent la chaleur par les rayons de leur lumiere:[179] Et la Philosophie raisonnant sur les proprietez de cette premiere qualité elementaire, descouure que les trois autres en naissent par accident. Or soit par la lumiere, soit par autre moyen, la mesme experience apprend que le froid, le chaud, [71] le sec & l'humide sont souuent produits par les influences du ciel; & que par l'entremise de ces quatre qualitez elementaires, quantité de chôses peuuent estre produites icy bas. Et de cecy il n'y a point de querelles entre les Philosophes & les vrais Astrologues.[180]

Mais les Genethliaques voudroient bien tirer quelques qualitez plus mysterieuses des influences celestes, afin de pouuoir attribuer à la vertu des astres les effects merueilleux qu'ils entreprennent de predire. Sur quoy ie me contenteray de leur dire que leurs Astrolabes

[178] *les uns ... les autres:* this argument goes back to the controversy between the Stoics and the Epicureans. See Bouché-Leclercq, op. cit., I, pp. 58–65.
[179] Histories of astronomy do not speak of any seventeenth-century experiment which established the fact with certainty. By *experience* here Pithoys probably means 'experience' which tells us that sources of light emit heat, the stars are sources of light – therefore of heat.
[180] i.e. Astronomers.

ne sont pas plus propres que ceux de Ptolomee (sic), pour pouuoir remarquer quelles peuuent estre les vertus des astres; & qu'ils n'ont pas de meilleurs alambiques que ce grand maistre Astrologue, par lesquels ils puissent distiller toutes leurs influences. Or est-il qu'au liure 1. des Iugemens Astronomiques,[181] chap. 4. & 8. apres auoir bien examiné les vertus des estoilles fixes & errantes, il les ramasse toutes dans le chaud, le froid, le sec & l'humide. Et au chap. 2. il monstre que tous les autres effects sont produits par le moyen de ces qualitez. Voyons quels peuuent estre ces autres effects.

1. Il est tres certain que le Soleil nous fait les quatre saisons de l'annee, sçauoir le Printemps, l'Esté, l'Automne, & l'Hyuer. Et cela vient de l'obliquité de son mouuement naturel, comme il se voit en la Sphere.[182]

[72] 2. Il est encore certain que les astres font sousleuer de la terre & des eaux toutes ces exhalaisons[183] que voyons en l'air, & que nous appellons rosees, frimats, brouillarts, nuees, & que d'icelles ils en font les pluyes, les gresles, les neiges, les vents, les esclairs, les foudres, les cometes, les feux volans, & autres meteores.[184]

3. On confesse encore que les astres sont causes ou en tout, ou en partie de l'agitation de la mer, & des mutations diuerses que nous sentons en la temperature de l'air.

4. On ne doute pas aussi que les pierres & les mineraux ne soient engendrez par le moyen des influences celestes, qui seruent comme de vertu seminale en la production de ces choses dans le sein de la terre.

5. Quoy que le Createur ait voulu produire les plantes auant les astres,[185] afin que les hommes apprissent de là que ces globes insensibles ne sont pas les seigneurs fonciers de la terre, & que ce n'est pas à eux qu'ils doiuent la recognoissance des fruicts & autres commoditez qu'ils en tirent; neantmoins si faut-il auoüer que le mesme Createur les a establis du depuis[186] comme des iardiniers, ausquels il a donné la puissance de cultiuer tout ce parterre terrestre, & la vertu propre pour preparer & administrer les choses necessaires

---

[181] i.e. Cardan in *Ptolemaei de astrorum iudiciis*, Basle, 1554; also Lyon, 1555 and Basle, 1578.

[182] Pithoys is referring to his own work, *Cosmographie ou traitté de la sphere:* see extracts, pp. 235–237.

[183] *... exhalaisons ... cometes ...*: in conformity with Aristotle's theory of the formation of comets.

[184] A general term for unusual celestial phenomena (μετέωρος = high, ethereal, wandering).

[185] *Genesis*, I, verses 11 and 14, give the same sequence.

[186] *du depuis* – a phrase out of use since the first half of the XVIIth century.

à la nourriture, accroissement & multiplication de ces plantes, à cause dequoy on peut encore [73] dire que les plantes, les fleurs, & les fruicts dependent en partie de l'influence des astres.

6. On peut encore croire sans peril d'erreur, que Dieu les a donné pour pastres & pour nourriciers à tous les animaux, & qu'ils ne manquent pas de les fomenter par leurs influences, & de les aider particulierement en leurs generations.

7. Les astres peuuent encore estre cause de plusieurs alterations qui arrivent és humeurs, & en suitte des maladies & des passions qui en peuuent naistre, suiuant la dependance & la liaison que la nature a mis entre ces choses.

Or 1. si tous les mouuemens & toutes les alterations de la nature elementaire, & tous les temperamens qui se font des quatre qualitez premieres dependent tousiours en quelque façon de l'influence des astres. 2. Si toutes les maladies, & particulierement les crises & les symptomes d'icelles doiuent estre rapportez à la lune, ou à quelque autre planete. 3. Si la sympathie, & l'antipathie qui se remarque entre certaines choses, & les effects admirables qui se voyent en l'application de l'aimant, de l'ambre, du diamant, du sang de bouc,[187] de la remore,[188] des yeux du basilic,[189] de la rheubarbe,[190] de l'helle-bore,[191] se doiuent attribuer aux influences celestes. 4. Voire mesme s'il est au pouuoir des astres de produire quelque forme corporelle qui soit principe [74] de vie et de sentiment. C'est dequoy ie ne veux rien definir presentement; sauf que i'oseray dire en passant que les plus habiles Astrologues auroient bien de la peine à le persuader à vn homme sçauant en la nature de ces choses, & qui n'appuye sa croyance que sur des raisonnemens solides, & non sur des opinions mal digerees, ou sur des apparences qui ne peuuent auoir de prise

---

[187] Symbolic of sacrifice – the 'Scapegoat,' cf. *Athalie*, I, 1. But more than this, it was considered as having magic properties: 'Ceste pierre (le diamant) qui du marteau ne crains le coup se ramollist et se detrampe au plonge dans le sang de Bouc,' R. Belleau, *Les amours des pierres précieuses*, 1566, II, p. 176.

[188] Modern French 'rémora,' a fish said by the ancients to be able to stop a ship. See Montaigne, *Essais*, II, 12, who took the idea from Pliny.

[189] The basilisk, or cockatrice, whose look was said to kill all living things except the cock. Also a real, vegetarian lizard. See C. Marot,
'Ce ne sont pas vipereaux furieux,
Ne basilics tuans les gens des yeux ...'
L'Enfer, 1526.

[190] Modern French 'rhubarbe' – a popular purge. Littré quotes Marco Polo, Montaigne and then XVIIth-century authors. The whole of this passage bears comparison with Montaigne, *Essais*, II, 37.

[191] Modern French 'ellébore', medicinal plant, a purge (cf. La Fontaine, *Le Lièvre et la Tortue*); also a cure for madness.

que sur des esprits foibles ou ignorans, & qui sont contraincts par leur incapacité de se soumettre à l'aduis des autres.

ARTICLE III.

Quels effects ne dependent pas des astres.

1. LEs dispositions & preparations requises en la matiere pour en tirer diuerses formes naturelles, ne dependent pas de la seule influence des astres. Cela est tres certain, autrement les astres pourroient couurir la terre de chiens, de cheuaux, de lions, de tigres, & d'autres animaux, sans aucune conionction de masle et de femelle: voire on ne pourroit rendre raison de ce qu'en vn mesme climat, & à mesme temps & sous mesme constellation on voit en certain lieu engendrer des agneaux, des cheureaux, des poullets, des pigeons, des cailles, & en vn autre lieu on n'y voit aucun de ces animaux.

Il faut donc auoüer necessairement que [75] ces dispositions materielles dependent aussi des autres causes que le Createur a mis dés le commencement en la nature sublunaire, lesquelles ne se rencontrans pas, les astres ne peuuent pas produire telles choses. En suitte, ny Iupiter, ny Mars, ny toute la multitude des astres ne sçauroient faire que d'vn gland pourri il en puisse sortir vn chesne, ny d'vne vierge vn enfant, ny que d'vne semence froide, languissante, & à demi morte il en naisse vn Hercule.[192]

2. La diuersité specifique des effects qui se produisent continuellement par les causes sublunaires ne depend aucunement des astres, ains de la nature de chaque chose particuliere. La chaleur du feu n'est pas si sensible que la verité de cette assertion est certaine; puisque sous vne mesme influence du ciel vne laictue, vn chou, vn cerisier, vn rossignol, vne perdrix, vn lieure, vn renard, sont engendrez: cette diuersité ne peut prouenir que des causes specifiques & particulieres, lesquelles agissent toutes par leurs facultez naturelles, & forment leur[s] effects chacune selon la proportion de sa nature.

3. Les proprietez & les inclinations naturelles qui se rencontrent és choses sublunaires ne viennent pas des astres, ains de la nature de chaque chose, & de sa generation. Ceci paroist, en ce que fort souuent on void naistre d'vne mesme ventree deux chiens, ou [76] deux autres animaux, desquels l'vn est fort, l'autre foible; l'vn hargneux, l'autre paisible; l'vn eueillé, l'autre endormi; l'vn prompt & propre à la

---

[192] Possibly an echo from *Examen de los ingenios* by J. Huarte: see p. 15, n. 38.

chasse, & l'autre ne cerche que la cuisine: & neantmoins ils sont tous deux engendrez d'vne mesme matiere, & sous vne mesme constellation.

4. Les astres ne sont pas les seules causes de tout ce qui est produit dans la nature elementaire, ains les causes sublunaires & particulieres ont la meilleure part aux effects qui dependent de leur operation, puisque les astres ny peuuent rien sans l'application de ces causes. Cette assertion resulte necessairement des precedentes, & n'a point besoin d'autres preuues. Neantmoins nous rapporterons en passant que Luc Gauric[193] grand Genethliaque, apres auoir examiné la geniture de Pierre Louys Duc de Parme, il fut contraint de dire que ce n'estoient pas les astres, mais ses peschez qui l'auoient fait mourir.

5. L'application de la plus part des causes sublinaires & particulieres pour la production de leurs effects, ne depend pas des astres, ains de leurs inclinations naturelles, de diuerses occasions & circonstances qui se rencontrent fortuitement, ou selon le cours de la nature, vn seul exemple suffira pour preuue. Vn aigle void vne tortue sur le sable, fond dessus, & l'emporte, prenant son vol vers le midi; vne volee d'oiseaux suruient qui la[194] [77] fait rebrousser vers le Septentrion: passant au dessus d'vne plaine, elle apperçoit la teste chauue d'vn vieillard, qui retournant de conuoyer[195] vn sien amy qui l'estoit venu voir, se reposoit sur vn tertre, & auoit osté son bonnet pour y adiuster vne coeffe; l'aigle s'imaginant que cette teste luisante estoit vne pierre, prend sa visee & y laisse tomber sa tortue, laquelle au lieu d'estre cassee met la teste en pieces, & tue cet infortuné vieillard. Quelle apparence de se persuader qu'vne constellation ait fait ietter cette tortue sur le sable, & à mesme temps venir vn aigle pour l'enleuer; & d'autre costé fait sousleuer vne nichee d'oiseaux afin de luy faire rebrousser chemin, & que cet amy estoit venu voir ce vieillard, & que celuy cy l'estoit allé conuoyer, & qu'il s'estoit là assis, & qu'il s'estoit auisé d'aiuster vne coeffe à son bonnet par l'instigation des astres? Or est-il qu'à chaque heure du iour il arriue vne infinité d'effects en la nature par vne pareille rencontre d'obiects qui font appliquer les causes à leur production. Et c'est de là que la plus part sont qualifiez accidens & cas fortuits.

[193] After Cardan perhaps the best known of the Italian astrologers. Referred to frequently by Pithoys; mentioned by Bayle, *Dictionnaire*, art. *Henri II*, and by Sixte Hemminge in *Astrologia refutata*, see present work p. [127]. See also A. Silvestri, *Luca Guarico e l'astrologia a Mantova nella prima metà del quincento*, Bologna, 1939, reprinted from *L'Archigimnasio*, XXXIV (4–6).

[194] *Un aigle ... la ... elle ...* Although it is most unusual to change the gender in the middle of a sentence, the feminine use of this word is not merely confined to metaphor: see Littré.

[195] Used without the strong idea of protection that the word has acquired in modern French.

ARTICLE IV.

Si les Astres peuuent agir sur l'ame raisonnable.

QVoy que la plus par[t] des Genethliaques ne donnent pas d'autres aduantages à [78] l'homme par dessus les singes, que ceux qui luy peuuent reuenir de quelques facultez qui le rendent capable de meilleurs habitudes: neantmoins sans me soucier de leur opinion impie, ie veux poser pour fondement ce que la religion Chrestienne nous oblige de croire touchant l'excellence de l'ame raisonnable, qui met l'homme au dessus de toute la nature elementaire & celeste, asçauoir,

Que cette ame est vne substance spirituelle & immaterielle, pleine d'intelligence & de liberté, capable d'vne eternelle felicité, et créee directement pour glorifier l'Eternel: Que si elle exerce quelques fonctions corporelles & animales par les organes du corps, duquel elle est la forme & la gouuernante; aussi a-elle des actions purement spirituelles & conuenables à sa nature, qui ne dependent aucunement de ce corps. De ce theoreme fondé en demonstrations philosophiques & en maximes de religion, ie tire ces conclusions.

1. Les astres ne peuuent pas agir sur l'ame raisonnable. La raison de cette impuissance est contenue dans les principes que nous auons posé cy dessus: vn seul raisonnement le fera voir à plain. C'est vne maxime, qu'vne chose si agissante qu'elle puisse estre ne peut auoir de prise sur vn obiect, s'il n'a la vertu d'introduire en iceluy les dispositions qui sont necessaires à la production de son effect. C'est [79] pourquoy le feu n'a point de prise sur le ciel, ny vn grain de semence dans vne matricule[196] de fin or: non plus les astres sur vne ame raisonnable, puis que la vertu des astres ne peut produire aucun effect, si ce n'est à l'aide des quatre qualitez elementaires, ou de quelque autre qualité corporelle qui ne peut auoir de prise sur cette ame, puis qu'elle est immaterielle, & plus releuee au dessus de telles qualitez, que le soleil au dessus des brouillards.

2. *Les astres n'ont aucun pouuoir sur les puissances intellectuelles de l'ame raisonnable, & ne peuuent aucunement les determiner à leurs actions.* Cecy demeure prouué par la raison precedente: car cette determination ne se pourroit faire que par l'impression de qualité corporelle, puis que la vertu corporelle des astres n'en peut produire d'autre: & c'est de quoy les puissances spirituelles non plus que les substances ne sont

---

[196] In the sense of a gangue, or veinstone.

pas susceptibles. De plus, tous les Peres & tous les Theologiens, voire tout le Christianisme accourt à la defense de cette verité, d'autant qu'il y va de l'interest de la liberté humaine, sans laquelle ny la religion ny l'Estat ne sçauroient subsister. Et ne faut pas que les apprentis de l'Astromantie nous quident ietter da la poudre aux yeux, pour nous empescher de conclurre la fatalité ineuitable de tous les euenemens, si cette determination se faisoit par [80] l'influence des astres. S. Augustin, S. Basile, S. Chrysostome, S. Cyrille, Theodoret,[197] S. Gregoire, & vn nombre infini de Theologiens ont esté aussi entendus qu'ils sçauroient estre en ces matieres, lesquels ont crié & declamé contre cette vertu astronomique, pour ce qu'elle repugne entierement à la liberté. Et de fait, l'Astromantie qui pose cette vertu & cette domination dans les astres, mesmes au regard des facultez de l'ame & des actions qui en dependent, n'a pas permis à ses premiers professeurs de recognoistre aucune liberté en l'homme, ains seulement vn plaisir ou desplaisir, vn contentement ou mescontentement des choses qui luy arriuoient.

3. *L'influence des astres n'a aucune part aux actions spirituelles de l'ame raisonnable, lesquelles procedent de l'entendement ou de la volonté.* C'est encore vne maxime, qu'il est necessaire qu'il y ait certaine proportion entre la cause & l'effect, en sorte que la cause contienne en degré plus eminent, ou du moins egal, toute la perfection essentielle qui accompagne son effect; puis qu'il est impossible qu'vne chose puisse communiquer ce qu'elle n'auroit pas. Or quelle proportion pourroit-on imaginer entre vne qualité corporelle, & vne action entierement spirituelle, qui soit capable de nous faire prendre celle là pour la cause, & celle cy pour son effect? Certes le corbeau engendrera plustost vne colombe, & la mousche [81] vn elephant, puis qu'il y auroit plustost proportion de cause au corbeau & en la mousche au regard de ces choses, qu'en vne qualité corporelle au regard de ces actions. Il y a encore vne autre raison bien considerable qui se tire de l'excellence de l'ame, & de sa fin. Car estant plus noble & plus parfaicte que les astres, & crée pour seruir immediatement au Createur; il n'y a pas raison pour croire qu'elle soit soumise en

---

[197] Theodoret, bishop of Cyrus, 386–457; his works were collected and had been edited several times prior to Pithoys. The edition *Beati Theodoreti ... opera omnia*, Basle (Paris), 1608, contains commentaries by Pico della Mirandola, see p. 90, n. 105. In *De veris et falsis oraculis*, p. 1122.1., Theodoret lists several forms of divination that were held to be opprobrious, and on p. 630.2., in *Explicatio in Zachariam*, he considers that astrology and the telling of dreams are machinations of the devil.

The other names in this list have already been mentioned on p. [20].

aucune façon aux astres, pour les actions qui tiennent de sa nature & de sa qualité: autrement ce seroit contre la maxime qui dit qu'en toute subordination de causes les plus nobles & les plus parfaictes sont au dessus des moindres.

4. Il est vray que les influences des astres peuuent alterer les humeurs, que de cette alteration les esprits vitaux & animaux peuuent estre agitez, & que de cette agitation les facultez sensitiues peuuent estre esmeuës, & que de cette esmotion peuuent naistre diuerses passions, & que ces passions sont capables d'allecher la volonté à donner son consentement, ou de la rebuter de quelque glorieuse entreprise: Mais iamais elles n'ont assez de force pour luy faire violence, & pour la contraindre d'en venir à l'execution. Cecy ne peut estre disputé qu'à la ruine de la liberté humaine, que chacun cognoit absolument necessaire pour ne point esbranler les fondemens de la religion & de l'Estat. Aussi ne [82] peut-il estre reuoqué en doute, sinon par des Epicuriens, qui ne tiennent rien de l'homme que la figure; puis que la religion, & la philosophie, & l'experience mesme protestent hautement que la conduite de l'homme est entierement reseruee à son entendement & à sa volonté, & que ces deux puissances libres donnent la loy à toutes les autres facultez. Ie laisse les autres questions pour l'escole, nous en auons assez dit pour seruir de premisses aux conclusions que nous auons à prendre sur le fait des Genethliaques.

SECTION II.

Que les Astres ne peuuent prognostiquer ce que
les Genethliaques entreprennent de predire.

SI les Astres pouuoient prognostiquer les choses que les Genethliaques se vantent de preuoir, cela seroit ou pource que les astres ont la vertu de les produire en temps & lieu à poinct nommé; ou pource qu'ils ont la proprieté de les signifier. Or ie veux prouuer qu'ils n'ont ny la vertu de produire, ny la proprieté requise pour signifier telles choses; en suitte, qu'ils ne les peuuent aucunement prognostiquer.

[83]   ARTICLE I.

Que les Astres n'ont pas la vertu de produire les
choses que les Genethliaques entreprennent de predire.

LEs choses que les Genethliaques entreprennent de predire sont de trois sortes.

1. Les vnes dependent purement de l'election eternelle,[198] & d'vne prouidence de Dieu tres speciale; comme d'auoir vne bonne conscience, vne inclination à la pieté, d'auoir la foy, la vraye religion, la iustice, de mourir heureusement, d'estre recueilli dans le seiour de l'immortalité, d'estre Prophete, & de faire des miracles, &c.

2. Les autres dependent da la liberté de l'homme: comme d'estre Aduocat ou Medecin, espouser vne fille ou vne vefue, faire voyage ou demeurer en son logis, tuer vn homme, obtenir grace, changer de religion,[199] escrire contre Astromantie des Genethliaques, &c.

3. Les autres dependent du hasard & de la Prouidence qui gouuerne l'vniuers, & dispose de toutes choses à sa libre volonté, & fait reussir tous les euenemens selon l'ordre qui en a esté prescrit dans son conseil eternel. De cette sorte sont, qu'vne tortue,[200] ou vne poutre, ou vne tuile, tombe sur la teste d'vn homme passant son chemin, ou qu'il soit picqué [84] d'vn scorpion en dormant, ou qu'il trouue vn thresor sous les racines d'vn arbre infructueux qu'il aura arraché par despit, ou qu'il soit cheri d'vn grand, qui peut-estre aura fait mourir son pere, &c.

1. Quant aux choses qui dependent purement de l'election eternelle, & d'vne prouidence de Dieu tres particuliere, ie ne croy pas qu'il se trouue Chrestien qui ose les attribuer à aucune influence des astres; & penseroye faire tort à tous ceux qui ont quelque bluette de religion, si ie m'amusoye à prouuer par argumens Astrologiques l'impuissance des astres au regard de ces effects entierement diuins, & qui ne peuuent dependre d'autre cause que de celle qui peut agir efficacieusement sur les ames, & les rendre dignes de l'immortalité. Le blaspheme horrible que les Genethliaques commettent en ce

---

[198] The difficult theological doctrine of predestination. Election referred originally to the choosing by God of the Children of Israel (Genesis, XXXII, 28; XXXV, 10 et sq.) and further to the inhabitation of the Chosen Land (Exodus) under Joshua. To this Old Testament doctrine was added the Pauline assertion that that those who love God are foreknown (Romans, VIII, 29–30).

[199] Some of these details apply to Pithoys himself: see Introduction, p. xviii.

[200] See previously pp. [76] and [77].

poinct est assez conuaincu de fausseté & d'impieté dans l'esprit des Chrestiens, sans qu'il soit besoin de plus grande refutation.

2. Quant aux choses futures qui dependent purement de la liberté de l'homme, il est impossible que les astres les puissent produire en aucune façon. Cette conclusion est fondee sur le 2. & 3. theoreme de l'Article precedent. Neantmoins ie la confirmeray encore par vn exemple suiui d'vn raisonnement qui en fera voir à l'œil la verité.

Vn homme instruict en la doctrine d'vne [85] religion iusques à l'aage de quarante ans,[201] malgré toute la resistance du monde, voire à son grand interest, fait choix d'vne autre qu'il auoit euë auparauant en horreur: la resolution de ce choix depend de six annees qu'il a fallu pour estre dissuadé de l'vne & persuadé de l'autre. Cette estude aura esté suggeree par la rencontre fortuite de quelques livres,[202] & cent fois interrompue, & autant de fois reprise par diuerses occasions, & des temps, & des lieux, & des personnes. Quelle apparence là dessus de nous vouloir faire accroire que les planetes de Iupiter & de Mercure ayent causé ce choix de religion? Quelles qualitez auroient-elles peu verser dans l'ame de ce personnage, pour determiner son entendement au consentement de tant de propositions si esloignees de sa premiere croyance, & pour contraindre sa volonté à vne action qui le doit rendre vn obiect d'anatheme à tout vn monde qui le respectoit & cherissoit auparauant comme vn prophete? Non, cela n'entrera iamais dans vn esprit bien fait, que toutes ces deliberations & resolutions entierement spirituelles, & du costé de la cause qui les produit, & du costé de leur obiect, puissent estre produites dans vne ame raisonnable par les influences corporelles de ces deux boulles inanimees & insensibles qui sont tousiours errantes çà & là dans le ciel. Or ce raisonnement fait egalement [86] pour toutes les actions qui dependent purement de la liberté.

Supposons encor qu'vn Genethliaque predise à quelque ieune enfant qu'il doit estre Pape en l'annee cinquante quatrieme de son aage, à cause de certain phenomene qui se trouue dans sa geniture, lequel doit produire son effect en ce temps là sans faillir. Que dira le Genethliaque, si le Pape de cette annee là se porte bien, & si son horoscope luy promet encore un regne de quinze ans? Qui le tuera? Sera-ce le phenomene de cettui-ci? Qui sçait s'il sera le plus puissant? Qui sçait s'il a la vertu pour ce faire? ou bien si les Cardinaux, desquels depend l'election, ne se peuuent pas accorder en l'election

---

[201] Pithoys was 45 when he became a Protestant.
[202] Is this a further autobiographical trait?

de cettui-ci, ou si quelques puissans Monarques y mettent empeschement, qui flechira toutes ces volontez qui pourront estre gouuernees
par des phenomenes contraires? Laissons le Genethliaque dans cette
difficulté qui se rencontre en tous les euenemens qui dependent du
concours de plusieurs causes, & de la resolution de plusieurs.

3. Quant aux choses futures qui dependent du hazard & de la
fortune, tant s'en faut que les astres en puissent estre la seule cause
naturelle, que mesme leur influence n'est pas destinee de sa nature
à la production. Cecy paroist en l'exemple que nous avons proposé
en l'Article 3. de la Section precedente sur la [87] cinquieme resolution.
En voicy encore vn autre. Vne pierre iettee sur vn noyer fait tomber
quelque chose qui fait partir vn lieure de son giste; vn leurier se
rencontre qui luy donne la chasse; le lieure se sauue dans vne tour
deserte; vne cicogne[203] qui se rencontre sur la muraille en fait tomber
vne pierre sur la teste du lieure lequel en demeure escrasé sur la
place; vn aigle vient à passer qui le void, le prend, & l'emporte; un
chasseur tire à l'auanture, tue l'aigle & le fait tomber auec ce lieure
dans un filet de pescheur: pour fin il se trouue que ce pescheur est
celui là mesme qui a ietté la pierre sur le noyer. Laissez pirouëtter
là dessus l'esprit des Genethliaques; certes ils seront habiles gens
s'ils peuuent persuader à vn homme d'entendement que tous ces
accidens soient produits par l'influence d'vn astre.

Que sera-ce donc si nous considerons qu'en ces accidens qui peuuent
arriuer fortuitement à quelque personne, il y a tousiours quelque
circonstance qui depend purement de la liberté? Pour exemple, vn
Genethliaque aura predit qu'il doit estre accablé d'vne poutre qui
luy tombera sur la teste en lieu public. Là dessus il arriue qu'il tire
l'horoscope d'vn Souuerain, & qu'il luy prognostique quelque malheur; le Prince irrité fait mettre le Genethliaque en prison, commande
qu'il soit procedé criminellement contre ce Magicien; le voila condamné à mort, le gibet est dressé [88] dans la plac de Milan, la cloche
funeste sonne, tout le monde accourt à ce spectacle pour voir estrang-
ler cet Astrologue; la multitude est cause qu'on deuance l'heure de
l'execution; on le tire de la prison pour le mener au lieu du supplice; le
Prince veut qu'on le face passer deuant son palais, afin de luy reprocher la vanité de ses predictions: comme il vient vis à vis des fenestres,
voila une poutre qui se destache du haut d'vne muraille, laquelle
tombant sur la teste du Genethliaque & du bourreau les accrauante
tous deux. Voila vn cas des plus casuels & des plus fortuits qui arriua

203 (<Ciconia). Such a spelling rare in mid-seventeenth century.

iamais, & duquel Galeace Duc de Milan[204] & dix mille personnes
ont esté tesmoins. Or quiconque considerera que cet accident depend
1. de la pensee qui tomba dans l'esprit de ce Duc de faire tirer son
horoscope. 2. de la liberté que prit ce Genethliaque de luy predire
hardiment son malheur. 3. de la resolution du Duc à conuaincre son
art diuinatoire de fausseté. 4. de l'arrest prononcé par les iuges contre
ce miserable Genethliaque. 5. de l'ordre qui fut donné de l'amener
à telle heure, & de le faire passer par telle rue, toutes lesquelles
choses dependent entierement de la liberté de plusieurs volontez &
bien diuerses: Quiconque, di-ie, considerera serieusement toutes ces
circonstances qui ont toutes contribué à cet accident, ne pourra
iamais estre persuadé qu'aucune vertu syderale l'ait peu [89] produire; ains croira qu'il faut necessairement que tels euenemens qui
arriuent à poinct nommé, & par tant de moyens si diuers, soient
prattiquez par quelque autre cause bien occulte: mais si occulte
qu'elle puisse estre, nous la descouurirons, aidant Dieu, quand nous
iustifierons l'innocencc des astres de toutes les impostures & calomnies
des Genethliaques.

5. D'ailleurs si les astres produisoient veritablement les choses que
les Genethliaques entreprennent de predire, la production en seroit
aussi vniforme & reguliere que celle de la lumiere & de la temperature
de l'air, attendu que les causes naturelles determinees en leurs operations, comme sont les astres, agissent tousiours de toute leur puissance & vertu. C'est pourquoy les mesmes reuolutions des cieux
font tousiours verser la lumiere de mesme biais sur la ville de Rome,
en sorte que les Romains du iourd'huy ont encore les mesmes
saisons de l'annee qu'ont eu iadis les fondateurs de cette ville: mais
il n'en est pas ainsi des choses Genethlialogiques. Car autrefois &
durant plusieurs siecles les horoscopes des Astrologues n'estoient
farcis que de charges militaires & ciuils: ils ne prognostiquoient que
Decurions, Centeniers, Tribuns, maistres de Camp & de caualrie,
Empereurs, Tribuns du peuple, Presidens, Thresoriers, Senateurs,
Ediles, gouuerneurs de prouinces Censeurs, [90] Consuls, & Dicta-
teurs. Et depuis mille ans les Genethliaques n'y prognostiquent plus
que des aumuces,[205] des crosses, des mitres, des chapeaux rouges, &
la thiare: ie veux dire toutes dignitez ecclesiastiques. Or s'il est
vray que les phenomenes celestes produisent veritablement tous ces

[204] i.e. Galeazzo Sforza. Episode taken from Cardan *De exemplis*, ed. cit., p. 147 (verso). Some additional details possibly from De Angelis, op. cit., pp. 277 and 282.
[205] Fur trappings on an ecclesiastical gown.

effects, d'où peut prouenir cette si estrange diuersité? Que sont
deuenus ces phenomenes qui ont gouuerné si long temps les destinees
des Romains, & les ont rendu si prudens, si genereux, si grands
guerriers, si redoutables, si illustres, & les ont comblé de tant de belles
charges politiques? n'apparoissent-ils plus dans le ciel? sont-ils esteints
tout à fait? ou bien dorment-ils iusqu'au retour de l'annee Platonique?206 Mais d'où sont venus ceux qui regnent maintenant sur ce
pays? qui les a fiché de nouueau dans les cieux? ou bien s'ils y ont
tousiours esté, & s'ils ont tousiours roulé comme ils font, qui les a
empesché si long temps de produire les dignitez de l'Episcopat & du
Cardinalat dans Rome? Laissons resuer & radotter les Genethliaques
sur cette metamorphose de leurs phenomenes, de leurs influences,
& de leurs predictions, sans doute qu'ils diront qu'il s'en trouue bien
d'aussi monstrueuses & d'aussi ridicules entre celles d'Ouide: Mais
cette response ne les garentira pas de passer pour ignorans & trop
credules, s'ils s'imaginent que les astres ayent la vertu de produire
tout ce qu'ils entreprennent [91] de deuiner.

6. Quand il n'y auroit que l'experience, elle suffiroit pour rendre
incroyable tout ce que les Genethliaques pourroient alleguer en
faueur de cette puissance imaginaire des astres. Car il est tres certain
que la qualité de la naissance, la nourriture, l'education, les habitudes,
la conuersation, les exemples, la diuersité des loix tant ecclesiastiques
comme politiques, la rigueur ou la negligence des Prelats & des
Princes touchant l'obseruation d'icelles, la condition de vie, la fortune,
les obiects, les occasions, le respect des parens & des amis, diuerses
considerations, la conscience, & sur tout la prouidence auec laquelle
Dieu gouuerne les hommes, peuuent empescher qu'vn homme ne
soit entierement gouuerné par l'influence des astres, & faire qu'il
se destourne bien loin d'vn accident dont vn Genethliaque l'auroit
menacé, malgré tous ses (sic) phenomenes.

Aussi est-ce de toutes ces circonstances, & non de l'influence des
astres, que vient la diuersité de tant d'effects que les histoires nous
marquent, ou en mesme pays durant la suitte de plusieurs annees, ou
à mesme temps en diuers pays, qui sont pourtant sous vn mesme
climat, & qui sont regardez d'vn mesme œil de tous les phenomenes
celestes: & neantmoins en l'vn les peuples sont genereux, en l'autre
poltrons;207 en l'vn ce ne sont que querelles, [92] mutineries, seditions,

---

206 A cycle at the conclusion of which all astral bodies were believed to be in exactly the
same position as at the creation.
207 It is a useful indication of the meaning of *généreux* in the XVIIth century to find it
thus contrasted with *poltron*.

reuoltes, guerres, en l'autre vne grande concorde & vne paix continuelle; en l'vn ce ne sont que chicaneurs, en l'autre on ne void point
de ces ronge-peuples,[208] &c. quoy que Saturne, Mars, & Mercure y
soufflent egalement leurs bouffees.

Toutes ces raisons sont si fortes, qu'elles mettent au rouët les
Genethliaques, qui n'osent faire paroistre ouuertement ce qu'ils
pensent des maximes de la religion Chrestienne. De sorte que renon-
çans aux termes de l'art, qui sont que telle planete *excitera, suscitera,
inspirera, versera, lancera, donnera, causera, produira, fera tel ou tel effect;* ils
disent plus modestement, qu'elle signifie ou prognostique vn tel ou
tel euenement, laissans en controuerse par quelle sorte de cause il
peut estre produit. D'où s'ensuit que si les astres n'ont pas la vertu de
produire ces effets, au moins ont-ils la proprieté de les signifier.
Voyons si cela est.

ARTICLE II.

*Que les Astres ne sont pas deputez par le Createur pour signifier
les choses que les Genethliaques entreprennent de predire.*

SI les Astres estoient signes des choses que les Genethliaques entreprennent de predire, ou cette signification leur seroit imposee [93]
par le Createur qui les auroit volontairement destiné à signifier &
prognostiquer ces choses, comme il a destiné l'arc en ciel à signifier que
le monde ne finira point par deluge:[209] ou bien ils l'auroient de leur
propre nature. Or nous ferons voir en cet Article que le premier est
faux; & au suiuant nous monstrerons l'impossibilité du second.

Les Genethliaques voudroient bien auoir persuadé que Dieu a
destiné les astres pour prognostiquer & signifier les euenemens qu'ils
se vantent de preuoir par leurs phenomenes. Voicy donc comme ils
haranguent sur ce suiect.

Puis que de toute eternité le Createur de l'vniuers a preueu tous
les euenemens qui doiuent arriuer sous sa permission en tous les
momens de la duree des siecles; qui auroit peu interdire à sa toute-
puissance de les caracterizer hieroglyphiquement[210] dans le ciel?
Et de fait, qui ne sçait que l'Eternel a tendu ce lambris[211] azuré

---

[208] A rare but expressive phrase; *ronge-moustier* in Godefroy.
[209] *Genesis*, IX, 12–13; *Ezekiel*, I, 28.
[210] Fairly widespread use in the XVIth century: see Huguet who defines the word,
'par emblème.'
[211] Frequent use in poetic context to refer to the sky. Littré refers to Rotrou, *Saint
Genest*, III, 8.

comme vn parchemin, ou comme vne lame d'airain, capable de receuoir & conseruer les memoriaux de ses immuables decrets? & qu'il est nommé ciel proprement, à cause que ce grand Sculpteur de l'uniuers y a buriné des caracteres qui se representent de temps en temps les effigies des choses plus notables qui doiuent arriuer en la nature, & singulierement qui regardent la vie des mortels? N'est -ce pas pour cela mesme que le Psalmiste [94] nous dit que les cieux ont esté faits auec intelligence, & qu'ils racontent la gloire du Createur?[212] Et Moyse le tesmoigne-il pas bien expressé- ment, quand il dit[213] que les astres sont mis dans les cieux non seule- ment pour seruir de flambeaux, mais aussi de signes pour prognosti- quer l'auenir?

Or cela estant ainsi, qui peut douter que Dieu n'ait donné aux astres la vertu si non de produire, au moins de singifier toutes les choses obseruees par les Genethliaques? En suitte pourquoy vouloir interdire la lecture de ce liure de nature, l'inspection de ces caracteres hieroglyphi- ques, l'estude de cette pantographie,[214] & la recerche de ses plus rares secrets? Et si on en descouure quelques vns qui donnent de l'estonnement aux ignorans de cette science Astrologique, pourquoy l'accuser de magie, & dire qu'elle est d'intelligence auec les Demons?

D'abord ce discours semble auoir quelque apparence de raison, mais au fonds il ne prouue aucunement ce que pretendent les Geneth- liaques. Vous le recognoistrez par la repartie suiuante.

La toute puissance du Createur a peu ietter en moule cent mille mondes, dans les espaces imaginaires, embaumer les airs de parfums aromatiques, faire couler le nectar, au lieu des eaux; pleuuoir de l'or, gresler des diamans; & faire naistre les hommes forts & robustes, [95] marchans, parlans, raisonnans, dés le premier instant de leur entree au monde; Est-il donques à croire que tout cela soit reduit en effect?

Ainsi soit vray que la supreme intelligence qui a fait, qui conserue, & qui gouuerne l'vniuers, ait peu en cent mille façons grauer dans les cieux toutes les destinees des hommes, voire des plus vils animaux; se doit-on pourtant imaginer sans cause & sans raison, & sans aucune revelation diuine que cela soit?

Le ciel est ainsi nommé voirement, à cause que tant d'astres y paroissent comme autant de traicts de burin de la toute puissance

---

212 *Psalms*, XIX.
213 *Genesis*, I, 14. Genesis taken as being 'The first book of Moses.'
214 Literally, 'all alphabets.'

de Dieu. Aussi est-il vray que c'est vn riche volume de merueilles du Createur, puisque son estendue, ses mouuemens, ses flambeaux esmerueillables desployent sans cesse aux yeux des mortels les caracteres ineffaçables de la grandeur & magnificence de la diuine maiesté.

Dieu l'a fait avec intelligence,[215] c'est à dire que comme il a esté basti par la seule parole de ce souuerain architecte, aussi n'a-il eu autre modele ny autre crayon que l'idee eternelle qui est en son entendement: Et s'il y a quelque intelligence obiectiue, c'est pour donner la cognoissance du Tres-haut, & non pour tramer les destinees des creatures incognues à ces corps insensibles.

[96] Les astres sont signes voirement des temps, des saisons, des ans & des iours, & de maints effects, qui dependent de leurs influences, & de la disposition des causes naturelles determinees à leurs operations; mais non des euenemens qui dependent purement de la libre volonté de Dieu & des hommes; desquels les conseils & les resolutions surmontent souuent toutes les loix de la nature, & resistent à ses plus puissans efforts.

Partant soit licite aux curieux de se rendre sçavans en l'astrologie, voire de faire des alamnachs si bon leur semble, & de preuoir (s'il est en leur pouuoir) quelles plantes seront fertilles l'annee qui vient, & si les fruicts viendront à maturité; quelles maladies pourront regner en Italie, & en Espagne, en quelle saison, combien de temps, & si elles emporteront quantité de personnes, quel iour sera dangereux à vn asthmatique, ou phthisique, ou hydropique, ou febricitant.[216]

Mais ils ne pourront iamais descouurir dans le ciel qu'vn enfant qui nait presentement en cette ville estant paruenu à l'aage de dix-huict ans s'adonnera à la chimie, qu'à vingt deux pour auoir battu sa mere il sera enuoyé aux galleres, qu'à vingt sept il fera voyage en Espagne, & que de là s'en ira aux Indes Orientales où il sera capitaine, puis admiral, puis viceroy du Iapan.[217] Et qu'estant chassé de là pour sa rebellion il viendra à Constantinople, [97] de là à Prague, & de Prague à Rome, où il sera maistre d'hostel du Pape, & qu'en fin il se trouuera à Phalsbourg avec deux pages reduit à l'extreme necessité, de laquelle il se releuera par le moyen de sa chimie; & qu'en fin il sera tué d'vn coup de pierre qui luy enfoncera l'œil gauche dans la teste, &c.

Certes il n'y a aucune apparence de croire que le Createur ait

---

[215] Argument from design accepted by Pithoys. See also *Cosmographie* p. 234.
[216] Littré, 'Qui a la fièvre.' Archaic.
[217] Pithoys uses the same spelling in his *Traitté de la geographie*; this paragraph reveals something of the author's love of proper names.

destiné les estoilles à telles significations, & cela ne se trouuera en aucun fueillet de la parole de Dieu, mais bien au contraire les defences expresses que Dieu y fait d'obseruer les temps,[218] & de prognostiquer telles choses, & les menaces horribles qu'il fait à tous deuins font bien voir que telles choses futures ne sont pas signifiees par les astres: autrement quel mal y auroit il de les deuiner? & d'ailleurs, pourquoy dire que ceux qui annonceroient les choses futures seroient dieux? adioustez qu'aucun des Prophetes ne s'est apperceu de telle signification des astres. Et Daniel chapitre deuxieme[219] n'attribue pas aux constellations du ciel la cognoissance qu'il auoit des choses que le roy luy proposoit, mais à la reuelation qui luy en auoit esté faite de Dieu mesme.

Aussi Salomon le plus sçauant & le plus instruit de tous les hommes és œuures de Dieu & de la nature, n'a fait aucune mention de cette pantographie, qui estant veritable seroit la plus admirable de toutes les cognoissances [98] que les hommes sçauroient auoir.

Certes il n'y a que les mercurialistes[220] & les hypocondriaques[221] qui se puissent imaginer vne chose si extrauagante, & si esloignee de toute apparence de raison.

ARTICLE III.

Que les phenomenes du ciel ne peuuent naturellement
signifier les choses que les Astrologues
entreprennent de predire.

TOute signification naturelle doit estre fondee en quelque connexion, habitude & proportion naturelle de la chose signifiante, auec la chose signifiee, par le moyen de laquelle on puisse estre porté à la cognoissance de la chose signifiee, par l'inspection de la chose signifiante. Cela se void en la fumee au regard du feu, aux vestiges des animaux, aux signes des maladies, & generalement és causes naturelles au regard de leurs effects, & au regard de leurs causes.

Or quelle conuenance y pourroit-il auoir en vne estoille en vn tel endroit du ciel, & vne bonne conscience qui est vn don de Dieu, & vn effect tres-special de sa grace & bonté tres-particuliere? Entre le

[218] See previously, p. 82, n. 48.
[219] *Daniel*, II, 27–28.
[220] A term used in chiromancy for those who live under the influence of Mercury: see Huguet.
[221] See p. 99, n. 127.

planete de Mercure, & le conseiller d'vn Prince? entre le baudrier
d'Orion, & vn sçauant personnage? entre [99] l'espaule droite de ce
mesme astre, & vn coup de canon? entre le Fomahan [222] qui ne paroit
que fort peu sur notre horizon, & vne gloire immortelle? entre Mercure
en la maison de Mars, & les contracts frauduleux, &c.

Peut estre diront-ils, qu'en effect il n'y a aucune conuenance quant
à la nature des astres, mais qu'il y en a vne tres-grande à raison des
effigies qu'ils font paroistre par leurs diuerses assiettes & rencontres.
Et ceci sembleroit assez probable à quelque idiot, & qui seroit ignorant
tout à fait en l'œconomie des cieux; mais non à vn homme de sens, &
qui a la moindre teinture de l'astronomie. [223] En vn clin d'œil vous en
allez descouurir la fausseté.

Plusieurs & des plus scientifiques de ces Cabalistes ont predit, &
trop certainement, que celuy là seroit suffoqué par vn noyau de
pesche, cet autre par vne plume, cet autre par vn pepin de raisin. Que
celuy là auroit la teste fendue d'vn coup de pied de cheual blanc, [224] cet
autre d'vn maillet, cet autre d'vn besagu, cet autre d'vn pot de terre.
Que celuy là seroit pendu à vne branche de poirier, cet autre estranglé
avec vne sangle, cet autre avec sa iarretiere, cet autre avec vn licol.
Que celuy là seroit roué tout vif, cet autre sié, cet autre pilé dans vn mor-
tier, cet autre ietté dans vne cloaque. Que celuy là seroit tué d'vn coup de
pistolet, cet autre d'vn coup de carabine, [100] cet autre d'vn coup de
mousquet, cet autre avec vn iallet [225] d'arbaleste. Que celuy là mourroit en chantant, cet autre en dansant, cet autre en se resiouïssant avec
ses plus intimes? Cet autre ioüant au tripot, [226] cet autre au piquet,
cet autre aux eschets (sic). Et bien plus, ils ont encor adiousté les
lieux où l'execution de tous ces arrests meurtriers se deuoit faire:
disant que l'vn mourroit dans vn bois, l'autre au milieu d'vne prairie,
l'autre dans vn iardin, l'autre sur vne montagne, l'autre au milieu
d'vne place, l'autre dans vn fossé, l'autre dans vne riviere, l'autre en
Espagne, l'autre en Italie, l'autre à Casal, [227] l'autre à Toloze, l'autre
en Babylone, l'autre à Constantinople, &c. Et ce qui est encore plus
esmerueillable, c'est qu'ils promettent la foy, la religion, la pieté, la

---

[222] The star, now called Formalhaut, to be seen very low on the horizon in September.
Rarely observable in these latitudes, as Pithoys remarks.

[223] Rarely used by Pithoys who distinguishes between 'vraye astrologie' and 'fausse
astrologie.'

[224] Reference to death of Duc de Guise, killed by a white horse: see p. 189, n. 342.
Reference to Nostradamus.

[225] A stone missile.

[226] See p. 133, n. 228.

[227] The fortress town in Northern Italy? Cazaux, called Casals in the seventeenth century,
in Gers, where there was a *couuent* belonging to the Order of Minims?

bonne conscience, la iustice, la continence, la prudence; bref, toutes
les vertus, & les sciences, avec tous les vices contraires se trouuent marquez dans le Kalendrier de ces Cabalistes; & pour bonne bouche vne
mort douce, paisible, religieuse, saincte, & vne gloire apres le trepas.

Or qui se pourra iamais persuader que ces gens voyent tout cela
dans les phenomenes celestes? Des noyaux de pesches, des plumes, des
pepins de raisin, des pieds de cheuaux blancs, des besagus, des maillets,
des pots de terre, des branches de poirier, des sangles, des iarretieres,
des licols, des roües, des sies, [101] des mortiers, des cloaques, des
pistolets, des carabines, des mousquets, des arbalestes, des chansons,
des dances, & des resiouissances meurtrieres, des tripots,[228] des ieux
de picquet, d'eschecs, & de trictrac? Qu'ils y puissent remarquer des
iardins, des prairies, des montagnes, des riuieres, des estangs, & particulierement la ville de Toloze, la place de Greue, & la place Maubert? &c.

Et sur tout quel Chrestien pourra croire qu'il y ait là aucune
effigie qui puisse representer la foy, la religion, la bonne conscience,
la iustice, la fermeté & perseuerance, iusques à vne mort religieuse qui
soit suiuie de gloire parmi les hommes? Ne sont-ce pas là des marques
d'vne extrauagance prodigieuse? certes toutes les resueries sont assez
incroyables d'elles mesmes, sans qu'il soit besoin de nous amuser à vne
plus longue refutation. Seulement leur damanderay-ie en passant, si
les phenomenes celestes auoient representé la mort de plus de cent mille
qui furent tuez en la bataille de Maraton, & ce auec les circonstances
du temps & du lieu? s'ils disent que non, pourquoy plustost de l'vn
que de l'autre? s'ils disent que si, comment s'est-il peu faire que ces
phenomenes ayent apparu lors tant de fois pour representer la mort
de toutes ces personnes de diuers aages, & de diuers climats qui deuoit
arriuer en mesme temps, & en mesme lieu, & [102] que du depuis ils
n'ayent plus apparu que fort rarement? Ce n'est pas que les cieux
n'ayent tousiours roullé de mesme, mais c'est peut estre que ces effigies
ont esté effacees par d'autres que quelque intelligence à (sic) estallé en
leur place. D'ailleurs si les phenomenes celestes leur font preuoir tant
de choses de si peu d'importance, sans doute qu'ils ne manquent pas de
leur descouurir la duree des monarchies, voire celle de l'vniuers, auec
toutes les choses plus considerables qui doiuent arriuer en la suitte
des siecles; & c'est ce qu'vn des plus celebres Genethliaques & insigne
magicien du siecle passé a voulu persuader.[229] Mais si cela estoit, ils

---

[228] Literally, 'jeu de paume;' figuratively, 'maison de jeu, mauvaise compagnie.' Links
the previous group of words with what follows.
[229] Nostradamus?

nous pourroient faire l'horoscope du monde, & nous predire auec certitude l'heure & le iour du dernier iugement,[230] nonobstant tout ce que Iesus Christ en peut dire par S. Matthieu chapitre 24. verset 36. & c'est vne impieté, voire vn tesmoignage d'atheisme de le penser.

Mais si les phenomenes du ciel ne representent pas mesme les effigies des choses desquelles on a emprunté leurs noms; bien moins pourroient-elles representer des choses si diuerses, si prodigieuses, & si esloignees de toute apparence? Et puis si cela estoit, comment se pourroit-il faire que telles effigies ne puissent estre apperceuës par tant de sçauans Astrologues qui employent toutes sortes d'instrumens & de speculations depuis si long [103] temps pour voir s'ils en pourront descouurir quelques vestiges?

Chacun sçait que les Chaldeens ont excellé par dessus tous autres en l'astrologie iudiciaire, & en tout art diuinatoire, principalement du temps que le Prophete Daniel estoit en Babylone. Cependant tous tant qu'ils estoyent, ils ne peurent iamais remarquer dans les cieux ceste [231] statue prodigeuse qui apparut au Roy, ny la succession des quatre monarchies qu'elle prognostiquoit, non plus ce grand arbre, ne (sic) sa signification, encore moins la mort de leur Roy Baltasar, & la prise de Babylone & du royaume par Darius. Mais si aucun homme auoit recogneu ce secret dans les cieux, auroit-il esté caché à Salomon? Neantmoins quand il fait le denombrement des cognoissances infuses qu'il avoit receu de Dieu, il ne dit aucun mot de cette cognoissance Astrologique.

Certes si on auoit vne fois persuadé que les Genethliaques peussent apperceuoir toutes ces choses, dans les cieux, il seroit aisé de persuader aussi fortement que Ioseph y auoit apperceu les euenemens qu'il predit à Pharao, & Iacob tout ce qu'il predit à ses enfans, & Elie & Elisee tout ce qu'ils predisoyent aux Roys d'Israel & de Iuda, & de mesme les autres Prophetes. Ainsi voila les Prophetes changez en Astrologues, les Oracles diuins en almanachs. Quel plus horrible sacrilege? Quelle [104] plus detestable impieté? Conclusion doncques que les astres n'ont pas la vertu de signifier non plus de produire les choses que les Genethliaques entreprennent de predire. En suitte qu'il est impossible qu'ils en tirent aucune cognoissance de la part des astres.

Voyons d'abondant [232] l'impossibilité manifeste de la part de l'esprit humain embarrassé de leurs propres maximes.

---

[230] A powerful argument!
[231] A spelling rarely used in this work.
[232] See p. 36, n. 95. (D.F.P., p. [51]).

SECTION III.

Que les maximes des Genethliaques rendent leur entreprise impossible à l'esprit humain.

IL y a des choses qui de leur nature ne sont pas impossibles, mais si vous les mesurez auec certaine puissance limitee & bornee, les voila reduites dans l'impossibilité. On ne peut nier que le mouuement perpetuel ne puisse estre, puis qu'en effect on le void en la nature:²³³ mais pourtant on ne laisse pas de dire qu'il est impossible au regard d'vn cailloux (sic). La vie humaine peut estre accompagnee d'vne felicité tres parfaite & accomplie de tout poinct; neantmoins on dit absolument que la rencontre en est impossible à l'homme, quelque desir qu'il en puisse auoir, à cause des obstacles que sa propre corruption y a mis. Si c'estoit la volonté de Dieu, vn enfant pourroit [105] naistre auec autant de cognoissance qu'en a eu Salomon: On ne laisse pas pourtant de dire que cela est impossible au regard de la nature. Que dirons-nous donc de la preuoyance des choses que les Genethliaques entreprennent de predire par l'inspection des astres, puis que nous auons fait voir que cette preuoyance ne peut estre aucunement produite par le ciel? Et quand bien cela pourroit estre, il y auroit encore vne impossibilité manifeste du costé de l'esprit humain, tant il se trouue embarrassé par les propres maximes de l'Astrologie iudiciaire. Et c'est ce que nous allons declarer.

ARTICLE I.

Trois principes sur lesquels les Genethliaques dressent leurs horoscopes.

ENtre les principes de l'Astromantie en voicy trois qui sont de si grande importance, que le defaut de l'vn ou de l'autre empesche qu'on ne puisse dresser aucun horoscope, ny faire aucune prognostication.

Le 1. C'est qu'il faut necessairement sçauoir quel a esté le iuste poinct de la geniture, c'est à dire, le moment du temps auquel vn homme est né: & ce, d'autant que c'est vne maxime des plus religieuses de cet art, asçauoir que toute la bonne ou mauuaise aduenture d'vne personne durant tout le cours de [106] sa vie depend de l'ordre & de

---

²³³ Pithoys accepts the theory in the macrocosm but not in the microcosm of terrestial nature. There were still several attempts being made by his contemporaries to find a system of perpetual motion.

la disposition qui s'est trouuee entre les astres & toutes les parties du ciel à l'instant de sa geniture. De sorte qu'il ne seruiroit de rien de sçauoir quelles ont esté toutes les apparitions du ciel en tous les momens de l'heure en laquelle vn homme est né, si on ne sçait prendre distinctement celuy de sa geniture, sur lequel seul il faut tirer son horoscope.

Le 2. C'est qu'il faut exactement obseruer quelle a esté la disposition du ciel & de tous les astres en ce premier moment de la geniture, asçauoir en quelles maisons & quels degrez de maisons, voire en quelle minute de longitude & latitude, & quelles ont esté toutes les assiettes, conionctions, aspects, rencontres & configurations des estoilles & planetes, & principalement en quel poinct de l'Ecliptique s'est trouué le Soleil. De plus, quelles pourront estre toutes les dispositions des mesmes astres, tant entre eux qu'auec toutes les parties du ciel en toutes les reuolutions annuelles, voire en tous les iours de la vie d'vn homme, puis que de ces diuerses dispositions doiuent sortir les diuerses influences qui doiuent produire l'vne apres l'autre tout ce qui doit arriuer à vn homme.

Le 3. principe est qu'il faut auoir vne parfaicte cognoissance des vertus & proprietez des planetes & des estoilles du Firmament, voire mesme de certaines parties du ciel, sans y oublier [107] celle de la Fortune, & la teste & la queuë du Dragon; & sçauoir quelles influences & quels effects elles peuuent produire en tous les endroicts du ciel, & en toutes les assiettes, postures, & configurations qu'elles pourroient auoir.

Voila trois fondemens absolument necessaires pour bastir vn horoscope, & pour en tirer quelques prognostications. Auec ce trident les Genethliaques passent par dessus tous les abysmes ausquels on cuide resserrer les choses futures; c'est de ce Trepied [234] qu'ils tirent tous leurs oracles: Mais ie veux faire voir que c'est vn Cerbere [235] à trois testes, capable de deuorer toute l'Astromantie, & de la faire relancer dans les enfers, & de mettre en fuite tous les Genethliaques par ses abbois, tant qu'ils leur seront redoutables.

---

[234] 'Trident ... Trepied ...' reference to the three points just stated. The tripod associated with stands for holding burning aromatics in front of oracles.
[235] See the dedication of the first edition, p. 67.

ARTICLE II.

Qu'il est impossible de sçauoir quel a esté le
le poinct ou l'instant de la geniture.

PRemierement la question n'est pas encore vuidee entre les maistres de l'art, à quel poinct il faut aiuster l'horoscope, si c'est au poinct de la premiere generation qui se fait au ventre de la mere, ou bien si c'est la seconde, que nous appellons proprement natiuité.

Ptolemee grand Astrologue tient qu'il faut [108] auoir plus d'esgard à la conception qu'à la naissance: & de fait, selon que l'embryon est disposé à l'instant de l'infusion de l'ame, telles seront probablement les humeurs desquelles dependent les diuerses dispositions du corps, les inclinations naturelles, & toutes les actions qui suiuent l'inclination de nature. De dire que les astrres n'exercent pas encore leur vertu sur l'enfant, c'est dementir les maistres de l'art, lesquels par la plume du Conciliateur [236] en la difference 49. nous disent que Saturne domine au premier mois sur la semence, afin de la fixer par le froid & le sec: Iupiter au second mois, pour l'eschauffer & dilater: Mars au 3. pour l'eschauffer encore & dessecher la trop grande humidité: le Soleil au 4. pour la viuifier & faire entrer en l'embryon l'esprit rationel: Venus au 5. pour temperer par le froid & l'humide le chaud & le sec introduits par Mars & le Soleil, & de ce temperament la chair prend accroissement: Mercure au 6. pour temperer l'humide, en dessechant ce qu'il y de superflu: la Lune au 7. pour nourir l'enfant plus largement de son humidité, & rendre sa chair plus grassette. Ce sont resueries chimeriques, mais elles font voir que le poinct de la première geniture est aussi considerable en faict d'horoscope, que ceux de la natiuité: quoy que le vulgaire des Genethliaques vise au poinct de la natiuité, qu'ils appellent la geniture. Or soit qu'on le prenne en l'vne, [109] soit qu'on le prenne en l'autre generation, les difficultez s'y presentent en foule.

Si c'est à la premiere, est-ce à l'instant que Saturne met la semence en caillebotte, ou bien à l'instant que l'embryon est formé, ou bien à l'instant que le Soleil ouure la porte à l'ame pour y entrer?

Si c'est à la seconde, où marquent-ils le iuste poinct d'icelle? est-ce

---

[236] i.e. Petrus de Abano, 1257–1315: Italian medical and philosophical writer. Widely travelled, taught in Paris in early XIIIth century. The name 'Conciliateur' comes from his work *Conciliator differentiarum philosophorum*, Venice, 1476; several later editions including *Conciliator enucleatus, seu differentiarum philosophicarum et medicarum Petri Apponensis compendium G. Horstii editum*, 7 vols., Giessen, 1615, revised 1621. The quotation comes from p. 37 of the Giessen edition.

à l'instant que le premier membre apparoist, ou la teste? ou bien à
l'instant que la principale partie du corps est hors de la matrice, ou le
cœur, ou bien au dernier instant de la separation de l'enfant & de la
mere? Que de momens qui se peuuent distinguer en l'vne & l'autre
generation,[237] qui fait voir qu'il est bien malaisé de deuiner celuy qui
est plus propre pour y aiuster l'horoscope.

Mais posons le cas que ce soit à l'instant que l'enfant commence de
respirer l'air & les influences du ciel; comment les Genethliaques
pourront-ils sçavoir à quel instant du temps un enfant a commencé
de respirer les influences? ny la mere qui l'enfante, ny la matrone qui
le reçoit ne le sçauroient remarquer; bien moins aucune autre personne.
Adioustez que de cent horloges il n'y en a pas vn qui marque le iuste
poinct du temps qui doit estre obserué par les Genethliaques. Aussi
aduouënt-ils franchement qu'ils ne l'apprennent pas de là certainement,
mais qu'ils le [110] descouurent par certains accidens qui leur seruent de
lunettes d'approche, & portent leur veuë iustement sur ce poinct: de
sorte qu'ils tirent mesme l'horoscope à ceux qui ne sçauent pas l'heure de
leur natiuité, tant leurs lunettes sont admirables. Voicy leur inuention.

Sçachant le temps de quelque notable accident qui peut arriuer à
vne personne, comme d'vne maladie perilleuse, ou d'vn emprisonne-
ment, ou d'vne cheute en l'eau, ou d'vn procez perdu, ou d'vne charge
obtenue dans l'estat, ou dans l'Eglise, ou d'vn mariage contracté, ou la
mort d'vn enfant, & sur tout de la mort de la personne mesme, ils
prennent garde en quel lieu, en quelle posture se trouue Mars, ou
Saturne, ou la planete qui a la vertu selon leur opinion de signifier
cet accident, notamment si elle est passee au delà du degré qu'ils estiment estre celuy de l'horoscope. Item, de quel biais elle le regarde, &
de là ils iugent du vrai poinct de la geniture: Voila vn bel engin à prendre
mousches.[238] Mais si diuers accidens & fort notables se rencontrent en
la vie d'vn homme, comme d'auoir esté en grand honneur, & puis
l'obiect du mespris; capitaine, & puis marchand de moutons; ou bien
s'il arriue qu'vn Prince en vn iour soit esleu Empereur, & qu'vne
opposition retardant son couronnement, il ne le puisse obtenir qu'au
bout de [111] quinze mois, & qu'apres son couronnement vn autre
obstacle empesche qu'il ne soit recogneu & receu de tout l'Empire qu'au
bout d'un vn; lequel de ces accidens faudra-il prendre pour certifier &
aiuster l'horoscope? Ce poinct taille bien de la besongne aux plus

---

[237] The impossibility of knowing this moment with certainty becomes one of the main
points in the argument.
[238] 'engin à prendre les rats,' 'engin à prendre les sots,' see Littré, 'engin' 3°.

habiles, de sorte que Gauric,[239] Ionctin,[240] Bellance,[241] Cardan, confessent auoir tirer plusieurs horoscopes qui n'ont iamais peu estre rectifiez & aiustez au poinct de la geniture, que par la mort des personnes. Voila de belles lunettes qui ne font trouuer le vray horoscope d'vne personne qu'apres sa mort. Et par ce moyen les Genethliaques ne pourront rien predire, ains seulement redire les choses qui pourront estre suruenues au defunct.

2. Cette inuention suppose deux choses; l'vne, que ces accidens dependent purement de l'influence des astres; l'autre, qu'elles dependent de quelque astre natal. Or la premiere paroit fausse par ce que nous auons verifié en la Section precedente, Artic. 4. La seconde passera pour resuerie en la seconde Section du Chap. suiuant. Art. 4.

3. Si le calcul de ces directeurs ou rectificateurs d'horoscopes est iuste, il faudra dire que tous les compagnons de Coré[242] estoient nez sous un mesme horoscope: De mesme tous les premiers-nez des Egyptiens qui passerent par le glaiue de l'Ange exterminateur; tous ceux qui furent abymez dans la mer [112] rouge; tous les Philistins qui furent tuez au temple de Dagon; 50000. Betsamites[243] qui furent frappez en regardant l'Arche;[244] tous les Prophetes de Baal qui furent esgorgez par le commandement d'Elie.[245] Item les cinq cens mille Israelites qui furent taillez en pieces par Ieroboham;[246] tous les enfans qu'Herode fit massacrer à la naissance de Ies. Christ;[247] tous ceux sur lesquels tomba la tour de Siloé:[248] item, cent mille personnes differentes en sexes, en humeurs, en conditions, en aage, seront toutes chassees de leur pays, toutes mattees[249] d'vne faim extreme, toutes frappees de

---

[239] See p. 119, n. 193.

[240] Francesco Giuntino, or François Junctin, 1522–1596. The French form of his name is the more usual as he lived and worked in Lyon for much of his life. Famous astrologer and mathematician. See Bayle, *Dictionnaire*, art. *Junctin*; also art. *Luther*, rem. B. Author of *De Divinatione quae fit per astra diversum ... Item Th. Aquinatis, Luci Bellanti ac Marsilii Ficini, de eadem divinatione*, Cologne, 1580.

[241] Lucius Bellantius, d. 1499; Florentine astrologer mentioned by Junctin, above. Author of *De Astrologica veritate liber quaestionum. Astrologiae defensio contra Ioannem Picum Mirandulanum*, Basle, 1554.

[242] i.e. Dathan and Abiron; *Numbers*, XVI, 23–32. Racine used the same allusion in Joad's anethema of Mathan, *Athalie*, III, 5.

[243] *Judges*, XVI, 23, gives the figure of 3,000.

[244] *1 Samuel*, VI, 17–21. (Vulgate, *1 Kings*, VI. 17–21).

[245] *1 Kings*, XVIII, 40. (Vulgate, *3 Kings*, XVIII, 40).

[246] Abijah, not Jeroboam, caused the massacre of the 500,000; the latter's attempt at an ambush of the Judaean forces failed and the entire Israelite army was obliterated: *II Chronicles*, XIII, 17 (Vulgate, *2 Paralip.*, XIII, 17).

[247] Massacre of the Holy Innocents, *Matthew*, II, 16.

[248] *Luke*, XIII, 4.

[249] Literally 'slain.' Tis is the original meaning of the word used in chess, cf. its use in compounds 'matamore' and 'matador.'

peste, ou tomberont dans la mer en mesme temps; peut-on dire auec quelque bluette[250] de raison qu'elles sont toutes nees sous vn mesme horoscope?

Ces trois obstacles suffiront pour conuaincre les Genethliaques de fausseté en ce qu'ils se vantent de trouuer asseurément le poinct de la geniture. Certes il leur seroit plus facile de trouuer la quadrature du cercle,[251] le mouvement perpetuel, & la pierre philosophale, que tant d'esprits curieux cerchent en vain depuis 3000. ans, que de pouuoir discerner le poinct de la conception, ou de la natiuité.

Or peut-on dire icy fort à propos que par faute d'vn poinct[252] Martin a perdu son asne: Car ce poinct manquant, il est impossible de cognoistre quelle a esté l'apparition du ciel en vn instant qu'on ne cognoit pas; encore [113] eu esgard à la vistesse incroyable des mouuemens de ces orbes celestes,[253] qui est telle, qu'en vn battement d'artere le baudrier d'Orion fait 2264. lieuës de chemin, en vne minute septante mille, en vne heure quatre millions deux cent mille; & la partie du premier mobile qui sera en conionction avec l'Orion fera en ce battement d'artere douze mille lieuës d'espace celeste: iugez quel sera son esloignement en vne minute, qui contient plus de quatre vingts battemens d'arteres. Que sera-ce donc si le Genethliaque se trompe de deux ou trois minutes en l'aiustement de son Astrolabe? Sans doute qu'il tirera aussi tost l'horoscope de la chimere des Poëtes, ou du cheual Troyen, que de celuy qui vient de naistre. Ce seul poinct suffit pour mettre les Genethliaques au rouët. Mais il faut les mettre tout à fait en desordre, & leur faire sentir de tous cotez l'impossibilité de leur entreprise temeraire.

ARTICLE III.

Qu'il est impossible aux Genethliaques de remarquer tous les phenomenes du ciel au poinct que requierent les reigles de l'art.

SI le poinct de la naissance est de difficile accez, la remarque de l'apparition du ciel qui se peut rencontrer à cet instant & en toutes [114] les reuolutions annuelles, ne l'est pas moins. A tout moment la rapidité du premier ciel, la diuersité des mouuemens des orbes concentriques & eccentriques, & des epicycles, font de si estranges muta-

---

[250] See Littré, *bluette*, 2°.
[251] A classic problem in the history of mathematics.
[252] See Littré, *point*, 5°; here meaning a hole in a strap.
[253] See Introduction, p. XXX.

tions dans le ciel, qu'elles sont capables de faire pirouëtter le teste à tous les Genethliaques. Peut-estre que d'abord ils railleront de cette opinion, comme d'vne marque d'vne ignorance grossiere en ceux qui n'ont iamais veu les astres par le trou de leur Astrolabe: mais ie veux que la raillerie retombe sur la vanité de leur iactance. Demandez à vn Genethliaque pourquoy les tables d'Alphonse,[254] de Copernique, & de Tycho Brahé sont toutes differentes, voire de plusieurs heures, en sorte que par les Ephemerides de l'vn vous trouuerez que deux astres doiuent entrer en conionction à telle heure, & par celles de l'autre cette conionction ne se doit faire que deux heures apres. D'où vient encore que les Tables de ces grands Astrologues ne nous ont pas encore marqué le iuste poinct du temps auquel vne Eclipse doit commencer. Mais ne vous en fiez pas à ces charlatans qui font traffique de mensonge, ie veux que la raison de cette diuersité vous soit rendue par des tesmoins irreprochables. Tous les Astrologues de ce siecle donnent la palme à Tycho Brahé, pour auoir plus exactement qu'aucun autre obserué tous les mouuemens des orbes celestes, & plus fidelement calculé [115] toutes leurs periodes & reuolutions. Or voici ce qu'en dit ce grand Astrologue en son livre de la nouuelle estoille[255] pag. 648.

Ie ne peux assez m'estonner qu'Appian ait prescrit à cette conionction non seulement le iour, mais l'heure, voire la minute, veu que le mouuement de Mars (afin que ie ne die maintenant rien de Saturne) iusques à present n'est pas si cogneu, qu'on puisse certainement marquer la conionction d'iceux dans l'espace de trois ou quatre jours. Que si ce grand homme est suspect aux Genethliaques, à cause qu'il a descrié leur boutique, ie ne pense pas qu'aucun d'eux puisse rien reprocher à Cardan, puis qu'il a esté le plus celebre Genethliaque de son temps, & que l'art de l'Astromantie luy est redeuable de quantité d'obseruations qui viennent de son inuention. Cependant sect. 1. aphor. 21. ce grand Medecin, grand Astrologue, grand Genethliaque, dit,[256] *qu'il y a des choses qu'on sçait parfaitement, comme les ascensions des cercles; d'autres qu'on sçait à peu pres, comme les reuolutions du Soleil; d'autres qui peuuent estre sçeuës, encore qu'on ne les sçache pas, comme les reuolutions des orbes superieurs; d'autres qui sont sous quelque science, mais qui ne pourront iamais estre sçeuës, comme l'entree du Soleil au poinct de l'Equinoxe:*

[254] Alfonso X of Spain, 1221–1284, a great patron of scholars. Observations taken at Toledo by Jewish and Arabian astronomers were published in the form of astronomical tables (the Alphonsine Tables) which were published in Venice, 1485. See Dreyer, op. cit., p. 3.
[255] See p. 90, n. 106. Reference to *Progymnasmata*, Uraniburg, 1610, p. 648, part of a reply to P. Apianus writing from Tubingen on 26 December, 1572. see also p. 90, n. 104.
[256] *Aphorismorum*, edit. cit., p. 208 (verso).

*d'autres qui ne sont pas sçeuës & ne le peuuent pas estre, comme les mixtions
des astres & leurs vertus.* Et c'est de là que vient la diuersité des Tables
Astrologiques.

O chetiue Astromantie! te voicy reduite [116] au desespoir, il faut
que tu poses les armes, que tu brises tes astrolabes, & que tu rendes les
abbois. Car si les plus celebres Astrologues asseurent qu'on se peut
tromper de trois ou quatre iours en faisant le calcul pour trouuer la
conionction de deux planetes, & si les plus fameux Genethliaques declarent franchement qu'on ne pourra iamais remarquer le poinct du
temps auquel le Soleil entre dans l'Equinoxe, & qu'on ne sçait qu'à
peu pres les reuolutions de Soleil, & que la cognoissance du meslinge
des Astres est tout à fait impossible: Que deuiendras-tu malheureuse,
auec tout ton grand attirail d'obseruations si ponctuelles touchant
l'entree, la demeure, & la sortie de tous les astres en toutes les maisons,
voire en tous les degrez, voire en toutes les minutes, secondes, & tierces
qui sont contenuës en toute l'estendue de la longitude & latitude du
ciel? Si, di-ie, toute l'industrie de tes plus grands maistres n'a peu remarquer ponctuellement cette entree si notable du Soleil en l'Equinoxe,
quoy qu'elle se face au beau milieu du ciel, au lieu le plus eminent, &
qui est plus en veuë que tous les autres endroits du ciel, encore en
certain temps que chacun pense monstrer au doigt; t'imagineras-tu
que tes charlatans auec leurs sarbatanes [257] mal aiustees puissent iamais
remarquer toutes les entrees de tous les astres en toutes les poinctes des
maisons, & en tous les degrez & [117] minutes d'icelles auec toutes les
conionctions, aspects, rencontres & configurations qu'ils peuuent
auoir par ensemble à chaque moment, voire en tous les momens d'vne
vie de soixante ou nonante ans? Certes ils auroient plustost conté tous
les flots qui s'esleuent sur l'Ocean durant toute vne annee, ou amassé
tous les atomes qui paroissent en vn rayon de Soleil. Et si on ne peut
encore sçavoir qu'à peu pres les reuolutions du Soleil; à quoy bon toutes
les directions d'horoscope, du milieu du ciel, du Soleil, de la Lune, de
partie de Fortune, puis que le poinct de cette reuolution est aussi
necessaire à tes horoscopes, comme celui de la geniture? O engeance de
demons, fille de tenebres, mere de mensonge, nourrice de vanité, voila tes
Genethliaques enveloppez par leurs propres maximes, tout ainsi que les
araignes dans les toiles qu'elles ont trauaillé pour y prendre les mousches.

Serrons encore de plus pres ces oiseaux de presage, & leur arrachons
toutes les ailes, afin qu'ils ne puissent plus prendre l'essor dans l'auenir.

[257] Or 'sarbacane,' see Littré. Normal meaning is a blowpipe, occasionally a speaking-
tube. Here obviously a tube for sighting stars.

ARTICLE IV.

*Qu'il est impossible aux Genethliaques de cognoistre
distinctement les influences de toutes les estoilles.*

CE que nous auons dit en l'Article precedent suffit pour conuaincre d'impossibilité [118] le troisieme principe des Genethliaques. Car ils tiennent pour vn autre fondement de leurs obseruations deuinatoires, que ce n'est pas assez de considerer quelles peuuent estre les influences des astres pris chacun à part soy, selon sa complexion naturelle; mais que de plus il faut considerer quelles pourront estre toutes ces influences dans les meslinges[258] qui s'en peuuent faire par les diuerses assiettes, rencontres, & configurations que le mouuement des orbes celestes produit à tout moment: & ce d'autant qu'ils ont recogneu par leur alambique que la moindre diuersité d'assiette, de posture, de rencontre, de configuration, est capable de causer vne grande diuersité d'influences. Donc s'il n'est pas au pouuoir des Genethliaques de remarquer certainement toutes ces diuersitez d'assiette & de rencontre, comme nous auons prouué cy dessus; aussi ne pourront-ils iamais cognoistre toutes les vertus & proprietez des influences qui dependent de toutes ces postures si diuerses: mais nous auons encore d'autres argumens pour faire paroistre l'impossibilité de cette cognoissance.

2. Notez que les Genethliaques ne tirent pas leurs influences des astres seulement, ains aussi de toutes les parties du ciel, selon les endroits diuers desquels elles peuuent regarder icy bas, & principalement de celle de la Fortune & de celles qui portent la teste & la queuë [119] du Dragon. Or est-il que cela posé auec les diuers mouuemens que les Genethliaques mesmes recognoissent dans les orbes celestes, deux choses mettent les influences des cieux à couuert, & les derobent entierement à la cognoissance humaine. La premiere est le changement subit de ces influences. L'autre est la perpetuelle nouueauté d'icelles.

Le changement subit paroit en ce que chaque partie du premier mobile auance en vne minute 200000. lieuës[259] vers l'Occident, & celles du ciel crystallin de 100000. & celles du Firmament septante mille, ainsi à proportion toutes les parties des autres cieux; en ce qu'en mesme temps le Crystalin, le Firmament, & tous les orbes des planetes auancent vers l'Orient, l'vn plus, l'autre moins; de sorte qu'à toute

---

[258] Modern French 'mélange'; rare spelling, repeated on p. [122].
[259] cf. the figures quoted on p. 236.

minute, voire à tout momnet, il s'y fait diuerses conionctions de parties
dans les cieux, & la diuersité de ces conionctions diuerses influences
qui paroissent & disparoissent aussi vistement[260] que des esclairs;
cela n'est-il pas capable d'esblouir les yeux des Genethliaques, quoy
qu'ils soient fortifiez des lunettes de Galilee? Mais la perpetuelle
nouueauté de ces influences est vn autre martel en teste pour reduire
en poudre toute la cognoissance & l'experience qu'ils en pretendent
auoir. Car s'il est vray (comme tous les Astrologues, & tous les Genethliaques mesmes le disent) que le Firmament & tous [120] les orbes
qui portent les apogees & perigees des planetes ne puissent acheuer le
cours de leur mouuement naturel en moins de quarante huit mille ans,
au bout desquels seulement, & non plustost, les cieux se doiuent retrou-
uer en mesme assiette & en mesme conionction de parties qu'ils ont
euës auec le premier mobile, & auec tous les autres orbes celestes, au
premier instant de leur creation: Qui ne void que c'est chose impossible
qu'vne mesme conionction des mesmes parties de tous ces orbes
celestes se rencontre deux fois, si ce n'est de retour de l'annee Platonique? Ie veux que cette impossibilité se voye à l'oeil. Notez que presentement il y a vne certaine partie du Firmament qui se trouue en
conionction auec vne certaine partie du premier ciel au poinct de
nostre meridien. Or dans vne minute voila ces deux parties esloignees
l'vne de l'autre de vingt trois pas Geometriques;[261] en vne heure, de
trois mille trois cens quatre vingts; en vn iour, de douze mille lieuës;
en vn an, de trois mille neuf cens soixante sept, ou enuiron. De sorte
qu'elles seront tousiours en nouuelle distance, iusques à ce qu'elles
soient rentrees en leur conionction: ce qui ne se peut faire que par vne
reuolution du Firmament; & pour cette reuolution il faut 48000. ans.
Or ce que nous disons de ces deux parties se rencontre de mesme entre
toutes les autres parties de tous les [121] orbes celestes, voire Cardan Aphor.
27. conclud de là qu'aucun planete, excepté le Soleil, ne retournera
iamais en mesme lieu.[262] Quelle apparence donc que ces gens puissent
iuger des influences qui pourront tomber de toutes ces conionctions de
parties celestes qui sont touiours nouuelles, & qui ne se peuuent rencontrer qu'vne fois en l'espace de quarante huict mille ans?
    Encore demanderoi-ie volontiers aux Genethliaques, par quel alam-
bique ils ont peu distiller les influences des astres, & quelle application

[260] A form also used on p. [194]. Already archaic but used as late as Montaigne.
[261] A pace measured from left foot on ground to left foot on ground: i.e. a double pace.
Littré gives this as 1 m 62 cm, or approximately 5 feet.
[262] *Aphorismorum*, edit. cit., p. 208 (verso).

ils en ont faite pour en distinguer si certainement les vertus & les proprietez comme ils font.

Ils posent comme chose tres certaine que les influences de Saturne sont froides, celles de Iupiter chaudes & humides, celles de Mars chaudes & seches, celles de Venus froides & humides, &c. Que les estoilles qui font la teste du Belier tiennent de la nature de Saturne & de Mars, celles qui sont à la bouche de la nature de Mercure, celles qui sont au pied de derriere de la nature de Mars, & celles qui sont à la queuë de la nature de Venus, &c.

De plus, ils posent encore pour certain que les influences de chasque planete, voire de chasque estoille fixe sont plus particulierement attachees à certaines choses qu'à d'autres. Pour exemple, ils disent que les influences de Saturne tombent singulierement sur [122] le marbre & le plomb, sur l'ellebore & le pauot, sur le chameau & le mulet, sur les os & les cartilages, &c.

Or posant que tout cela soit aussi vray comme il est faux, par quel astrolabe, ou par quel alambique en auroient-ils peu faire toutes les distinctions qui vont à l'infini? Ont-ils iamais veu Saturne agissant tout seul en quelque endroit du ciel? les estoilles qui sont à la teste du Belier ont elles esté separees de celles qui sont à la bouche? ou bien ont-ils quelque sarbatane par laquelle ils ayent peu humer les influences de celles là toutes pures & sans le meslinge d'aucune autre?

Certes voila vne plaisante œconomie que ces messieurs de leur authorité & plein pouuoir ont establie dans les cieux contre toute apparence de raison; mais c'est dommage qu'elle puisse tomber dans la cognoissance de l'esprit humain, & que de là mesme on tire vn argument pour conuaincre leur entreprise d'vne impossibilité insurmontable.

Pendant que les apprentis de l'art alambiqueront leur ceruelle en alambiquant les influences des astres, auec leur alambique imaginaire, pour en tirer la quintessence des Idees Platoniques, nous verrons quel a esté le sentiment des maistres touchant la difficulté & impossibilité de cette vaine pratique.

ARTICLE V.

Aueu des maistres Genethliaques touchant l'impossibilité des predictions
Genethlialogiques.

ON ne peut douter que Ptolemee n'ait esté des plus sçauans en
l'Astrologie iudiciaire, & qu'il n'ait eu vne parfaite cognoissance de
toutes les pieces qui composent l'Astromantie des Genethliaques,
puis qu'il en fait des liures (quoy que plustost pour dire ce qui luy
sembloit plus probable selon les principes posez par les Chaldeens, que
pour approuuer leur[s] reueries magiques). Or ce grand Astrologue
ayant recogneu toutes les difficultez qui se rencontrent en cette pratique, dit hautement au liure 2. de son Quadrip. qu'il est impossible
que par la cognoissance des astres on puisse predire les choses particulieres qui sont à auenir, & qu'il n'y a que ceux qui sont inspirez de
quelque Dieu qui les puissent predire.[263]

Que diront les apprentis de l'astrologie iudiciaire de cet arrest qui
condamne si formellement leur entreprise d'vne temerité qui butte à
l'impossible, & laisse à conclurre que la rencontre de leurs predictions
est vne marque d'inspiration diabolique? Par deuant quel iuge pourront-ils appeller pour faire casser cet arrest prononcé par le Prince
des Astrologues, [124] & par l'vn des plus sçauans qui fut iamais en
leur art? mais quelle raison d'appel pourroient-ils employer pour se
faire releuer de l'opprobre que cet arrest attache au front de leur
impudence, qui se vante de preuoir qu'vn tel en tel temps sera frapé
d'un coup de pied de cheual blanc? &c.

Pendant que les Genethliaques preparoient vne requeste ciuile pour
se pouruoir contre cet arrest de Ptolomee (sic) par deuant Zoroastre à
son retour qui sera (si on les veut croire) en la troisieme annee Platonique; voici Cardan l'vn des plus rafinez de la Cabale qui s'y oppose,
disant qu'il a employé trente ans entiers sur son horoscope, & s'il n'a peu
preuoir que son fils aisné deust espouser vne putain, l'empoisonner, &
pour punition passer par le glaiue du bourreau. De plus le mesme
Cardan au chapitre 22. du liure des Iugemens des Genitures, dit qu'il
est tres difficile de pouuoir discerner par l'inspection des astres ce
qu'vn homme doit choisir selon le lieu, & le temps, & les autres
circonstances qui se peuuent rencontrer:[264] pour exemple, s'il est

---

[263] This seems to be overstating Ptolemy's position. The reference bears more resem-
blance to passages in book I, rather than anything in book II.

[264] *Liber de iudiciis geniturarum in libelli quinque*, Nuremberg, 1547; 'Igitur difficilis haec
est scientia' p. 72 (verso)–p. 73 (recto).

expedient qu'vn General donne presentement la bataille, ou qu'il se retranche contre l'ennemi; ou bien qu'vn homme parte auiourd'hui pour vn voiage, ou qu'il attende encore huict iours, & allegue quatre raisons de cette grande difficulté. La premiere est la multitude des choses qui peuuent tomber en l'election, & la multitude [125] des affaires qui empeschent de cognoistre ce qui est le plus expedient. La seconde est la difficulté de discerner quelle chose est distinctement promise par les significateurs, c'est à dire par les astres fatidiques. La troisieme est la subite²⁶⁵ & perpetuelle mutation des phenomenes celestes. La quatrieme est la multitude des choses qui sont signifiees par les astres & autres parties du ciel selon leurs diuerses postures. Apres quoy il conclud que le choix du temps est expedient pour le fait de semer & d'enter, & non pour les choses qui dependent de la libre volonté des hommes, pource que les astres n'agissent pas & n'excitent pas autant qu'il seroit besoin.

Or s'il est difficile à vn des plus grands Genethliaques de coniecturer ce que les astres pourront predire ou signifier touchant vne affaire qui s'entreprend avec la circonspection du temps, & de certaine disposition du ciel, comment les apprentis de cet art nous feront-ils accroire qu'ils pourront iuger des euenemens casuels & fortuits, & des resolutions libres que cet enfant naissant pourra former durant vne vie de soixante ans, sans que cet enfant ait esgard à la disposition des astres? Si les Chaldeens ne pouuoient interpreter les songes de leurs Roys apres qu'ils leur estoient exposez, comment eussent-ils peu deuiner les songes mesmes auant qu'ils fussent tombés dans le sommeil? Aussi recogneurent-ils franchement [126] leur impuissance en ce fait. De mesme si les plus grands Astrologues ne peuuent deuiner ce que les astres verseront sur vne affaire qui se va deliberer, resoudre & executer sous vne telle constellation, ny quelle en pourra estre l'issue; comment les apprentis auroient-ils peu descouurir cette mesme affaire & son succez, cinquante ans auant la naissance de celuy qui l'entreprend?

Veritablement si Cardan a trouué vne si grande difficulté en ce premier iugement, il faut auoüer l'impossibilité toute entiere en celuy qui se fait sur les astres de la geniture; car c'est de ces astres là aussi bien que des autres que le mesme Cardan dit qu'ils n'ont pas la vertu d'encliner & de pousser les hommes autant qu'il est besoin; c'est pourquoy il conclud qu'il est necessaire d'aider leur foiblesse par le moyen des elections.

Or si l'efficace des constellations natales depend des elections, & si

²⁶⁵ i.e. 'rapid' not 'sudden.' See Huguet who gives this as the first meaning.

les elections dependent de la liberté d'vne volonté qui n'est pas encore
en estre, sur quoy sera fondé le deuinement du Genethliaque qui entreprend de predire que ce petit enfant aura vn second fils qui le fera
son prisonnier de guerre? Il faut estre plus aueugle qu'aucun des
quinze vingts [266] de Paris, pour ne pas voir qu'il ne peut estre fondé sur
la disposition des astres. C'est doncques sur quelque autre base que les
Genethliaques appuient leur asseurance touchant [127] les euenemens
de leur[s] predictions, & non sur les astres, comme ils disent faussement, afin de couurir la magie de leur art diuinatoire.

Ie pourrois produire vne multitude d'autres tesmoins qui recognoissent les mesmes difficultez; mais ie n'en veux qu'vn seul qui est capable
auec Ptolemee & Cardan de confondre pour iamais l'insolence des
Genethliaques. C'est Sixte d'Hemminge Frisien, l'vn des plus doctes
Genethliaques de son temps, lequel apres auoir employé la meilleure
partie de sa vie à l'estude & à la pratique de l'Astrologie iudiciaire,
en fin pressé de sa conscience, a voulu tesmoigner à la posterité ce
qu'il en auoit recogneu par experience. Voicy donc le tesmoignage
qu'il en a consigné dans ses escrits, pour vn aduis salutaire aux esprits
curieux. [267]

Dés mon enfance (dit-il) *i'ay esté extremement curieux de cognoistre si toutes
les choses de ce bas monde estoient gouuernees par les astres, & administrees
par leur vertu; ou bien si toutes ne dependoient pas de la domination des astres,
quelles, en quelle maniere, & iusques à quel poinct; en apres* [268]*si cela mesme
pouuoit estre exactement cogneu par l'esprit humain, & si telle cognoissance
estoit vtile au genre humain: en la recerche desquelles choses i'ay employé beaucoup
de temps & de trauail, & fait des grands frais. Enfin apres que par vne longue
pratique & grande experience ie me suis rendu sçauant en ces choses, & que ie
[128] les ay considerees de prés, i'ay recogneu que la doctrine des Astrologues
laquelle ie soustenoye opiniastrement auant qu'elle me fust cogneuë, est impossible,
fausse, indigne de creance, & inutile.*

Voila encore un arrest bien sanglant contre l'Astromantie des
Genethliaques, & qui les condamne absolument, definitiuement, &
irremissiblement, pour son impossibilité, fausseté, impieté, & inutilité
à estre d'oresnauant vn obiect d'opprobre & d'infamie à tous les
hommes d'honneur, comme vne inuention diabolique.

---

[266] Littré, *Quinze-Vingts*. See also Lister, *Journey to Paris*, edit. cit., p. 22. A hospital for
300 blind, founded by Saint Louis in Paris.
    [267] The French form of Sixtus ab Hemminga, a sixteenth-century Flemish astronomer.
Pithoys is quoting from *Astrologiae, ratione et experientia refutatae liber*, Antwerp, 1583, p. 28:
'Hoc enim a primis annis ... inutilem.' The Greek quotation is omitted by Pithoys.
    [268] *en apres* – used by La Fontaine, *Contes*: see Haase, *op. cit.*, p. 359.

Resteroit encore de faire voir l'impuissance de l'esprit humain ou des phenomenes fatidiques par vne infinité d'horoscopes tirez par les plus habiles maistres de l'art, qui se sont trouuez faux en toutes leurs parties; nous en parlerons plus à propos sur le suiect de l'experience pretendue par les Genethliaques, aussi bien auons nous assez posé de fondemens pour en tirer cette conclusion.

Conclusion de tout ce qui est contenu en ce chapitre.

Tout art qui entreprend des choses infinement esloignees de la puissance de l'industrie humaine, & par des moyens qui n'ont pas la vertu de les produire, & qui par ses propres maximes est conuaincu d'entreprendre l'impossible, doit estre tenu pour art [129] magique, & entierement diabolique.

Or est il que tout le contenu de ce chapitre prouue peremptoirement que l'Astromantie des Genethliaques est telle.

Donc l'Astromantie des Genethliaques est vn art magique, & entierement diabolique.

[130] CHAPITRE IV.

CONTENANT LA *SECONDE MARQVE DE LA MAG*ie des Genethliaques, qui consiste en ce

QVE LES OBSERVATIONS & prattiques dont les Genethliaques se seruent pour paruenir à la cognoissance & prediction des choses futures sont entierement absurdes & ridicules.

TOVT art diuinatoire & magique s'est tousiours serui de quelques obseruations & de quelques prattiques specieuses,[269] dans lesquelles il a fait consister tout le mystere de ses predictions.

Les Chiromantiens ont leurs maximes fondees sur les parties, lineamens, figures & proportions qui se peuuent obseruer en la main; des regles bien expresses pour cognoistre toutes les significations de ces choses; [131] apres tout vne industrie & adresse particuliere pour aiuster les lunettes de l'art, afin de pouuoir bien distinctement distinguer & discerner tout ce qui peut seruir à dresser la prognostication. Ainsi en est-il des Physiomantiens, Hydromantiens, Geoman-

[269] *specieuses* – beautiful in appearance. The pejorative meaning of this word has been acquired merely by innuendo.

tiens, Cabalistes, & autres qui font profession de deuiner les choses
secretes.

Mais sur tous, les Genethliaques sont riches en telles obseruations
& prattiques, & surpassent tous les autres en ce poinct; soit pour la
multitude, car elles vont à l'infini; soit pour auoir plus d'apparence de
raison & de solidité, en tant qu'elles sont fondees sur des causes vni-
uerselles & de grande vertu, encore reuestues d'vn coloris qui donne
aisément dans les yeux, & prouoque les curieux à leur admiration.

Neantmoins en cecy paroit vn traict de la prouidence diuine qui
gouuerne l'vniuers, & specialement les hommes, que les demons qui
ont inspiré & suggeré toutes ces maudites inuentions, n'ayent pas
prescrit des moyens & des prattiques conuenables pour les effects
diuers qui sont pretendus & recerchez par les ouuriers d'iniquité:
en sorte qu'vn homme d'esprit, & qui n'est pas tombé dans vn sens
reprouué, en peut facilement descouurir la vanité & l'absurdité.

Qui ne pourra iuger qu'il n'y aucune apparence de raison de
coniecturer qu'vn homme [132] viura 60. ans, ou qu'il aura cinq
enfans, ou qu'il sera riche, ou qu'il sera pendu, d'autant qu'en sa
main il y a tels lineamens, de telle dimension, droiture, obliquité,
trauersement, figure? &c. ou bien, d'autant qu'il y a tant de lettres
dans son mon, & dans celuy de son pere ou de sa femme, lesquelles se
peuuent ioindre ensemble auec diuerses transpositions & conionctions?
ou bien d'autant qu'en venant au monde il a poussé premierement sa
main droite dehors, & a esté receu par une vefue, & a esté posé sur le
giron d'vne pucelle, & de là couché sur vn matras? [270] &c.

Que si vous demandez pourquoy les Demons, qui sont si entendus
à tromper & seduire, & qui d'ailleurs sont si subtils en leurs inuentions,
n'ont pas suggeré d'autres moyens & d'autres prattiques plus conuenables & mieux proportionnees aux choses qu'ils veulent faire predire
par leurs deuins: Le ciel & la terre & toute la nature vous protesteront
que cela est hors de leur pouuoir, & que pour vne chose impossible il
ne se peut trouuer de moyens conuenables pour en persuader la production.

Nonobstant quoy les Genethliaques ne laissent pas de soustenir
au contraire, que les obseruations & prattiques de leur art diuinatoire
sont toutes mirelifiques, & plus fondees en raison que toutes les maximes de la Metaphysique: & quoy que Dieu & le monde [133] en
puissent dire, ce leur est assez de n'estre pas de leur opinion.

---

[270] The modern French 'matelas' ⟨ Italian, *materasso*.

Mais ie veux percer à iour les plus mysterieux cachots de leur astromantie, & foüiller iusques au fonds du puits, d'où elle se vante faussement de tirer la cognoissance des choses futures, & la verité de ses predictions; faire voir à l'œil qu'au lieu de la lumiere que les Genethliaques y cuident rencontrer, tout y est plein de fumee & noircy d'obscurité: qu'au lieu d'obseruations astrologiques, ils n'ont que des inuentions magiques, absurdes, ridicules, extrauagantes, & qui sont vne marque de la magie de cet art. La premiere Section representera nuëment les obseruations & les reigles plus considerables de cet art, la seconde en descouurira l'absurdité & la vanité.

SECTION I.

Quelles sont les obseruations plus considerables des Genethliaques.

ARTICLE I.

Premiere resuerie des Genethliaques touchant les douze maisons qu'ils ont basties dans le ciel.

LEs Genethliaques d'authorité souueraine ont diuisé le ciel en douze maisons, contenant [134] chacune 30. degrez de longitude celeste, prenant la premiere à l'horizon oriental, la seconde ensuiuant sous l'horizon, ainsi consecutiuement toutes les autres, passant de l'Orient en Occident, premierement par dessus l'hemisphere inferieur, & puis de l'Occident à l'Orient par dessus l'hemisphere superieur, en sorte que les six premieres sont dessous, & les autres six au dessus de l'horizon. Et en vertu des lettres patentes qui ne se monstrent pas.

La premiere maison est establie pour estre la boutique où se forge la stature, la forme, la complexion, la disposition, & autres habitudes du corps, la duree de la vie, l'esprit, le genie, & les mœurs de l'enfant naissant. Ils appellent cette maison l'Horoscope, à cause qu'elle est la racine, le principe & le plus considerable poincte de toute leur inspection, la base & l'arcboutant de toutes leurs prognostications. Aussi est-elle nommee l'Ascendant, à cause que d'icelle les astres montent sur l'Horizon, car son premier degré est à l'angle oriental.

En la 2. se fait l'inuentaire de tous les biens & de toutes les commoditez qu'on pourra acquerir par industrie & trauail.

En la 3. se descouurent les bons euenemens & heureux succez, auec la concorde qu'on pourra auoir auec ses freres.

En la 4. se void l'estat de la maison paternelle, le patrimoine, & les successions qu'on [135] en doit esperer, tant en edifices, qu'en terres, prez, iardins, vignes, forests, estangs, & les profits qu'on pourra tirer de l'agriculture & du trafique des metaux; & pour comble, les accidens qui pourront arriuer apres le trespas. Cette maison est appellee le fonds du ciel, la fosse des planetes, l'angle d'en bas.

En la 5. apparoissent les enfans qu'on doit auoir, leur estat & condition, le contentement ou l'ennuy qu'on en doit receuoir, les vestemens precieux, les banquets somptueux, les voluptez charnelles, & toutes les delices dont on doit iouïr, avec tous les dons & presens qu'on doit receuoir des parens, ou des amis, ou des grands.

En la 6. se descouurent les infirmitez, maladies, & autres afflictions corporelles, & notamment les maladies des yeux. Item, la condition des seruiteurs & seruantes, les commoditez & incommoditez qu'on pourra receuoir des petits animaux domestiques, & les choses qui doiuent arriuer un peu deuant²⁷¹ le trespas.

En la 7. se font les contracts de mariages; c'est d'icy qu'ils apprennent si vn homme ou vne femme seront mariez, & combien de fois, s'ils seront heureux ou malheureux en leur mariage. Item c'est en ce domicile que sont marquez les debats, noises, querelles, guerres, larcins, brigandages, rapines, & autres iniustices qu'vn homme doit perpetrer; [136] & au bout de tout, la mort quand elle doit estre naturelle. Le premier degré de cette angle est à l'angle occidental.

En la 8. apparoissent les trauaux, les peines, les craintes, les frayeurs, & là sont prononcez les arrests de mort violente, par lesquels ils sont aduertis qu'irremissiblement cet homme doit perir vn tel iour, par le gibet, ou par l'eau, ou par poison, ou par vn coup de pied, ou par quelque autre funeste accident.

En la 9. se desploye la science ou l'art de quoy on doit faire profession; la religion & pieté, le rang & la dignité qu'on doit tenir en l'Eglise; aussi de là on apprend l'interpretation des songes & des prognostiques, si on fera de grands voyages, & si on sera enuoyé en ambassade.

En la 10. sont estallez les sceptres & les couronnes, & toutes les marques des charges ausquelles on pourra paruenir dans l'Estat. C'est pourquoy ils establissent leur Chancellerie, en laquelle ils expedient à chacun des lettres royaux²⁷² pour les offices, charges, dignitez, pree-

---

²⁷¹ The modern distinction between *devant* and *avant* was not clear in the XVIIth century: see Haase, *op. cit.*, p. 354.

²⁷² Adjectives from Latin -*alis* were invariable in Old French. This was already an archaic form in the seventeenth century but was retained in the language of the *Chancellerie:* see Littré, 'lettre –R ♦ 2.'

minences & grandeurs qu'il doit vn iour obtenir. Icy est le milieu, le faiste, le coeur du ciel, la maison royale.

En l'onziesme est marquee la tranquillité & la douceur de la vie humaine, l'aimable societé, l'agreable conuersation, la fidelité d'amitié, & comme on pourra reüssir dans les [137] magistratures, & dans les conseils des grands.

En la 12. se descouurent les perfidies, trahisons, embusches, empoisonnemens, & autres meschancetez des ennemis; les rencontres mauuaises d'animaux, ou de quelques autres creatures, le dommage qu'on en pourra receuoir, les emprisonnemens, & autres violences qu'on pourra souffrir, les ennuis, tristesses, angoisses, & autres afflictions qui pourront arriuer; & notamment toutes les couches bonnes ou mauuaises des femmes enceintes, auec toutes les circonstances d'icelles.

Voila les boutiques d'où les Genethliaques tirent tout le galon & le clinquant qu'ils debitent: mais pourueu qu'on se puisse empescher de rire, ils nous feront bien voir d'autres mysteres.

ARTICLE II.

Autres resueries touchant les diuerses parties du Zodiaque, & les signes contenus en iceluy.

SI nous en croyons aux Genethliaques, il y a des parties du Zodiaque qui sont masculines, & d'autres qui sont feminines, asçauoir 197. de celles là, & 163. de celles cy: lesquelles parties se prennent indifferemment dedans tous les signes, de sorte qu'il y a de ces parties masculines dans les signes feminins, & des feminines dans les signes masculins.

[138] 2. Il y a des parties lumineuses & des parties obscures, voire mesme dans le Zodiaque du premier mobile, qui est bien le plus considerable, quoy qu'il n'y ait aucune estoille ny aucune lumiere qui nous apparoisse en iceluy.

3. Il y a encore des parties qu'ils appellent pleines, & d'autres vuides. Ces pleines sont celles ausquelles se rencontrent les trente six Doyens ou Dixeniers qu'ils establissent sur chaque dixaine de degrez tout autour du Zodiaque.

4. Ils ont distingué les douze signes du Zodiaque en masculins & feminins, raisonnables & brutaux, superieurs & inferieurs, commandans & obeissans, gras & maigres, ioyeux & melancholiques, chauds & froids, secs & humides, &c.

5. Outre les douze effigies que les poëtes fabuleux ont imaginé tout

autour du Zodiaque, qu'on appelle vulgairement les douze signes, les Genethliaques en ont encore descouuert des nouuelles iusques au nombre de 360. en sorte qu'il n'y a pas vn degré qui ne soit peint de quelque effigie inuisible à tout autre qu'à vn Genethliaque. Pour exemple,

Au premier degré du Belier il y a vn homme tenant vne faux de sa droite, & de sa gauche vne arbalestre. Au 2. il y a vn homme à teste de chien, qui tient son bras droit estendu, & de sa main gauche vne baguette. Au 3. vn [139] homme lequel appuyant sa main gauche sur sa ceinture, monstre auec sa droite les diuers royaumes du monde. Au 4. vn homme crespu, tenant de sa droite vn espreuier,[273] & de sa gauche vn fouët, &c. Ainsi vont-ils depeignans tout le lambris du Zodiaque, d'hommes, de femmes, de bestes terrestres & aquatiques, de plantes, & de plusieurs effigies monstrueuses: en sorte qu'ils ne laissent pas vn seul degré qui ne porte quelque marque de leur burin ou de leur pinceau phantastique.

ARTICLE III.

Autres plaisantes resueries touchant les departemens des astres.

LEs Genethliaques aians dressé leurs douze maisons fatidiques, ils distribuent les douze signes du Zodiaque & les sept planetes en icelles, assignans à chacun vn signe & vne planete pour en estre les consignificateurs. De sorte qu'en vertu de ce premier departement, le Belier & Saturne sont mis en sentinelle dans le premier domicile, le Taureau & Iupiter dans le second, les Gemeaux & Mars dans le troisieme, l'Escreuisse & le Soleil dans le quatrieme, le Lion & Venus dans le cinquieme, la Vierge & Mercure dans le sixieme, la Balance & la Lune dans le septieme, le Scorpion & Saturne dans le huictieme, le Sagittaire & Iupiter dans le neufieme, le [140] Capricorne & Mars dans le dixieme, le Verse-eau & le Soleil dans l'onzieme, les Poissons & Venus dans le douzieme.

2. Outre ce, ils baillent encores aux planetes vn autre departement dans les douze signes du Zodiaque, & veulent que chacune d'icelles en faisant son cours ait encore quelqu'vne des douze maisons, en laquelle elle puisse s'esgayer plus priuément qu'en toutes les autres.

Ainsi Saturne a pour son domicile durant le iour le Verse-eau, &

[273] This metathesised form of *espervier* was common in the XVIIth century according to Littré.

de nuict le Capricorne, & la douzieme maison pour s'y descharger de ses chagrins. Iupiter a le Sagittaire & les Poissons pour logis, tant de iour que de nuict, & l'onzieme maison pour s'y resiouir auec ses amis. Mars est logé dans le Scorpion & dans le Belier, & change sa colere en ioye quand il entre dans le sixieme domicile. Le Soleil a son appartement auec le Lion, & s'esgaye dans le neufieme demeure. Venus a son quartier au signe du Taureau & de la Balance, & la cinquieme maison pour y trouuer la iouïssance de ses desirs. Mercure a son pauillon dans le quartier de la Vierge, & dans la premiere maison son passe-temps. Le logis de la Lune est marqué à l'enseigne de l'Escreuisse, & le cabinet de ses delices dans le troisieme domicile.

3.* Ils assignent encores à chaque planete un lieu d'exaltation, d'honneur & de gloire; [141] & vn lieu de cheute, d'abaissement & d'ignominie. A ce qu'ils disent, l'exaltation & la plus grande gloire de Saturne est dans la Balance, & sa cheute dans le Belier. Le throsne maiestueux de Iupiter est dans l'Escreuisse, & sa chetiue & honteuse cabane est dans le Capricorne. Mars au contraire trouue les marques de sa hautesse dans le Capricorne, & celles de sa bassesse dans l'Escreuisse. La gloire du Soleil est en son lustre dans le Belier, & se trouue obscurcie dans la Balance. Venus est glorieuse dans les Poissons, mais la ialousie de la Vierge la couure d'infamie. Mercure s'enorgueillit des hautes faueurs de la Vierge: mais il est bien honteux quand il se void à mepris dans le quartier des Poissons. La Lune a son palais dans le Taureau, mais le Scorpion la loge dans vne escurie.

4. Encore outre tout cela font-ils articles des dignitez & des debilitez, tant essentielles qu'accidentelles des planetes.

5. Ils assignent à chacun de leurs Doyens vne planete; en sorte que le premier Doyen du Belier est attribué par les Egyptiens à la planete de Mars, le second au Soleil, le troisieme à Venus. Le premier Doyen du Taureau à Mercure, le second à la Lune, le troisieme à Saturne.

6. Ils establissent de plus des seigneurs & dominateurs dans chacune de leurs maisons, & particulierement sur l'ascendant, & sur [142] toute la geniture. Pour fin, ils sçauent ceux qui signifient, & ceux qui promettent; c'est à dire que certaines planetes ou parties du ciel prognostiquent qu'estant paruenues en tel endroit elles executeront vn tel effet sans point de faute, & le sçauent, di-ie, certainement; car en foy de Genethliaque ils iurent que tout cela se trouue dans leurs Calendriers.

* Numbered 4 in the original.

ARTICLE IV.

Autres gaillardises touchant les mouuemens &
rencontres, les vertus, & les effects des astres.

LEs Genethliaques ayans tendu à leur plaisir tous les pauillons dans les campagnes celestes, & assigné les quartiers aux principaux chefs de cette armee siderale, ils la mettent en campagne, & luy font faire cent mille limaçons, & n'y a sorte d'exercices militaires ny d'exploits & de stratagemes de guerre [274] qu'ils ne facent prattiquer à ces bandes estoillees, sans leur donner vne minute de repos. C'est icy que les Genethliaques employent toutes leurs lunettes & tous leurs astrolabes, pour descouurir les marches & desmarches, & les caracoles [275] que peuuent faire les astres. O les dignes lunettes, puis que par icelles ils descouurent la route que chaque bande & chaque officier peuuent [276] tenir, [143] toutes leurs entrees, demeures, & sorties, en chaque domicile & chaque logis; toutes les rencontres qu'ilsy pourront faire, & tout ce qu'ilsy pourront effectuer. Et malgré toutes les raisons que les plus grands Astrologues alleguent pour prouuer cette chose impossible; ils sçauent cognoistre certainement en quelques assiettes, approches, conionctions, esloignemens, distances, exaltations, abaissemens, dignitez, infirmitez, configurations, proportions, & en quels degrez de longitude & de latitude pleins, vuides, luisans, obscurs, masculins, feminins, se pourront rencontrer toutes les planetes & toutes les estoilles, non seulement en toutes les reuolutions annuelles, mais en tous les momens qui se peuuent nombrer en vne duree de 36000.ans. Par le moyen de ces mesmes lunettes ils ont recogneu & bien certainement (à ce qu'ils disent) tous les effects que chaque planete & chaque estoille fixe, voire chaque partie du ciel peuuent signifier & produire en chaque maison, chaque doyenné, chaque degré, voire chaque minute de degré; item, en toutes les assiettes, postures, rencontres & configurations qu'elles peuuent auoir à tout moment. Pour exemple ils sçauent,

1. Que Iupiter en la 1. maison promet vne longue vie auec prudence, iustice, pieté, bonne conscience. En la 2. bon esprit & grandes richesses. En la 3. prognostique verité des songes, [144] trop grande credulité, bon succez des peti[t]s voyages, & satisfaction des freres, &c.

---

[274] Pithoys uses other military comparisons: see Introduction, p. xxxv.
[275] From the Arabic *karkara*, meaning a turn – hence any sort of gyration, cf. 'limaçon' above.
[276] See also 14 lines below. Plural after *chaque* was frequently employed: see Haase, op. cit., p. 153.

2. Que Mars residant en sa propre maison asseure que l'enfant naissant sera fort ingenieux, docte, expert, riche, eleué en honneur. En la maison de Saturne, il aduertit qu'il sera opinionastre, audacieux, & dissipateur de son patrimoine. En la maison de Iupiter, il promet la science de Geometrie, employ dans les armes & victoire des ennemis. En la maison du Soleil, il menace de douleurs de ventre & d'estomac, & des yeux, & en fin de mort subite, &c.

3. Que les sept planetes se trouuans és parties pleines à l'instant de la geniture, font naistre vn Dieu, six font naistre vn Roy tres puissant & tres heureux. Si toutes és parties vuides, elles font naistre le plus infortuné de tous les hommes.

4. Que Mercure estant seigneur de l'Ascendant & en bon lieu, il fait naistre vn poëte, orateur, philosophe, & conseiller de Prince: En mauuais lieu ou empesché,[277] il fait naistre vn menteur & caiolleur impertinent. Estant seigneur de la geniture, rend iudicieux, curieux de secrets, & cordial. Et s'il est auec Iupiter ou Venus, il fait vn Astrologue, pieux, fidele, prelat en l'Eglise, mais auare. Que s'il est poussé par Saturne en la geniture nocturne, il prognostique enuies, accusations, embusches, & persecutions populaires. Et s'il reçoit [145] la Lune estant en son plein, il menace du feu, ou de la corde, &c.

5. Que le Baudrier d'Orion ascendant rendra l'enfant naissant studieux & tres-docte: Et que l'espaule doicte du mesme Orion auec Mars le condamne à mourir d'vn coup de canon ou de tonnerre. Que les Pleiades auec la Lune le rendront grand & illustre,[278] mais en fin suiect à perir d'vne mort violente, &c.

6. Que la conionction de Saturne & de Mars à l'instant de la natiuité, forment à la dissimulation & à la cautelle, & condamnent à mourir auant les parens. Que celle de Iupiter & de Mercure fait vn homme d'Eglise, de grand sens, & puissant en ses raisonnemens, & qui pourra estre Secretaire de Roy. Que celle de Mars & de Venus signifie querelles & dommages à cause des femmes adulteres auec viles femelles; & si c'est en la geniture d'vne femelle, elle sera publique, &c.

7. Qu'vn trine regard[279] de Mars à Mercure és lieux plus fauorables de la geniture, fait esperer vn maistre des contes, & vn habile

---

[277] See Littré, 'empêchement – terme d'astrologie, position d'une planète tardive qui se trouve entre deux planètes véloces.'

[278] In all this Pithoys is showing how astrology can have a nefarious influence with unscrupulous place-seekers.

[279] See p. 109, n. 165. 'Aspect quadrat' (below).

Advocat. Qu'vn aspect quadrat, auquel Mercure est superieur, prognostique vn malicieux, frauduleux, dissimulé, agité de meschantes conuoitises, cerchant tousiours les moyens de nuire, & d'attraper le bien d'autruy. Que leur opposition menace encore de plus mauuaise auenture; comme d'estre de tres mauuaise [146] conscience, faussaire, deniant ses dettes, en fin, banni ou fugitif pour ses meschancetez, &c.

8. Que la teste du Dragon en la 8. maison donne vigueur, courage, richesses, honneur, auec liberalité; Et que la queuë engendre auarice, pertes d'heritages, & vne mort ignominieuse.

9. Que l'Horoscope ou Ascendant estant ioinct avec Iupiter, apporte vne heureuse complexion & disposition de corps, vne parfaite santé, vn heureux succez en toutes entreprises. Estant en opposition auec la mesme planete, excite la haine & inimitié des Iurisconsultes, des Docteurs, & des Religieux contre l'homme, par laquelle il sera en danger de souffrir quelque notable dommage.

10. Que la partie qui tenoit le milieu du ciel à l'instant de la geniture venant à estre ioincte auec Mars, iette l'homme en de tres grands perils d'emprisonnemens, de bannissemens, & de dernier supplice; d'autant qu'alors il suscite perpetuellement noises, querelles, debats, se desbauche, dissipe son patrimoine, & deuient incendiaire & boute-feu.[280] Venant à regarder cette mesme planete d'vn aspect trine, elle en fera vn braue cauallier, qui possedera le cœur entier de tous les Capitaines, & en fin deuiendra Colonel ou Gouuerneur de ville. Venant en quadrat ou en opposition auec cette mesme planete, alors [147] ce malheureux ne songera qu'à larcins, brigandages, fausses monnoyes, & autres actes abominables, qui luy feront perdre les bonnes graces des Princes, & le feront perir miserablement.

ARTICLE V.

*Autres resueries facetieuses touchant
le domaine des astres sur les corps sublunaires.*

POur nous faire comprendre comme ils peuuent prognostiquer qu'vn homme fera grand profit au trafique des metaux, ou qu'il aura de beaux iardinages & abondance de fruicts, ou quantité de bestes blanches, ou d'autre espece: ou qu'il sera persecuté de quelques animaux, ou qu'il sera affligé en certaine partie de son corps, ou qu'il fera tel voyage, & mourra en tel lieu; Les Genethliaques se sont

---

[280] A term used widely for any kind of trouble-maker.

aduisez d'vne inuention qui surpasse toutes les autres en gentillesse: & certes qui la pourra considerer sans rire, pourra bien passer pour le plus serieux des hommes.

Ils disent donc pour exemple, que la planete de Saturne domine particulierement sur le marbre, le iaspe, la calamite, la cornaline, & le plomb. Item sur l'ellebore, la ruë, la mandragore, le pauot, le cumin. Item sur le chameau, le mulet, l'ours, le pourceau. Item sur les os, les cartilages, la rate, les dents, l'oreille droite, & sur l'humeur melancholique.

[148] Item, que ce sont les influences de cet astre sans autres, qui causent le flux de sang, l'hydropsie, les gouttes, les fieures quartes, le calcul, la lepre.

Item, que cette mesme planete estend sa domination sur la Bauiere, & la Styrie, & la Romagne, & sur Rauenne, Constance, & Ingolstad.

Que l'estoille de Iupiter a son domaine sur l'emeraude, le sapphir, & l'estain: Item sur les lys, violettes, myrabolans,[281] & reglisses. Item sur les poules, cailles, aigles, moutons, pourceaux, elephans. Item sur la teste, le poulmon, le sang. Item, que ce sont les influences de cette estoille qui causent l'esquinantie,[282] l'inflammation au foye, la lethargie, l'apoplexie, le spasme.[283] Item, que la Perse, la Hongrie, les Espagnes,[284] auec Babylone & Cologne, sont soumises à sa domination, &c.

Que le Belier domine sur la teste, les yeux, les oreilles, & sur la cholere. Item sur la Palestine, l'Allemagne, la Pologne, la France, la grande & petite Bretagne. Item sur Naples, Capouë, Ancone, Ferrare, Florence, Verone, Cracouie, Brunsvvic, Vtrek, Marseille. Que le Verse-eau domine sur les cuisses, sur les iambes, & sur le sa[n]g. Item sur l'Arabie deserte, la Tartarie, la Russie, la Walachie, la partie septentrionale de la Suede, le Dannemarc, le Piedmont, vne partie de la Bauiere, & sur les habitans de la Moselle. Item sur Hambourg, [149] Breme, le Montferrat, Trente, Salsbourg, Ingolstad, &c.

Tels sont les memoriaux que les Chaldeens, Arabes, Egyptiens, & autres Genethliaques ont marqué dans le Calendrier de leur Astromantie, ou Astrologie iudiciaire. Telles sont leurs plus releuees & plus

---

281 *myrobolans* – various forms of dried fruit.
282 *esquinancie* – a severe inflammation of the throat, from the Greek κυνάγχιαος, literally 'dog-throttling.' The origin of the English 'quinsy.'
283 Convulsive fits, epilepsy.
284 i.e. Spain with the Spanish Netherlands and New Spain, which had its capital on the site of the present Mexico City. In his *Traitté de geographie*, p. 137, Pithoys refers to 'Nouvelle Espagne.'

excellentes obseruations Astrologiques. Telles sont les plus riches & plus rares inuentions qu'ils employent pour penetrer dans les plus profonds cachots de l'auenir, & pour y descouurir tous les plus secrets euenemens, mesme ceux qui sont enueloppez dans la liberté de l'homme, & dans l'abysme inscrutable du conseil eternel de Dieu. O puissant charme que l'Astromantie! est-il possible que les hommes d'esprit puissent tomber dans un sens si reprouué, & dans un aueuglement si prodigieux?

SECTION II.

Que toutes les obseruations precedentes sont destituees de raison, & entierement ridicules.

IE crains que le manifeste de tant de resueries & de sottises ne me rendent suspect d'imposture, & certes si ie n'auois des memoriaux authentiques pour verifier que toutes ces bagatelles passent pour maximes de l'art [150] parmi les Genethliaques, ie n'auroye osé les publier, crainte d'estre accusé de railleries, de mensonges & d'impostures outrageuses. N'y a-il pas de quoy s'estonner que les hommes de lettres, & qui sans cela pouuoyent passer pour habiles, se soyent laissé emmuseler par ces brides à veaux? [285] C'est le propre de tout art diuinatoire & magique d'enchanter ainsi ses ouuriers, & de l'Astromantie plus que de tous autres.

I'ay leu, & veu, & censuré quantité d'inuentions & de prattiques superstitieuses & impertinentes, qui s'employent pour guerisons de maladies, ou pour quelques autres effets: mais certes ie ne me souuiens pas d'en auoir remarqué de plus extrauagantes ni de plus ridicules. Il semble que les demons autheurs de toutes ces obseruations chimeriques, ayent pris plaisir à se moquer des esprits curieux, qui veulent entreprendre de predire les choses futures; & que Dieu par vn iuste iugement ait affoli leur astrologie, en les frappant d'vn aueuglement qui leur fait embrasser des songes & des mensonges pour des veritez & pour des reigles infaillibles d'vn art qu'ils estiment tout diuin. Or quoy que la vanité, la fausseté & l'absurdité ridicule de trouuer ces inuentions paroissent assez d'elles mesmes, nous ne laissons pas pourtant de faire quelque petite remarque sur chaque poinct, afin de mettre en plus grande euidence l'œconomie [151] magique des Genethliaques.

---

[285] See Littré, *bride*, 4°. Anything stupid or impossible. See Régnier, *Epîtres*, III.

ARTICLE I.

Sur la distinction, l'ordre & les proprietez des douze maisons celestes.

IL n'y a pas tant de mouuemens diuers dans les orbes celestes que de trouble & de confusion dans l'esprit d'vn Genethliaque qui se trouue pressé de rendre raison des principes & des regles de son art diuinatoire. Et de fait, quelles raisons pourroyent-ils apporter pour nous persuader que le ciel, qui est vn corps parfaitement rond, auquel il n'y a ny commencement ni fin, ni aucune distinction de parties, soit plus à propos diuisé en douze qu'en dix, ou vingt, ou soixante demeures?

2. Quelle raison de nous dire que cette partie là prognostique les alliances matrimoniales, cette autre les dignitez ecclesiastiques, & cette autre les brigandages & les meutres? &c. Est-ce la partie du ciel qui de sa nature a la vertu & proprieté de cette prognostication? ou bien est-ce tel espace & tel endroit du monde? ou bien est-ce la partie du ciel en tel endroit du monde?

Ce ne peut estre le premier, puis que toutes les parties du ciel sont de mesme nature, & que d'ailleurs estant en perpetuel mouuement, elles porteroyent en tous endroits la mesme prognostication. Aussi n'est-ce pas le [152] le second pource qu'vn espace consideré sans corps est vn vuide qui ne peut auoir de vertu ni aucune actiuité. Ce qui fait aussi que ce ne peut estre le troisieme, puis que les parties du ciel ne peuuent tirer cette vertu de cet espace qui ne l'a pas. Et puis iugez quelles horribles metamorphoses se feroient dans le ciel à tout moment, puis que la vitesse du mouuement celeste fait qu'à chaque instant toutes les parties du ciel changent de place: en sorte que celles qui estoient aux pointes des maisons & aux angles du monde, en vn clin d'œil n'y sont plus: & par consequent ont quitté les prognostications qu'elles y auoyent pour en prendre d'autres, lesquelles pareillement elles ne peuuent tenir qu'vn moment, d'autant que le mouuement perpetuel les contraint d'en reprendre d'autres. Ainsi en l'espace de vingt quatre heures voila tous les degrez du ciel qui changent de vertu, de proprietez & de prognostications diuerses vne infinité de fois, sans pourtant qu'ils changent aucunement de nature, ni qu'ils en soyent tant soit peu alterez. Pour n'en mentir point si cela estoit il y auroit d'estranges tours de passe-passe dans les cieux, voire il y auroit mille fois plus de mutations dans toute la nature elementaire. Mais il se trouue peu de gens assez imbeciles pour croire tous ces fatras. Encores vne petite question sur l'ordre de leurs maisons.

[153] Pourquoi la maison de vie & le siege de l'horoscope a l'horizon plustost qu'en vn autre endroit du ciel? le premier instant de la vie ne peut-il pas estre marqué de tous les endroits? Seroit-il pas plus à propos designé au plus haut de l'hemisphere, veu mesmes que les astrologues commencent le iour au meridien? Mais comment se peut-il faire que Saturne & le Scorpion estans au poinct de l'horizon d'où les rayons ne font que glisser sur le lieu de la naissance, versent neantmoins des influences plus efficacieuses sur l'enfant naissant, que le Soleil, & Iupiter, & le Lion, lesquels du haut du ciel dardent à plomb sur sa teste, & le fomentent sensiblement de leurs rayons? Certes ils ne sçauroyent alleguer que des raisons friuoles pour authoriser telles inepties.

Reste donc que cette distinction & disposition de maisons, auec toutes leurs propietez fatidiques n'ayent de fondement que dans l'imagination creuse des Genethliaques. Ce qui paroit euidemment en ce que les vns dressent ces douze maisons sur l'Equateur, les autres sur le Zodiaque, d'autres sur vn grand cercle qui coupe le meridien en angles droits par le Zenith de chaque lieu; & d'autres encore sur certain parallele: diuersitez qui causent vn merueilleux boulleuersement des boutiques & de toutes les merceries imaginaires qu'ils y estallent. Ce qui fait voir qu'elles [154] ne sont inuentees que par phantaisie, & pour faire accroire qu'ils ont quelque traffic particulier dans les cieux, & que c'est de là qu'ils tirent les danrees qu'ils debitent.

ARTICLE II.

Sur la distinction des parties du Zodiaque, & des effigies que les Genethliaques y ont imaginé.

LEs Astromantiens ont mille fois plus bouffonné sur le Zodiaque, que tous les Charlatans de Venise sur les theatres de la place S. Marc. C'est icy aussi bien que dans leurs douze domiciles qu'ils font vne infinité de tours de passe-passe, des sauts perilleux, & des illusions espouuantables.

Quelle sottise de s'imaginer qu'il y ait des parties masculines & femines, luisantes & obscures, pleines & vuides dans vn corps spherique, de mesme nature, de mesme forme, & de mesme egalité en toutes ses parties; & que les vnes sont d'heureux, & les autres de malheureux presage, à cause qu'en tel moment elles correspondent à tels espaces vuides & imaginaires? Certes il faut auoir le cerueau vuide, pour y

loger vne imagination si creuse. Mais pourquoy ces trente six Doyens,[286]
plustost que 72. Pemptadiens, ou quelque autre nombre de ces Heros
si fortunez? D'ailleurs, par quelles besicles ont-ils discerné les signes
masculins d'auec les feminins? quels raisonnemens [155] ont-ils recogneus en ceux qu'ils appellent raisonnables? Par quel astrolabe ont-ils peu
descouurir toutes ces effigies inuisibles à tous les plus habiles Astrologues de tous les siecles? A tout cela pas vne once de raison; c'est assez
que Messieurs leurs maistres [287] Aomar, Haly Auerodan, Atamar, Ma-
zanatha, Habenzagel, Albumazar, Auentada, Alcibithe, & autres Arabes,
Egyptiens, Bohemiens l'ayent marqué dans leur Calendrier. Mais qui
leur a reuelé ce mystere? Leur phantasie eceruellee & miserablement
prostituee à toutes sortes d'imaginations extrauagantes que les demons y ont voulu peindre, pour seruir de couuertures à leur imagie
diabolique. Cecy se conferme par la diuersité de leurs opinions sur
toutes ces obseruations chimeriques. Car les parties qu'Albumazar dit
estre masculines, sont les feminines au iugement de Firmicus,[288] Auentada, Alcibithe & Abraham [289] sont aussi en contestation sur ce poinct.
Les anciens Genethliaques par les parties lumineuses entendoient celles
ausquelles il y auoit quelque estoille: mais depuis que le Zodiaque du
Firmament est different de celuy du premier mobile, les modernes ont
changé de iargon. Firmicus veut que certaines parties soient pleines,
& Albumazar affirme que ce sont les vuides. Et celles qu'Alcibithe
estime vuides, Elphestion [290] Thebain les iuge pleines. Au lieu des
Dixaines que les Grecs ont [156] imaginé, les Indiens ont choisi les
neufuaines. Les Egyptiens disent qu'au premier degré de l'Escreuisse
il y a vn homme & vne femme qui se prennent par les mains en signe
de congratulation: les Arabes au contraire protestent qu'il y a vn beau
ieune homme, fort braue, qui a les doigts tortus, & la teste de son corps
en forme de cheual. Au premier degré du Lion ceux là ont veu vn
homme qui de sa droite tenoit la teste d'vn Lion: & ceux cy vn arbre,
auec vn chien perché sur ses branches. Nos Genethliaques veulent

[286] From the Latin *decanus*. Although meaning a senior ecclesiastical appointment, it originally referred to one having the command of ten men. cf. 'Pemptadien' in the following line (command of a group of five) and the use of 'dixaine' on p. [155].

[287] Of the names which follow Habenzagel, Albumazar and Alcibithe are mentioned by Sixte d'Hemminge, in the dedication to the work mentioned above p. 148, n. 267. The remainder may have been known to Pithoys through almost any book of astrology.

[288] Firmicus Maternus, a fourth-century Sicilian writer and convert to Christianity. His *De Nativitatibus* was published in Venice in 1497.

[289] The mediaeval Jewish philosopher Abraham ibn Daud of Toledo, 1110–1180; prominent among those who sought to bring about a fusion of Aristotelian and Judaic philosophy.

[290] Elphestion – unidentified.

qu'au premier degré de la Vierge il y ait vne effigie d'vne vierge allaitant son enfant freschement né: de là concluent que Iesus Christ a eu ce degré pour l'ascendant de sa geniture. Mais les Egyptiens s'en mocquent, & iurent qu'il y une belle femme bien paree, & qui attend son mary avec grande deuotion, &c. Voila quelle est la fermeté de ces diues obseruations fondees sur vne experience de plusieurs siecles.[291] O aueuglement prodigieux!

Ce n'estoit pas assez que les poëtes folatres & fabuleux eussent profané ce domicile de Dieu par leurs imaginations luxurieuses, & que par vn sacrilege enorme ils eussent entrepris de metamorphoser les astres en tant de formes hideuses & si esloignees de leur nature; il falloit encore que les Astrologues authorisassent, voire augmentassent ces fictions prodigieuses; & bien plus, que leur insolence [157] allast iusques là, que d'imposer à ces flambeaux innocens toutes les meschancetez qui se font icy bas. Quelles conuenance, ie vous prie, de ces globes radieux avec un Capricorne moitié bouc, moitié poisson? avec vn Sagittaire homme & cheval? avec vne teste de Meduse herissee de serpens? Mais quelle apparence de raison, de nous auoir si vilainement defiguré les astres, & de les auoir reuestus de formes fabuleuses, pour par apres nous les faire passer pour gouuerneurs des Empires, pour directeurs de la vie humaine, & pour autheurs de toutes les choses qui se font en la nature?

Pour fin, n'est-ce pas pour rire, que les Genethliaques ayent aussi peur de leur teste de Meduse, que les petits enfans de la Chimere des poëtes?

Voila comme les Demons se sont tousiours esgayez à infecter de leurs haleines infernales les œuures du Createur, afin d'en oster aux hommes la vraye cognoissance, & le legitime vsage, & de les obliger à quelque sorte de commerce auec eux.

---

[291] This art of debunking authorities by showing them to be in conflict one with another reaches its highest point with Bayle.

ARTICLE III.

Sur les departemens des astres.

ON disoit iadis [292] d'vn phantasque, *C'est vn resveur qui bastit des chasteaux en Espagne*: mais on diroit bien plus à propos, *C'est vn Genethliaque qui dresse des cabanes dans les cieux*, [158] *pour y mettre les astres à l'abry des vents, & à couuert de la pluye.* Neantmoins il faut auouër que si les chefs & les officiers de nos armees estoient aussi bien pourueus de logis en la campagne comme les planetes dans les cieux, on auroit bien de la peine à les faire retirer en leur quartier d'hyuer. [293]

Voila Saturne dans la premiere & huictieme maison fatidique, en qualité de Consignificateur. Le voici encor logé pour le iour à l'enseigne du Verse-eau, & pour la nuict à celle des Poissons en qualité de cheualier errant; & dans le douzieme domicile en qualité d'ami qui cerche à se diuertir. Que s'il est victorieux, le voila qui triomphe dans le palais de la Balance; & s'il est fugitif, le Belier est obligé de le receuoir en sa cloison. De plus, en qualité de visiteur general [294] il est encor receu auec honneur en plus de cinquante hameaux, qui dependent des Doyennez celestes. Et pour comble, il peut encores estre seigneur de l'Ascendant, & de la Geniture, & de la maison en laquelle il se trouue, & de la direction annuelle de quelque lieu aphetique: [295] Toutes charges honorables & qui luy peuuent apporter de grands reuenus. Se peut-il rien imaginer de plus facetieux, ni de plus ridicule, ni de plus eloigné de toute apparence de raison?

1. Pourquoy Saturne pour consignificateur de la premiere maison plustost que d'vne [159] autre? Ne porte-il pas par toutes les maisons la vertu fatidique qu'on luy attribue? Les Genethliaques mesmes ne disent-ils pas qu'il y a endroit au ciel duquel toutes les planetes, voire tous les astres n'ayent la vertu de signifier & prognostiquer? D'ailleurs, pourquoy Saturne pour consignificateur de cette maison plustost que la Lune, veu mesmes que la Lune a plus de part à la conception & à l'enfantement que Saturne: & mesmes que les Genethliaques luy donnent la domination sur les cinq premiers mois, voire sur les sept

[292] Why *jadis*? The proverb was, and still is, current. Régnier, Voiture and La Fontaine are among the contemporaries of Pithoys who use it.
[293] Military comparison common with Pithoys.
[294] *Visiteur general* – technical term in the vocabulary of the monastic orders. Would have been a common-place expression for Pithoys in his Minim days. See Whitmore, *Minims*, pp. 20–21 and in Bibliography *passim*.
[295] See ἀφετικός in Ptolemy, *Tetrabiblos*, 127 & 130, ed. cit. pp. 270/1 (note especially the footnote with reference to Bouché-Leclerq) and 276/7 – literally 'freed', in astrology 'determines vital quadrant.'

premieres annees de l'enfant; & que d'abondant, pour signifier les choses qu'ils veulent prognostiquer de cet endroit, la Lune est plus propre que Saturne, lequel selon les mesmes Genethliaques preside sur l'aage decrepité?

2. Pourquoy ces globes radieux se plairoyent-ils plustost en vne maison qu'en vne autre, veu qu'ils cheminent egalement en toutes, & ne demeurent iamais plus long temps en l'vne qu'en l'autre? De plus, n'est-il pas vray qu'à tout moment chaque planete, voire chaque estoille, en quelque poinct du ciel qu'elle puisse estre, tient tout ensemble l'Ascendant & l'Occident, le coeur & le fonds du ciel, voire toutes les pointes, voire tous les degrez ensemble de toutes les maisons fatidiques, si on la compare à tous les endroits de la terre? Quelle extrauagance doncques [160] de s'imaginer que ces globes insensibles, tousiours roullans, tousiours se leuans, tousiours se couchans, tousiours en plein midy, se plaisent plus cy que là, ni qu'ils ayent plus de gloire en vn endroit qu'en vne (sic) autre?

3. Encore faut-il qu'ils facent paroistre leur cruauté ou leur impertinence au logement des planetes dans les signes du Zodiaque. Quelle iustice d'assigner le quartier d'hyuer dans le Verse-eau & les Poissons, lieux marescageux & froids extremement à vn vieillard decrepité & tout morfondu de froid, tel qu'ils font Saturne? N'eust-il pas esté mieux logé dans le Lion ou dans l'Escreuisse, tant pour la commodité de l'vn que de l'autre? Mais ie ne pren pas garde que ie m'enueloppe moi mesme dans la sottise des Genethliaques; on sçait bien qu'il n'y a ni froid ni chaud dans le ciel, & que si ces qualitez s'y rencontroyent elles seroyent egalement en tous les signes, puis que le Soleil les visite tous annuellement, & ne fait pas plus de caresses à l'vn qu'à l'autre. Ce que i'en di n'est doncques que pour faire voir plus clairement l'extrauagance de ces astrologues en toutes les obseruations de leur art diuinatoire.

[161]   ARTICLE IV.

Sur les diuerses prognostications des astres.

NOus allons voir le plus haut poinct de la folie des Genethliaques, & qui seul est capable de faire cognoistre le prodigieux enchantement de l'astrologie iudiciaire. Ils posent doncques pour fondemens de leurs predictions;

1. Que chaque planete, & chaque estoille fixe a ses vertus & proprietez particulieres qui naissent du fonds de sa nature, à cause desquelles ont dit absolument que Saturne est malin, & Iupiter benin, & Mercure inconstant & variable.

2. Que chaque planete & chaque estoille a encore certaines proprietez fatidiques qui se trouuent en icelle, selon les endroits du monde esquels elle se rencontre.

3. Que ces vertus & proprietez fatidiques se changent fait à fait que ces astres changent de place, qui fait que Saturne en la premiere maison prognostique vne chose; en la seconde vne autre toute contraire: ainsi en toutes les autres maisons fatidiques, comme aussi en tous les douze signes, & en tous les Doyennez du Zodiaque.

4. Que ces vertus & proprietez fatidiques se changent encore par les diuerses assiettes, postures, rencontres, conionctions, approches, [162] eloignemens, distance, configurations, que les astres peuuent auoir les vns auec les autres, & auec certaines parties du ciel.

5. Que c'est iustement au poinct de la geniture qu'il faut commencer l'inspection des phenomenes celestes, attendu que c'est de la disposition qu'ils ont en ce premier moment qu'il faut iuger ce qu'ils prognostiquent à l'homme.

1. Ie passe le premier poinct, toutesfois sans m'obliger à la creance d'vne chose si douteuse, & sans souscrire aux iniures qu'ils font aux astres, lequels ie tien egalement innocens. Voire ie ne peux souffrir cette liberté des Genethliaques à qualifier ces globes celestes comme bon leur semble, sans prendre garde que les opprobres qu'ils leur font touchent le Createur qui les a fait, & qui les conduit en tous leurs mouuemens. Mais quoy, ceux qui s'efforcent de conuaincre Dieu mesme de mensonge, feroyent-ils scrupule d'accuser vn astre de malignité? Non certes, ni de choses encores plus criminelles. Cependant puis qu'ils veulent passer pour habiles gens, ils deuroyent auiser de ne rien dire à la volee, par phantaisie, & sans aucune apparence de raison.

Saturne dans les quatre angles cardinaux fait naistre le plus honoré de tous les enfans de la maison; dans la quatrieme maison en plein iour il fait homme bon mesnager; en la [163] cinquieme il fait vn comte, duc, prince, roy, comme aussi en la dixieme: En la septieme dés le matin, il donne de grands biens & vne longue vie: En la huictieme il augmente le patrimoine: En la neufieme il fait des Philosophes, Mathematiciens, & Superieurs de religion: De mesmes en son propre logis il procure l'amitié des grands, & des richesses. Dans celuy de Iupiter il donne la beauté, les richesses, & encline à la verité, &c. Nonobstant quoy, il faut que ce venerable vieillard soit vilainement diffamé, & qualifié *malin* par les Genethliaques.

2. L'impertinence de la seconde hypothese a esté remarquee ci-dessus, & n'est pas possible d'imaginer de quelle part ces vertus &

proprietés pourroient tomber dans les astres. Non de leur nature, qui
est immuable, & tousiours la mesme en tous endroits: Non du vuide
imaginaire qui est lors rempli du globe celeste, car vne priuation n'a
ny vertu ni actiuité: Non de quelque partie d'vn orbe superieur, car les
orbes qui sont au dessus des astres sont homogenes, & de mesme nature &
qualité en toutes leurs parties. Non de la partie de la terre qui respond
à ce globe: car elle ne peut pousser son action iusques là; aussi le globe
terrestre n'a pas tant de vertus à communiquer aux astres: ioint qu'il
est trop disproportionné en toutes choses auec les cieux. Doncques ces
vertus & proprietez imaginaires [164] n'ont aucune subsistence que
dans le vuide des cerueaux alambiquez. Cependant ils s'imaginent fol-
lement qu'elles sont dans les astres.

  3. La troisieme hypothese est la plus admirable en fait d'absurdité.
Premierement il ne faudroit plus employer les cameleons & les poulpes
pour exemples de mutabilité, mais le plus constant de tous les astres,
puis qu'en vingt quatre heures il se despoüilleroit & reuestiroit plus de
cent fois de qualitez, non seulement diuerses, mais aussi formellement
contraires. Secondement s'il estoit vrai qu'à l'esgard de diuerses maisons & de diuers degrez de maisons vne mesme planete eust diuerses
vertus & proprietez fatidiques, voire contraires, il s'ensuiuroit qu'à
chaque moment vne mesme planete prognostique tout ensemble santé
& maladie, force & foiblesse, courage & lascheté, bon & mauuais
genie, la vertu & le vice, la pieté & l'impieté, vne vie de courte & de
longue duree, vne mort naturelle & violente, mariage & celibat, seigneurie & seruitude, honneur & infamie. Bref, tout bonheur & tout
malheur, puis qu'à tout moment cette planete se trouue en toutes les
maisons & en toutes les pointes, voire en tous les degrez des douze
maisons celestes, au regard de diuers endroits de la terre.

  Voicy vn nouueau chaos de vertus & de [165] proprietez fatidiques
en chasque estoille. Mais qui les a proprement distinguees & aiustees
chacune à tel lieu, & à tel temps, & auec telles circonstances? Pourquoy cet astre prognostiquer en cet endroit vne dignité sacerdotale,
& en cet autre vne charge ciuile? En certain degré vn religieux, & au
suiuant vn sacrilege? Icy vne felicité parfaite, & vn pas en auant ou
en arriere vne misere extreme? Si les Genethliaques ont aucune raison
pour iustifier cette diuersité de prognostications qu'ils attribuent aux
astres, ie suis content de passer pour idiot, & pour imposteur, & de
subir la peine de Talion.[296] Mais aussi qu'ils ne trouuent pas mauuais

---

[296] There is no need for the capital. The phrase is a translation of *poena talionis*, see p. 79,
n. 42.

si en nous alleguant toutes ces obseruations chimeriques sans aucune apparence de raison, nous persistons à les accuser de magie, & à les convaincre d'vn aueuglement & d'vn enchantement prodigieux.

4. Encore que la quatrieme hypothese ait quelque apparence de raison, si est-ce qu'elle est enueloppee de mesmes absurditez que la precedente, puis qu'à tout moment tous les astres changent d'assiettes & de configurations. Changement qui met la cognoissance de toutes les prognostications siderales dans l'impossibilité, comme nous auons declaré ci dessus.

5. Quant à la derniere hypothese nous en auons fait voir l'impossibilité en l'article 2. de [166] la derniere section du chapitre precedent. Il ne reste donc qu'à ietter vn clin d'œil sur son absurdité.

Ils veulent tous que Saturne domine sur la conception & sur la semence durant le premier mois, & la Lune sur l'enfant durant les cinq premiers mois qui suiuent sa natiuité. Qu'est-il doncques besoin de prendre garde en quel endroit sont les planetes, pour sçauoir laquelle d'entre elles doit auoir la domination? D'ailleurs, quelle vertu particuliere peut reuenir à vn astre sur la vie & la fortune d'vne personne, pour s'estre fortuitement rencontré en la cinquieme partie du ciel sous l'hemisphere à l'instant de sa naissance?

Qui se pourra iamais persuader que la constellation qui cause vne pestilence vniuerselle se soit rencontree dans le quartier où les Genethliaques logent cette maladie à tous les momens des genitures de tous ceux qui en sont emportez? Qui croira (comme dit Ciceron lib. 2. de Diu.)[297] que tous ceux qui furent tuez en la bataille de Cannes[298] estoient nez sous vn mesme horoscope? Qui croira qu'vn homme soit rendu inuulerable & immortel durant l'espace de nonante ans, pource qu'vn certain astre s'est rencontré en tel endroit au poinct de sa geniture?

Certes il faut auoir l'imagination extrement souple & obeissante pour luy faire [167] receuoir & conseruer l'impression de resueries si absurdes & si ridicules: & ie m'estonne que les Genethliaques ne s'imaginent pas aussi facilement qu'ij sont de toute eternité, & qu'ils ont esté nez, & renez, & renouuelez vne infinité de fois, & qu'ils ont passé par tous les degrez de la nature, & par toutes les conditions de la vie ciuile.

---

[297] i.e. *De Divinatione*, a common source of Pithoys' knowledge, see p. 89, n. 99.
[298] Cannae, 216 B.C.

ARTICLE V.

Sur la domination que les Genethliaques
attribuent aux estoilles.

IVsques à present nous n'auons veu que des pieces d'vne Comedie Iouiale[299] que les Genethliaques ioüent sur le theatre des cieux; voicy la farce & les plus plaisantes bouffonneries de ces Charlatans. Ne diriez-vous pas qu'ils ont ainsi partagé la seigneurie des astres sur les choses d'icy bas, expressément pour nous faire rire; ou pour nous faire voir vne marque de leur plein pouuoir & souueraine authorité en la disposition de ces choses? Or sans m'arrester aux anathemes[300] que les Canons lancent sur ceux qui croyent telles fadaises, ny à l'impuissance que nous auons fait voir en l'esprit humain touchant cette distinction d'influences; ie veux faire voir combien cette resuerie est absurde, extrauagante, & ridicule.

1. Par quelle sorte d'argumens pourront-ils [168] persuader que les influences d'vn tel astre sont telles, & celles de cettuy cy de telle efficace, & qu'elles tombent sur telles choses efficacieusement, & non sur d'autres? Toutes les estoilles du Firmament ne sont-elles pas de mesme nature, voire de mesme figure & de mesme qualité? Ne sont-elles pas toutes esclairees de la lumiere du Soleil? ne font-elles pas toutes reiaillir icy bas cette mesme lumiere? pourquoy donc celle là chaude, & celle cy froide? Mais ne iettent-elles pas toutes leurs rayons indifferemment sur toute l'estendue d'vne plage en laquelle croist le lys, l'oeillet, la toulipe, le romarin, le pouliot, le cumin, le plomb, le fer, l'estain, &c.[301] & principalement sur tous les membres d'vn corps? Quelle raison donc ont-ils pour nous faire à croire que les influences de Saturne donnent sur l'oreille droite, & celles de Mars sur la gauche? que celles là produisent la rue, & celles cy la raue en vn mesme pied de terre? Certainement il y a de l'excez en la credulité des Genethliaques.

2. Ils auroient eu quelque raison en l'establissement du domaine des astres sur les villes & prouinces, s'ils eussent eu l'adresse de le proportionner aux lieux qui respondent à ces globes, & qui reçoiuent leurs influences d'vne façon plus particuliere. Suiuant quoy ils nous

[299] A deliberate pun on the name Jove (Jupiter), the God of Mirth. See Littré, 'Les idées astrologiques suffisent à expliquer le mot italien *giovale*, qui paraît avoir fourni le mot français.'
[300] See p. [23].
[301] cf. pp. [147/8].

eussent peu persuader, Que le Baudrier d'Orion preside sur le milieu du monde [169] & ses deux espaules avec le petit Chien, & la teste du Hydre, & le col du Serpent, & l'Aigle sur le premier climat Septentrional. L'œil du Taureau, le cœur & la queüe du Lion, le Dard, le Dauphin & l'aile du Pegase sur le 2. Les Pleiades, la Creche, les Asnons, le Bouuier sur le 3. Les Gemeaux, la Couronne, la teste d'Andromede, le Triangle, le talon du Chartier sur le 4. Le Vautour tombant, & la teste de Meduse sur le 5. Le talon d'Andromede & les bouquins sur le 6. La Cheure Amalthee sur le 7. &c. Item, que le premier climat meridional est soumis au Regel, au cœur du Hydre, à l'espic de la Vierge.[302] Le 2. au Lieure, au grand Chien, au Corbeau, à la teste du Scorpion, & du Capricorne, &c. Bref, nous aurions creu que les planetes ont une domination speciale sur tous les lieux au dessus desquels elles font leur cours; & generalement que toutes les estoilles ont plus ou moins de pouuoir sur chaque lieu, selon qu'il en est regardé & esclairé de leurs rayons.

Mais nous dire que la Mesopotamie, la Grece, la Silesie inferieure, vne partie du Rhin, avec Ierusalem, Corinthe, Lyon, Basle, Paris, Heidleberg, sont sous la domination de la Vierge; & que l'Arabie deserte, la Tartarie, le Piedmont, & vne partie de la Bauiere, auec Trente, Salsbourg, Ingolstad, Breme & Hambourg, sont sous la seigneurie du Verse-eau; &c. c'est nous prendre pour duppes, c'est se [170] railler des astres, c'est triompher en bouffonneries. Mais ie croy plustost que c'est vne euidente marque de l'enchantement & de l'aueuglement prodigieux de ces esprits que les demons ont fait tomber dans vn sens reprouué, afin de se mocquer de leur credulité absurde, idiote, brutale, & tout à fait despourueuë de sens.

ARTICLE VI.

*A quelle fin les Genethliaques ont ils inuenté tant
d'obseruations ridicules dans les cieux.*

C'Est vne maxime fondee sur l'experience vniuerselle, qu'vne mesme cause naturelle estant tousiours en mesme estat, & l'application s'en faisant tousiours de mesme enuers vn mesme obiet, elle produit tousiours les mesmes effects. En suite, la diuersité des effects nous fait incontinent recourir à diuerses dispositions desquelles elles peuuent

---

[302] i.e. the fixed star, 'The Virgin's Spike'; see O.E.D. *Spike*, 1b. Pithoys enjoyed using proper names, cf. pp. [148/9].

prouenir. Et c'est cela mesme qui a suggeré aux Genethliaques toutes
ces obseruations fatidiques qu'ils ont imaginé sur les phenomenes des
cieux. Voicy comment.

D'vn costé ils ont consideré qu'ils entreprenoient de predire vne
infinité de choses extremement differentes qui peuuent arriuer en
l'air, en la terre, en la mer, és riuieres, sur les montagnes, dans les
bois, aux villes & [171] villages, en public & en particulier, du costé
des hommes ou des bestes, ou d'autres creatures, en paix ou en guerre,
en hyuer ou en esté, ou en autre saison de l'annee, en chaque mois,
chaque iour, chaque heure, voire chaque minute du temps; aux Rois,
Princes, Chefs de guerre, Gouuerneurs de prouinces, & autres ministres des Estats; aux Patriarches, Primats, Archeuesques, Euesques,
Curez, Cardinaux, Archiprestres, Doyens, Generaux d'Ordre, Prouin-
ciaux, Abbez, Chanoines, Moines, & autres Ecclesiastiques; &
generalement à toutes personnes de l'vn & l'autre sexe, de tout aage,
& de toute condition de vie, & de tous pays.

D'autre part, ils ont bien recogneu que les 7. planetes & les douze
signes du Zodiaque, voire toutes les estoilles ensemble, auec toutes les
rencontres que la vraye Astrologie a de tout temps remarqué, n'estoient pas suffisantes pour fonder les predictions de cette multitude
infinie d'euenemens si diuers qui arriuent perpetuellement en tous
les pays du monde. C'est pourquoy ils ont eu recours à toutes ces fictions
de maisons, de Doyennez, de parties masculines & feminines, luisantes
& obscures, pleines & vuides, de domiciles propres & estrangers,
pour le iour & pour la nuict, d'exaltations & d'abiections, d'amitiez
& de haines, de domination & de seruitude, de diuerses configurations
& irradiations 303 des [172] astres & d'autres parties du ciel, & d'vne
multitude d'autres inuentions qui n'ont iamais tombé dans la pensee
des plus celebres Astronomes. 304 Et de là ils ont fait tous leurs efforts
pour persuader que les vertus & les proprietez des astres estoient ou
excitees, ou assoupies, ou debilitees, ou esteintes, selon qu'ils sont en
telle ou telle maison, exaltez ou abaissez, dans leur propre domicile,
ou dans celuy d'vn autre, és signes masculins ou feminins, commandans ou obeissans, seigneurs de l'Ascendant, ou de la Geniture, ou
de la direction annuelle, de iour ou de nuict, le matin ou le soir, à
l'orient ou à l'occident, aux angles ou autres endroits des maisons,
&c. Et le tout afin que s'ils n'auoient point de raisons pour iustifier

---

303 A word used at least as early as the XVIth century: Littré quotes Calvin.
304 The only use of this word in the present text. Elsewhere Pithoys distinguishes between
'fausse' and 'vraye astrologie.'

leurs deuinemens, au moins ils ne manquassent de pretexte specieux pour en couurir la magie diabolique.

Mais n'oubliez pas de noter que toutes ces imaginations sont imaginaires & feintes à la discretion des Genethliaques qui les ont inuentees, augmentees, reformees, renouuelees de temps en temps, comme il paroit par leurs Calendriers. De sorte que tout ainsi que les caracteres desquels les diuerses nations se seruent pour peindre la parole, ont esté inuentez & ageancez volontairement pour signifier ce que bon leur a semblé, quoy que de leur nature ils n'ayent aucune vertu de signifier ces choses: de mesme les Astromantiens [173] de leur authorité & plein pouuoir ont feint toutes ces obseruations dans le ciel, & les ont deputé à signifier les euenemens qu'ils veulent prognostiquer. Partant comme les mots articulez signifient certaines choses à la nation qui les a inuentez, non de leur nature, mais en vertu de la deputation volontaire que toute cette nation en a faite: ainsi ces obseruations fatidiques signifient certains euenemens, non de leur nature, ny de l'ordonnance de Dieu, comme nous auons prouué cy deuant; mais par la seule phantasie des Genethliaques, qui les ont volontairement deputez à prognostiquer les choses que leurs demons leur voudroient suggerer, pour en faire enfler leurs predictions magiques, & faussement qualifiees astrologiques, comme nous declarerons au chapitre suiuant.

Conclusion de tout le contenu de ce Chapitre.

TOut art qui entreprend des choses merueilleuses, voire impossibles à l'industrie humaine, par des moyens absurdes & ridicules, qui n'ont aucune proportion auec telles choses, ny pour les produire, ny pour les signifier, est vn art superstitieux & magique.

Or est-il que tout le contenu de ce Chapitre [174] auec le precedent prouue peremptoirement que l'Astromantie des Genethliaques est telle.

Donc l'Astromantie des Genethliaques est vn art superstitieux & magique.

[175]　　　　　　　CHAPITRE V.

DE L'EXPERIENCE DES

Genethliaques, & de la qualité de leurs predictions.

L'EXPERIENCE [305] est vn puissant argument pour persuader. Quoy que la nature & les qualitez de l'aimant nous soient incogneuës, l'experience ne laisse pas de nous persuader fortement que cette pierre a la vertu d'attirer le fer. Vn remede Hypocratique approuué par vne experience de deux mille ans ne peut estre contesté que par des esprits alambiquez & mercurialistes: Et la methode medicinale de ces anciens Hypocratistes fondee sur vne si vieille experience, sera tousiours preferee aux inuentions perilleuses d'vne chimie meurtriere,[306] qui depuis trente ans a plus empoisonné de personnes bien saines, qu'elle ne guerira de malades en mille ans. C'est l'experience qui a fait la principale partie de la Philosophie. Les Mathematiques s'appuyent sur ce mesme fondement, & sur tout l'art militaire [176] depend principalement de cette piece. Vn Capitaine qui a vieilli dans les armes, & passé toutes les charges de la milice, qui a reüssi en cinquante sieges, & gagné cent batailles, discourant des ruses, stratagemes, adresses, surprises, assauts, rencontres, combats, retraites, retranchemens, escarmouches, & autres exploits de la guerre, trouuera plus de creance dans l'esprit des soldats, & les formera plus aisément à sa deuotion, que cent ieunes cadets [307] qui portent le premier corcelet, & n'ont encore rien veu qu'en peinture, tant l'experience a de pouuoir sur les esprits.

C'est pourquoy les arts magiques se voyans destituez de raison ont tousiours eu recours à l'experience, pour persuader la vertu & l'efficace de leurs inuentions. Pressez le Chiromantien sur les fondemens de son art, aussi tost vous le verrez retranché dans l'experience. C'est l'asyle commun de toutes les inuentions diaboliques. Sur tous autres les Genethliaques en font leur bastion. Quoy que cent mille raisons battent en ruine leurs phenomenes fatidiques, & reduisent toutes leurs obseruations en poudre de vanité; si est ce pourtant qu'ils ne posent point les armes, ains ils font ferme dans le fort de leur expe-

---

[305] Defined later, p. [177], as: 'une cognoissance acquise par le sens, & par l'espreuve plusieurs fois reiteree d'une mesme vertu.'

[306] Possibly a reference to such dangerous remedies as those which relied on mercury and antimony.

[307] See the dedication of *Cosmographie on traitté de la sphere*, p. 233.

rience. A les ouïr, toutes les maximes fondamentales de leur art diuinatoire ont esté dressees par l'experience. La vertu de leurs phenomenes & la verité de leurs obseruations [177] est confirmee par une experience de 47000.ans,[308] & par vne infinité d'euenemens qui ont respondu à leurs predictions. De sorte que c'est vne marque de folie de reuoquer en doute la force & la vertu de leurs obseruations astrologiques, & vne impertinence de leur demander des raisons pour vne chose que l'experience publie par tout si hautement.

Ce retranchement, ce bastion, ce fort semble de difficile entreprise; mais ie le veux forcer, i'en veux chasser les Genethliaques, ie veux leur faire poser les armes, & les contraindre à obtenir remission de la magie dont regorgent leurs plus signalees predictions.

SECTION I.

Que l'experience dont se vantent les Genethliaques ne iustifie pas leurs inuentions ridicules.

ARTICLE I.

Que la diuersité des phenomenes celestes, & des causes sublunaires empesche l'experience de la vertu fatidique des astres.

L'Experience n'est autre chose qu'vne cognoissance acquise par le sens, & par l'espreuue plusieurs fois reiteree d'vne mesme vertu. Or deux choses empeschent que les Genethliaques puissent acquerir aucune experience [178] de la vertu fatidique des phenomenes celestes, asçauoir le perpetuel changement qui se fait en ces apparitions, & la diuersité des causes sublunaires, & des circonstances qui se peuuent fortuitement rencontrer sous pareilles apparitions du ciel.

Nous auons fait preuue de ce changement perpetuel des phenomenes celestes en la Section derniere du Chapitre precedent, Art. 4. Et afin que les apprentis de l'art ne doutent pas que les nouuelles conionctions qui se font de certaines parties des orbes celestes ne puissent changer leurs vertus fatidiques: ils remarqueront (s'il leur plaist) ce que dit Cardan au liure 2. de Ptol. text. 54. asçauoir qu'il s'y fera des choses merueilleuses sous la conionction de la teste du Belier de la huitiesme Sphere auec la teste du Belier de la neufiesme.[309] D'où il

---

[308] Does not agree with the figure on p. [179]. 47,000 years = the Platonic year.
[309] *Cl. Ptolemaei Pelusiensis libri quatuor de Astrorum judiciis*, Basle, 1554, see p. 161.

s'ensuit que non seulement la nouuelle conionction de diuers astres, mais aussi de diuerses parties des cieux forme vne nouuelle vertu propre à produire de nouueaux effects, puis qu'il n'y a aucune estoille dans ce Belier du neufiesme ciel. Adioustez que Cardan & autres Astrologues aduouënt que les planetes ne retourne iamais en mesme lieu. Quelle experience donc pourroit-on auoir de la vertu, d'vne perpetuelle enfileure & succession de causes partiales, laquelle se change à chaque minute, & se fait tousiours nouvelle, sans qu'vne mesme conionction de mesmes [179] causes se puisse rencontrer plus d'vne fois en l'espace de 48000. ans?

Mais de grace accordons aux Genethliaques qu'vne mesme apparition du ciel peut retourner plusieurs fois & ramener les mesmes phenomenes; ie leur demande d'où ils peuuent auoir l'experience que ces mesmes phenomenes auront la vertu de produire absolument sur vn homme la destinee qu'ils entreprennent de luy predire. Est-ce pour auoir obserué que ces phenomenes ont desia produit la mesme destinee en quelque autre qui les a eu au poinct de sa geniture? Voire, mais si les causes particulieres & les circonstances qui se rencontrent en celuy là pour faire tous les euenemens qui luy sont arriuez, ne se rencontrent pas en celuy cy, à quoy seruira la rencontre d'vn mesme phenomene?

Posons le cas que deux hommes soyent nez sous vne mesme apparition du ciel; mais l'vn a esté formé d'vne semence virile & genereuse, l'autre d'vne abiecte & languissante: l'vn aura esté bien posé, bien porté, bien nourri, bien conserué dans le ventre de la mere, l'autre y aura esté incommodé en toutes façons; l'vn est né de iour, l'autre de nuict; l'vn en vn lieu bas, l'autre en vn lieu fort elevé; l'vn de parens illustres, l'autre de casanniers; l'vn est nourri dans vn palais, l'autre dans vne estable; l'vn couché sur le duuet, & l'autre sur [180] la paille; l'vn dans l'affluence de tous biens, l'autre dans vne extreme disette; l'vn durant un estat democratique, & l'autre durant vn estat monarchique; l'esprit de l'vn sera cultiué dans les Academies, l'esprit de l'autre sera façonné à picquer les bœufs ou à mener paistre vn troupeau. Et ce qui est le plus considerable, c'est que l'ame de l'vn aura des perfections naturelles plus excellentes que celles de l'autre, & peut-estre encore sera-il gouuerné d'vne providence de Dieu plus particuliere. Encore, di-ie, que ces deux ayent vne mesme geniture siderale, y auroit-il apparence de raison de se persuader qu'ils seront tous deux de mesme complexion, humeur, inclination, genie, condition, fortune, & qu'ils rencontreront les mesmes accidens & mesmes auentures? Non certes, cela choque le sens commun, & dement toute la nature.

Comment donc les Genethliaques osent-ils predire la destinee d'vn homme par l'inspection d'vn phenomene, sans auoir esgard à aucune de ces causes & circonstances si diuerses, si muables, & desquelles la rencontre est aussi incertaine que difficile, afin que ie ne die impossible tout à fait? Et auec quel front osent-ils se vanter qu'ils ont vne experience bien certaine de la vertu de leurs phenomenes, & de la verité de leurs obseruations chimeriques? Ils ne diront pas qu'ils ont esgard à toutes ces choses, pour iuger de ce que leur [181] phenomene pourra produire; car leur Calendrier ne fait aucune mention de telle consideration, qu'au contraire il suppose que toutes les dispositions de ces causes particulieres auec toutes leurs circonstances dependent des phenomenes celestes: c'est pourquoy les maximes fatidiques, dont le Calendrier est rempli, prononcent absolument que celuy qui nait sous vn tel phenomene, doit estre de telle stature, forme, complexion, genie, esprit, estat, condition, &c.

Or si cela est, & s'il est vray qu'vn mesme phenomene reuiene plusieurs fois: d'où vient qu'on n'a encore veu naistre qu'vn Alexandre en Macedone, vn Auguste à Rome, vn Tamerland en Samarkand, vn Charles quint à Gand, vn Pape à Vtrech, vn Cardinal en tel lieu, vn Iurisconsulte en tel autre? &c. Voire, d'où peut prouenir qu'en tant de millions d'hommes on n'en sçauroit trouuer deux entre lesquels on puisse remarquer vne entiere & parfaite conformité de stature de corps, de proportion de membres, de complexion d'humeurs, de teint, de traits de visage, de lineamens de mains, d'allure, de posture, de gestes, de ton de voix, d'inclination, de genie, de condition de vie, d'estudes, d'exercises, de mesme fortune, de mesmes auentures, de mesmes accidens, de mesme duree, & de mesme fin? Puis qu'vne mesme apparition contient les mesmes causes naturelles, qui sont [182] determinees à produire les mesmes affets, & que d'ailleurs la nature fait tous ses efforts pour atteindre à la ressemblance en tous ses effets; d'où vient cette si extrauagante diuersité de proprietez personnelles & d'enchaisnures d'accidens qui se voyent entre les plus proches & plus semblables qu'on sçauroit rencontrer?

Poussons les Genethliaques iusqu'au bout, & leur faisons rendre les abbois. Ils disent donc que les mesmes phenomenes ont la vertu de produire les mesmes effets, & que les mesmes phenomenes peuuent retourner plusieurs fois; & qu'l se peut faire que deux, voire plusieurs hommes ayent vne mesme geniture. Sur ce,

Posons le cas qu'vn enfant qui nait presentement à Rome ait la mesme geniture siderale que Cesar, vn Genethliaque luy oseroit-il promettre qu'il ioindra les lettres & les armes, & qu'il sera l'vn des plus eloquens & des plus genereux qui furent oncques? Que la tyrannie d'vn Scylla la fera retirer en Bithynie, où il fera pendre les corsaires qui l'auront pris: qu'estant de retour à Rome il sera eleu souuerain Pontife, & puis Consul: & qu'apres auoir conquesté [310] les Gaules, il passera le Rubicon auec vne armee victorieuse qui mettra tout le Senat en fuitte, & le fera maistre de Rome & de toute l'Italie, & victorieux de toute la puissance Romaine dans la campagne de [183] Pharsale: Que de là il ira venger la mort de son ennemi en Egypte, où il mettra la couronne sur la teste de Cleopatre, apres luy auoir fait vn petit Cesarion: Que de là il ira tailler en pieces l'armee de Pharnabus & celle de Scipion, d'où il reuiendra victorieux faire trois entrees triomphales à Rome, & qu'ayant desfait les deux fils de Pompee en Espagne, il en reuiendra triompher, au grand regret du peuple, qui neantmoins l'eslira Dictateur perpetuel, & luy decernera tant d'honneurs, qu'il ne luy restera plus que de se faire nommer Roy. Et qu'en fin, apres auoir reformé le Calendrier, il sera cruellement assassiné par vn sien fils naturel avec d'autres coniurez dans le Senat?

Certes ce Genethliaque passeroit pour le plus extrauagant & le plus hypochondriaque qui fut iamais; & Dieu sçait si le Pape & le Conclaue n'auroient pas autant de suiet que Sixte quint [311] de fulminer contre cet art diuinatoire.

Que s'il dit que l'estat de la chose publique est changé, & qu'il n'y a plus de Senat, de Consuls, &c. c'est de là mesme que nous conclurrons, ou que les mesmes phenomenes ne retournent pas plusieurs fois, comme disent les Genethliaques, ou qu'ils n'ont pas la vertu de produire les mesmes effets, à cause de la diuerse rencontre des causes sublunaires, & autres circonstances capables d'y mettre empeschement, [184] comme nous auons declaré en l'Article 1. de la 2. Section du chapitre precedent.

Encore une hypothese gentille, & puis nous finirons cet article.

Les Genethliaques posent pour maximes, que le Soleil ioint avec l'Ecreuisse en la quatrieme maison, promet de grands heritages; & Iupiter en l'onzieme de grandes charges dans l'Estat: & que si quatre planetes, avec le Soleil & la Lune, se rencontrent dans les parties

---

[310] Still used in the XVIIth century. Littré quotes Malherbe and Retz.
[311] Sixtus V denounced astrological predication in the strongest possible terms. The Papal Bull setting out his interdiction is given in an Appendix to the present work. It was extensively quoted by Pithoys pp. [233/5].

pleines, on paruiendra à la dignité royalle & au comble de la felicité. Or posons le cas que cent enfans viennent à naistre dans Paris sous cette disposition siderale, les vns de princes, les autres de marchans, les autres de chifetiers,312 & les autres de bribeurs:313 vn Genethliaque oseroit il iurer mais oseroit il s'imaginer que tous ces enfans auront vne mesme destinee, & qu'en certaines reuolutions annuelles ils viendront tous à posseder de grands heritages, auec les plus hautes charges de l'Estat, & qu'à mesme temps ils porteront tous des couronnes royales, & iouïront tous d'vne egale & parfaite felicité? Certes vn tel Genethliaque seroit bien capable d'estre roy, empereur, & Pape, & papegay314 tout ensemble par imagination.

Il faut donc que les Genethliaques auoüent en despit de leur Calendrier & toutes leurs maximes fatidiques, que pour faire vne pareille [185] destinee & mesmes euenemens, il faut vne mesme enchaisneure de toutes les causes & des mesmes circonstances de temps, de lieux, de personnes, de matieres, d'occasions, de rencontres, &c. & que cette mesme enchaisneure ne se peut moyenner par les phenomenes celestes, quand bien les mesmes pourroyent reuenir cent mille fois: d'autant que telle enchaisneure de tant de causes & de circonstances particulieres & si diuerses, ne depend pas de leur influence, comme nous auons fait voir en la premiere Section du chapitre precedent. Partant, quelle experience peuuent-ils auoir de la vertu de leurs phenomenes, & de l'efficace de leurs obseruations mirelifiques pour la production des euenemens qu'ils predisent, puis que ces euenemens dependent d'vne multitude de causes & de circonstances qui ne peuuent tomber dans leur astrolabe ni dans leur alambique, & desquelles on ne trouue pas vn seul mot dans leur Calendrier?

---

312 *chifetiers* – not in Littré. Larousse *Dictionnaire des argots* under *chiffetier*, gives *chiffetière* as Norman dialect for *chiffonnière*.

313 *bribeurs* – Huguet defines the word 'celiu qui reçoit des bribes, des aliments en aumône ... Nom appliqué au collecteur d'impôts.'

314 A noteworthy juxtaposition!

ARTICLE II.

*Que l'experience pretendue des Genethliaques est confondue par
leurs propres contradictions, & par le changement de leurs maximes.*

IL est malaisé de persuader que des Aphorismes soient fondez sur
vne experience [186] bien certaine, quand ils sont contestez par les
plus celebres & les plus experts medecins de tous les siecles. Que
dirons–nous des maximes & de toutes les obseruations de l'Astromantie, qui ont tousiours esté contestees, remuees & changees par les
Genethliaques, sinon que l'experience de leur vertu n'est pas si vieille
ny si certaine, comme ils pensent le faire à croire à ceux qui ne les
entendent pas?³¹⁵ A les ouïr, toutes les obseruations de leur art sont
confirmees par vne experience de 47000.ans & plus.³¹⁶ Cependant
celles des Chaldeens, & celles des Arabes, & celles des Egyptiens, &
celles des Grecs, & celles des Latins, sont toutes differentes. Et Ptolomee (sic), qui a mis l'astrologie à plus haut prix que tous ceux qui
auoient precedé, dit que tous ces Astrologues diuinateurs se sont
lourdement trompez en leurs obseruations Genethliatiques. Albumazar
n'approuue pas celles de Ptolomee (sic). Auenazra n'est pas de l'opinion
d'Albumazar. Cardan accuse d'ignorance tous ceux qui l'ont precedé,
renuerse leurs maximes, & en pose de toutes nouuelles, lesquelles il dit
n'auoir esté cogneuës des anciens, & neantmoins asseure que sans icelles
il n'est pas possible de coniecturer des euenemens. Cependant Tycho
Brahé au liure 1. de la nouuelle estoille, chap. 2. dit que Cardan estoit
ignorant en l'astrologie, & que ses obseruations sont ridicules:³¹⁷ & de
fait, il a esté contredit par ceux qui [187] sont venus apres luy. Voila
quelle est l'experience touchant la verité de leurs obseruations
astrologiques.

Voyons encore de plus pres l'incertitude de leurs obseruations. Ils
posent tous pour principe fondamental, que la distinction ponctuelle
des maisons & de leurs poinctes, & des parties du Zodiaque, & la
cognoissance de leurs proprietez est absolument necessaire pour
fonder vne obseruation astrologique. Cela estant, qui d'entr' eux
pourra verifier que ces obseruations sont bien faites, veu que les vns
prennnent ces maisons sur l'Equateur, d'autres sur le Zodiaque,
d'autres sur le cercle qui diuise l'Hemisphere egalement en partie
Septentrionale & Meridionale. Diuersité qui change toutes les poinctes

---

³¹⁵ Pithoys suspicious of *a priori* reasoning.
³¹⁶ See previously pp. [177], [179], and p. [194].
³¹⁷ *Progymnasmata*, Prague, 1590, p. 146.

& tous les degrez des maisons, & qui a fait dire à Maginus,[318] que tous ceux qui ont dressé des tables & des ephemerides se sont trompez. Item les vns veulent que les maladies logent en la 1. & en la 7. maison, les autres en la 6. Les vns cerchent les enfans en la 5. les autres en la 10. & en l'onzieme. Les vns descouurent les voyages en la 3. les autres en la 9. Item les vns veulent que les parties pleines & masculines soient en tels degrez de chaque signe, les autres veulent que ce soient les feminins. Et ce qui est grandement considerable, c'est qu'ils ne sont pas seulement d'accord de l'ordre que tiennent les planetes en la direction qu'ils leur [188] attribuent sur la vie de l'homme. Les vns veulent que la Lune commence la regence,[319] & que de sept ans en sept ans elle se change selon l'ordre des planetes: les autres veulent bien que l'ordre des planetes soit gardé, mais ils ne donnent que quatre ans à la Lune, les dix suiuans à Mercure, les huict d'apres à Venus, vingt au Soleil, quinze à Mars, douze à Iupiter, le reste à Saturne. D'autres veulent que les dix premieres annees soient sous l'empire du Soleil, si l'homme est né de iour; ou bien la Lune, s'il est né de nuict; & les autres dix suiuans sous la domination de la planete qui selon l'ordre des signes se sera trouuee au second lieu à l'instant de la geniture. Il y a pareil different entre eux touchant les planetes & les signes qu'ils establissent presidens sur leurs grandes reuolutions de 360. annees. Apres tout, on nous veut faire accroire que ces gens sont fondez en vne experience bien certaine de 47000.ans. Certes s'ils ont quelque experience, c'est celle de Sixte de Hemminge que nous auons rapportee sur la fin du chapitre precedent,[320] c'est à sçauoir que toutes leurs obseruations sont fausses & inutiles, & qu'elles n'ont autre fondement que la folle imagination des Genethliaques.

---

[318] Giovanni Antonio Magini (Maginus), 1555–1617. Geographer and astronomer. In the first part of his *Ephemerides Coelestium Motuum*, Venice, 1582, he wrote p. 34 (verso): 'Quinimo non solum haec principia falso sunt commenti, verum integros etiam tractatus, ut de interrogationibus, de imaginibus, & maiori ex parte de electionibus absque; ullo naturali fundamento compilaverunt, quam quidem Arabum superstitiosam barbariem permulti tum preateriti saeculi, tum aetatis nostrae viri (taceo hos, qui veram scientiae semitam sequuntur) ob quandam facultatem inepte infectando, in multos, maximosque errores incurrerunt, ita ut non solum a vulgo irrideantur, a prudentibus repraegendantur.'
[319] cf. *empire*, below.
[320] i.e. the qotation on pp. [127/8].

[189]　　　　　　　　ARTICLE III.

La fausseté des obseruations Genethlialogiques
repugne à l'experience de leur vertu fatidique.

IL n'est pas possible que des obseruations fondees sur l'experience puissent estre conuaincues de fausseté, notamment quand l'experience est de la vertu d'vne cause naturelle determinee à la production de son effect. C'est pourquoi celles des medecins sur les proprietez de la theriaque,[321] du mithridat,[322] & de tous les remedes besoartiques,[323] ne sont point suspectes, d'autant qu'vne experience de plusieurs siecles en a fait toucher au doigt la verité.

A l'opposite, quelque authorité que le temps, & les peuples, voire vne milliace[324] de professeurs ayent peu donner à certaines maximes, s'il paroit euidemment qu'elles sont fausses & trompeuses, on ne persuadera iamais à vn homme bien sensé qu'elles ayent esté fondees sur vne experience bien certaine,[325] quand bien on luy crieroit à pleine teste, *Autos epha.*[326] Or est-il que les obseruations & maximes fatidiques de l'Astromantie sont conuaincues de fausseté par toutes les raisons concluantes que nous auons allegué cy dessus. Donc il n'est pas possible qu'elles soient fondees sur l'experience, comme disent faussement les Genethliaques.

[190] A ces raisons nous adiousterons encor des marques bien expresses de la vanité & fausseté de ces obseruations fatidiques. Les Genitures d'Alciate[327] celebre Iurisconsulte, de George Trapezonce[328] homme tresdocte, de Petree Tyara philosophe & medecin, de François Roscius orateur pour la ville de Rauenne aupres du Pape, de François Monze[329] musicien de Milan, dressees par les maistres de

---

[321] Treacle, balm.

[322] Also balm. cf. *vendeur de mithridate*, a charlatan. Corneille, *l'Illusion comique*, I, 3, l. 183.

[323] Stones formed in the stomach of certain animals and reputed to have therapeutic powers.

[324] Also *milliasse*, a trillion.

[325] An important argument casting doubt on (a) antiquity and (b) generally accepted beliefs.

[326] i.e. 'ipse dixit' – a dogmatic assertion.

[327] Member of a well-known family: see Bayle, *Dictionnaire*, art. *Alciat (André)*, 1492–1550. See also Cardan, *De exemplis centum geniturarum*, ed. cit. No. 13.

[328] Georgius Trapezontius (George of Trebizond), 1396–1486. His works, to be found in Migne, *P.G.*, vol. CLXI, include *Cur astrologorum iudicia plerumque fallantur*, Cologne, 1544. He is mentioned by Sixte d'Hemminge, op. cit., p. 4, and by Cardan, *De exemplis*, No. 2.

[329] See Sixte d'Hemminge, op. cit., p. 239; also Cardan, *De exemplis*, No. 17, where he is called simply Francisci Musici but the date of his birth coincides with that given by Sixte d'Hemminge.

l'art, promettoient de hautes dignitez à ces personnages auec toute felicité. Cependant le premier, quoy que tresdigne, n'a iamais obtenu la moindre dignité ny dans l'Estat, ny dans l'Eglise. Le second a vescu long temps fort chetiuement, & n'a esté que scribe Apostolique. Le troisieme n'a eu autre qualité que celle de philosophe & de medecin. Le quatrieme a esté l'obiect de l'infamie, & la proye d'vne mort violente. Le cinquieme, qui au iugement de Cardan & d'autres grands astromantiens auoit la plus excellente geniture qu'on sçauroit souhaiter, quatre planetes s'y estans rencontrees en leurs dignitez essentielles; neantmoins ce personnage n'a iamais rencontré dignité plus releuee que celle de musicien en l'Eglise de Milan.

A ces personnages si grands & si heureux en peinture dans le Calendrier des Genethliaques, ie ioindra la mere de Sixte d'Hemminge,[330] puis que les cinq planetes qui se trouuerent en leurs propres domiciles, & dans les angles, [191] au poinct de sa geniture, luy deuoyent preparer vne heureuse auenture; laquelle neantmoins au tesmoignage de son propre fils, n'a iamais rencontré que trauerses qui l'ont accablee d'ennuis, & iettee dans le cercueil.

Mais ces horoscopes ne sont que de personnes du commun, desquelles pour l'ordinaire les genitures sont cachees dans la foule: peutestre qu'il y aura plus de verité en celles qui touchent les testes couronnees & les plus hautes charges de l'Estat, & que les Genethliaques ne se seront pas trompez aux obseruations qui les regardent, puis que les phenomenes de telles personnes & de telles choses, sont les plus esclattans de leur Calendrier. Voyons si cela est.

Tous les Genethliaques qui ont examiné l'horoscope de François 2. y ont remarqué tous les phenomenes que Ptolemee, & Cardan, & tous les maistres de l'art ont desiré pour faire vn roy puissant, redoutable, heureux, & de longue duree; voire, fust-il né d'vn potier, comme Agathocles.[331] Et bien plus, ils ont encores remarqué qu'en toutes les genitures de Charles quint, de François 1. de Henry 2. 3. & 4. prises toutes ensemble, il ne s'y rencontroit pas tant de phenomenes d'heureux presage, qu'en la seule geniture de ce prince; lequel neantmoins quoy que né sous la couronne d'vne puissante monarchie, n'a porté que le nom de roy, encore fort peu de [192] temps; en sorte que sous la plus heureuse geniture de l'astromantie, il a trouué la plus malheureuse auenture.

[330] Barbara, gave birth to Sixte at Gratingen in 1533; see Sixte d'Hemminge, op. cit., p. 225.
[331] Born at Thermae, Sicily, and brought up as a potter in Syracuse. Became King of Syracuse, made war against the Carthaginians in Sicily and Africa; 361–189 B.C.

Henry 2. pere de ce roy infortuné, est mort au 47. an de son aage, & d'vne mort bien extraordinaire à vn Roy. Cependant Luc Gauric fameux Genethliaque, publioit hautement que la geniture de ce prince luy promettoit l'Empire auec vne blanche & heureuse vieillesse. Cardan, moyennant cent escus d'or, employa cent heures à dressé l'horoscope d'Edoüard[332] roy d'Angleterre, sur lequel plusieurs accidens furent predits à ce prince; desquels le dernier estoit, qu'il deuoit mourir d'vn flux de sang au cinquante cinquieme an de son aage: Cependant ce ieune prince meurt d'vne fieure ardente en sa seizieme annee. Ce mesme Gaurique qui fut si lourdement trompé en ses obseruations pour Henry second,[333] ne le fut pas moins en celle qu'il employa pour Alexandre de Medicis, duc de Florence. Il auoit aduerti ce prince de se donner garde és annees 29. 42. 59. & 64. de son aage, sans auoir rien noté de la 25. en laquelle pourtant il fut tué par Laurent de Medicis.

Si les obseruations d'heureux presages sont trompeuses, les autres ne le sont pas moins. Ceux qui ont examiné les genitures de Leon 10. de Iules 2. de Paul 3. de Sixte 4. de Marcelle 2. protestent qu'ils n'y ont remarqué aucun [193] des significateurs des charges & dignitez: ains au contraire des phenomenes de bassesse & de poureté, & Gaurique specialement remarque que la geniture du Cardinal Saluiate promettoit de bien hautes dignitez que celle du Cardinal de Monte, lequel neantmoins fut preferé à Saluiate par le Conclaue qui le fit Pape, & fut nommé Iules 3.

L'histoire nous fournit vne infinité d'autres exemples de la vanité & fausseté de ces obseruations fatidiques, & nous asseure que plusieurs ont rencontré l'inclination au vice, où les reigles des astrologues logent la vertu, & la vertu où elles attachent le vice; que plusieurs princes & autres grands personnages sont morts, lors que le ciel estoit riant de tous endroits, & que tous les phenomenes celestes caressoyent la terre de leurs plus gracieuses influences. Qu'au temps qu'ils ont obserué des deluges noyans l'vniuers, c'est lors qu'on a veu la plus grande serenité & secheresse, quoy que toutes les planetes se trouuassent ensemble dans les Poissons. Apres tout, ces charlatans nous feront accroire que leurs obseruations sont fondees sur vne experience de quarante sept mille ans, & plus.

Ie pourroye encore faire vn article des obseruations qui regardent

---

[332] Edward VI, King of England; Cardan visited him during his tour of England and Scotland. See Bayle, *Dictionnaire*, art. *Cardan*.
[333] Mentioned in some detail by Bayle, *Dictionnaire*, art. *Henri II*, rem. R.

des euenemens si extraordinaires & si rares, qu'ils n'ont iamais
arriué, ou n'ont arriué qu'vne fois: comme ceux que Cardan predit
sous la conionction [194] des testes des deux Beliers, qui ne retournera
qu'au bout de 44000.ans: Et ce comble de felicité accomplie qu'ils
promettent lors que quatre planetes auec le Soleil & la Lune, se
trouueront dans les parties pleines à vne geniture. Mais en voila trop
pour faire voir que ces obseruations ne peuuent estre fondees sur
l'experience: ains plustost que tout ainsi qu'vne vapeur agitee par le
vent se forme & reforme en mille figures, desquelles l'vn s'imaginera
vn rocher, l'autre vn arbre, l'autre vne tour, l'autre vn nauire, l'autre
vn moulin à vent: de mesme le ciel qui est perpetuellement agité de
mouuemens, bien plus vistes[334] & plus diuers, fait paroistre à tout
moment tant de configurations & si diuerses, qu'elles sont capables
d'esblouir les yeux, & de troubler la ceruelle à tous les astrologues; de
sorte qu'en vne mesme geniture l'vn s'imagine y voir vn theatre de
triomphe, l'autre vn eschaffaut d'infamie; l'vn vn cabinet de prince,
l'autre vne cabane de pescheur; l'vn vn lict nuptial, l'autre vn lugubre
cercueil; l'vn vne valize pleine de quadruples,[335] l'autre vn bissac
propre à resserrer les bribes.

Aussi ces choses font-elles croire que ces gens ont dessein de triompher de la simplicité des hommes, quand ils osent dire que la vertu
d'vne cause leur est certainement cognue par l'experience des effects
qu'elle n'a pas encore produits, & ne produira iamais. Voila [195]
cette diue[336] experience des Genethliaques.

ARTICLE IV.

*Que l'experience des Genethliaques est commune à toute sorte
de magiciens, & qu'elle ne prouue pas la vertu fatidique
de leurs phenomenes.*

LEs trois articles precedens font voir que les Genethliaques n'ont
aucune experience de la vertu de leurs phenomenes, ny de la verité
de leurs obseruations astrologiques: en suit[e], ne les voila poussez
hors de leur retranchement, & leur fort razé rez terre. Mais ils ne se
tiennent pas encore atterrez, ie les voy, ce me semble, qui respirent
& qui esperent encore de se sauuer par l'experience de la verité de leurs

---

[334] An unusual and unetymological spelling: see also *vistement*, p. 114, n. 260.
[335] A gold coin minted during the reign of Louis XIII, worth 30 *livres*.
[336] i.e. *divine*.

predictions: il faut donc forcer cette derniere barricade, & puis rien
n'empeschera que nous ne mettions le pied sur la gorge de leurs
predictions diaboliques, pour leur faire vomir toute la magie dont
elles regorgent, afin qu'elles n'infectent plus le Christianisme de leur
venin.

Ie veux doncques accorder aux Genethliaques qu'ils ont quelque
experience touchant leurs predictions; asçauoir, qu'il arriue aucune
fois que les euenemens sont conformes à la prediction qu'ils en auoyent
faite. Mais quelle conclusion pourront-ils tirer de ceste experience,
pour iustifier la vertu de leurs [196] phenomenes, & la verité de leurs
obseruations astrologiques?

On sçait assez combien l'art des augures & anciens deuins estoit
admirable en ses obseruations & ceremonies, & plus encore en la
rencontre des euenemens que ces deuins prognostiquoient auec vne
asseurance nompareille (sic), suiuant les reigles de leur art. De sorte
qu'à peine trouuerés (sic) vous rien de considerable dans l'histoire de
cette puissante respublique des anciens Romains, qui n'ait esté l'obiet
de leurs predictions. On sçait encore que Trophonius, Branchus,
Proteus, Helenus, Iapyx, Idmon, Tages, Amphiataus, Calchas, Mopsus,
Nicostrate, Cassandre, toutes les Sibylles, & vne infinité d'autres se
sont acquis plus de reputation en l'art diuinatoire que tous les Genethliaques qui ont esté depuis mille ans. Cela ne s'est pas fait que par
la rencontre ordinaire de leurs predictions. En suitte, tous ces deuineurs estoient mille fois mieux fondez que les Genethliaques sur
l'experience de la rencontre & de la conformité de leurs predictions
avec les euenemens. Et nonobstant toute cette experience le Christianisme a condamné de magie tous ces arts diuinatoires, & les a
anathematizé comme inuentions diaboliques.

Et sans cercher des exemples de si loin, encores aujourd'huy les
Geomantiens, Physionomantiens, Coskinomantiens, Chiromantiens,
[197] Hydromantiens, Cabalistes, & autres deuineurs se peuuent
vanter d'estre aussi bien fondez que les Genethliaques en l'experience
de la rencontre de leurs predictions: & ne peut-on douter qu'ils ne
puissent produire vne infinité de preuues de cette experience fatidique. Vn seul Chiromantien qui courut la France & l'Allemagne és
annees 1597, 98. 99. fit cognoistre à cent mille personnes qu'il estoit
plus asseuré de ses prognostications que tous les Genethliaques de son
siecle. Nonobstant quoy, tous ces prediseurs d'auentures sont diffamez comme magiciens, & toutes leurs inuentions reputees diaboliques.

Mais que diront les Genethliaques mesmes de l'experience que tous ces deuineurs alleguent pour se maintenir en l'exercice de leur art? accorderont-ils qu'elle en iustifie les reigles & la pratique? Sans doute que ceux qui ont quelque reste de religion nous diront franchement que ceste experience ne prouue pas la vertu des moyens que ces deuins employent pour descouurir les choses qu'ils predisent: d'autant que ces moyens n'ont pas la proportion requise en vne cause pour estre capable de produire tels effets, ni mesme de les signifier; ains plutost cette experience fait cognoistre qu'ils ont quelqu'autre inuention secrette de laquelle ils se seruent pour la prediction & production de ces choses.

Quoy qu'en puissent dire les Genethliaques, [198] le docteur Nauarre[337] sur le premier precepte du Decalogue, Nombre 31. & auec luy les Scholastiques sur le 2. des Sentences[338] Dist. 7. disent que c'est vn peché enorme de croire que l'effet qui procede de la pratique des magiciens prognostiqueurs, soit produit par la vertu des choses qu'ils employent; veu que telles choses de leur nature ne peuuent pas auoir la vertu conuenable & requise pour produire vn tel effet; mais c'est le diable qui les produit par d'autres causes naturelles, lesquelles il applique à cet effet.

Et de vray, quelle vertu y pourroit-il auoir dans les entrailles d'vne beste morte,[339] capable de prognostiquer que si Alexandre entroit en Babylon il y mourroit infailliblement? Quelle vertu en vne figure grauee sur vne pierre pour rendre vn homme inuulnerable? quelle proprieté en vn assemblage fortuit de certaines lettres, pour en coniecturer le bon ou le mauuais sort d'vne famille entiere?

Peut-estre que les Genethliaques diront qu'il y a bien plus de conuenance entre leurs phenomenes, & les choses qu'ils prognostiquent. Mais ce que nous en auons declaré au chapitre precedent les dement, & les Chiromantiens, Physiomantiens & augures ne leur accorderont iamais ce poinct, & feront paroistre par les raisonnemens de leur art, que les moyens qu'ils employent pour deuiner ont beaucoup plus d'apparence, de [199] rapport & de conformité auec les choses qu'ils predisent, qu'il ne s'en remarque és phenomenes des Genethliaques. Et de fait, peut-on imaginer choses plus esloignees

---

[337] The name in religion of Martin Azpilcueta: see *Compendium manualis Navarri*, Paris, 1604.
[338] A reference to the *Sententiae* of Petrus Lombardus, Archbishop of Paris, c. 1110–1160. See Migne, *P.L.* CXCII, *Sententiarum libri quatuor*, l.b. II, Distinctio VII (pp. 664–667) – 'Quod magicae artes virtute et scientia diaboli valent.'
[339] See p. [2], *splagchnomantie*.

de toute apparence de raison, que ces inuentions vaines, absurdes &
ridicules que les Genethliaques employent pour prognostiquer vn
homme de bonne conscience, zelé en sa religion, & entier en ses
moeurs; ou bien vn prophete, & l'establissement d'vne religion
nouuelle; vn empereur & vn Pape, auec tout l'attirail de ses hautes
dignitez? Et s'il n'y a point de raison d'assoir vn iugement du genie,
de la fortune, de la vertu, de la religion, de la conscience, de la vie &
de la mort d'vne personne, sur l'inspection de son visage, ou de sa
main, qui neantmoins semblent moyens plus approchans de ces
effets; quelle apparence d'en pouuoir iuger plus certainement par
l'inspection des estoilles, desquelles la nature, les qualitez, & les
influences sont entierement differentes, & infiniment disproportion-
nees de ces choses? Adioustez à cela, que les obseruations Genethlialogiques sont si absurdes & si ridicules, que quiconque aura consideré
ce que nous en auons representé au chap. 3. sect. 2. art. 3. & en toutes
les parties du chapitre precedent, aura peine de croire que des choses
si absurdes & si extrauagantes puissent tomber qu'en des esprits
malades, & qui ont le ceruueau desmonté.

[200] Voila les Genethliaques poussez iusques au bout, deboutez de
toutes leurs defences, destituez de raison, d'experience, & sans aucun
argument capable de persuader la vertu fatidique de leurs phenomenes. Il ne reste plus qu'à examiner leurs predictions, le suiect n'est
pas moins curieux que les precedens, & c'est icy que nous descouurirons le secret de la cabale.

SECTION II.

Quelles sont les predictions des Genethliaques,
& quelle en peut estre la certitude.

ARTICLE I.

Que les predictions des Genethliaques ne sont pas Astrologiques.[340]

IL y a cinq sortes de predictions des choses aduenir, asçauoir morales, politiques, naturelles, diuines & diaboliques. Les morales sont
fondees sur la cognoissance de l'inclination, de l'esprit, du genie, de la
vertu, & des moeurs d'vne personne. Les politiques sur la cognois-

---

[340] In the sense that they do not conform to astronomical data, *la vraye astrologie* mentioned
on pp. [26], [171], [245].

sance de la chose publique, & de la conioncture des affaires qui
regardent l'Estat. Les naturelles sur la cognoissance des causes naturelles qui sont disposees & determinees [201] à la production de leurs
effets. Les diuines sur vne cognoissance inspiree de Dieu. Les diaboliques sur la suggestion des demons. Ie ne di rien de celles que chacun
peut faire touchant les choses qu'il a deliberé d'executer: car telles
predictions sont plustost declarations d'vne resolution presente, que
prognostications de l'auenir: ioinct qu'il est trop certain que les
predictions Genethlialogiques ne peuuent tenir de cette nature.

2. Les predictions naturelles se peuuent distinguer en astrologiques, medecinales, rustiques, nautiques, & autres especes, selon la
cognoissance des causes sur lesquelles on les appuye. De sorte que
par vne prediction astrologique nous entendons vne prediction
naturelle de quelque euenement futur, & fondé sur la cognoissance
de la nature & de la qualité des astres disposez & determinez à la
production d'iceluy. Telles sont les predictions des eclipses, des
renouuellemens, accroissemens & diminutions de la Lune, des vents,
des maladies contagieuses, & d'autres effects que nous voyons ordinairement prognostiquez par nos Almanachs. Cela estant ainsi,

Ie di premierement que les Genethliaques presument de tout
temps de faire vne infinité de predictions qui ne sont aucunement
astrologiques, voire selon le iugement des plus grands maistres de
l'Astrologie iudiciaire. Pour exemple, Nigidius[341] predit à Auguste
non seluement [202] quelque haute dignité, mais l'Empire Romain &
la domination vniuerselle. Thrasylle predit à Tibere son retour en
Italie, & son election à l'Empire. Et le mesme Tibere en qualité de
Genethliaque predit à Galba qu'il gousteroit de l'Empire sur le tard:
& celuy qui predit le mesme Empire à Neron, y adiousta qu'il tueroit
sa propre mere. Nostradamus[342] ayant tiré l'horoscope au roy Henry
II, au Duc de Guise, & au Comte d'Escarre, predit au roy qu'il
seroit tué en duel, au Duc qu'il seroit tué d'vn coup de carabine par
derriere, & au Comte qu'vn cheual blanc luy casseroit la teste d'vn
coup de pied. D'autres ont predit à plusieurs Princes, Rois, Empereurs, des choses fort particulieres & extraordinaires, & touchant
leurs personnes & leurs Estats, &c.

341 Nigidius Figulus, Praetor in 58 B.C., wrote on many subjects including natural
sciences.
342 The only example of a predication from Nostradamus being quoted in the present
text. Other references to the most famous of French astrologers merely cite him with
others, p. [36], or to serve as an amusing literary device, p. [9]. The present allusion is to
Centuries, I, quatrain 35; also used as an example on p. [99].

Or toutes ces predictions, & autres de pareille impression, ne
peuuent estre astrologiques, au iugement de Ptolemee,[343] qui au liu.
2. de son quadripar. nombre 1. declare qu'il n'est pas possible de
preuoir les euenemens particuliers par l'inspection des astres. Sur
quoy Pontanus[344] maistre de l'art note que ceux qui entreprennent de
predire des choses particulieres errent necessairement en leur voye,
& faut qu'ils tombent vilainement. A cette opinion de Ptolemee s'ac-
cordent Volphius,[345] Ionctin, Cardan, Bellance,[346] Gaurique, &
autres Genethliaques: & de plus, Cardan & Iulius [203] Firmicius[347]
soustiennent qu'il est impossible de preuoir ce qui touche les Empereurs & les Rois, ny leurs Estats. Cependant notez que les Genethliaques nous font vne liste de telles predictions qui se sont rencontrees
conformes aux euenemens, pour nous prouuer que les obseruations
de leur art sont bien certaines, & fondees sur l'experience de la vertu
des astres.

Ie di de plus, qu'aucune prediction des Genethliaques fondee sur
l'horoscope & sur les obseruations de leur art ne peut estre astrologique.[348] Si aucune de leurs predictions pouuoit estre astrologique, ce
seroit celle qui regarde la vie & la mort. Or est-il que Sixte d'Hemminge en la geniture de Charles de Brimeu,[349] asseure que les Astrologues ne sçauroient cognoistre certainement par la geniture d'vn enfant
qui vient de naistre, s'il viura ou non, ou s'il mourra dans vn mois, ou
en vn autre certain temps; encore moins de quelle mort, & quand il
pourra finir sa vie: de sorte que la prediction de telle chose n'est pas
astrologique. Que dirons-nous donc de celles qui presument de specifier le
genie, l'esprit, l'inclination, la religion, la pieté, la iustice, la vertu, les
larcins, parricides, adulteres, incendies, trahisons, perfidies, traffiques de
metaux, cheutes dangereuses, &c. Certes tout ce que nous auons dit
aux deux chapitres precedens prouue peremptoirement qu'il est
impossible que [204] ces predictions soient astrologiques, puis qu'elles
ne peuuent estre fondee sur aucune vertu des astres, ainsi que nous

[343] In *Tetrabiblos*, II, No. 1. See also p. 112, n. 170.
[344] Giovano Pontano, 1426?–1503, poet and statesman, author of voluminous works.
The present reference is presumably to his *Centum Ptolemaei sententiae*, Venice, 1519, pp.
2–4. Pithoys refers to him as 'maistre de l'art', an apt allusion since Alphonso, Prince of
Calabria, is reputed to have ordered silence with these words, 'Ecco il maestro' when
Pontano entered his tent.
[345] M. Wolfius, *Disputatio de miris diaboli*, Wickerstadt, 1623.
[346] See p. [111].
[347] See p. [155].
[348] See p. 188, n. 340.
[349] Sixte d'Hemminge, op. cit., pp. 37–47 deals with Charles de Brimeu. The quotation
is from p. 47.

auons declaré. C'est pourquoy ie ne m'estendray pas d'auantage sur
ce poinct: & puis, les articles suiuans en confirmeront encore la verité.

ARTICLE II.

Que les predictions ordinaires des Genethliaques sont
diaboliques, & qu'ils ont commerce avec les demons, & comment.

SI les predictions ordinaires des Genethliaques ne sont pas astrologiques, encore moins peuuent elles estre politiques, ny morales, ny
diuines. Non politiques, puis que la plus part sont personnelles, & ne
regardent pas la conduite de l'Estat: non morales, puis que les moeurs
mesmes en sont l'obiect, & non le fondement: bien moins diuines, puis
qu'elles ne sont pas inspirees, ains plustost detestees de Dieu, qui les
defend expressément, & les menace de sa vengeance. Reste donc
qu'elles soient diaboliques, & qu'elles soient fondees sur la suggestion
des demons.

Cette conclusion est confirmee par le grand Maistre de l'art,[350] au
livre 2. de son quadripart. lors qu'il dit qu'il est impossible de predire
les choses particulieres par la cognoissance des astres, & qu'il n'y a
que ceux qui sont inspirez [205] de quelque Dieu qui les puisse predire. Sans doute que ce payen entend par quelque Dieu tout genie
& tout Demon qui peut en quelque façon reueler & suggerer les
choses secretes. Peut estre qu'on s'estonnera que i'authorise ma conclusion par le tesmoignage de ce payen, plustost que par celuy des
Peres & des Theologiens qui la prouuent si formellement: mais i'ay
affaire à des gens qui n'en veulent croire qu'aux astrologues, c'est
pourquoi ie ne leur allegue que les plus grands maistres de l'art.

Mais qu'auons-nous affaire de tesmoignages pour vne consequence
si necessaire, fondee sur des raisonnemens si concluans, qu'il faudroit
renoncer à la mesme raison pour en douter? Et puis, de quelle part
auoit appris Nigidius[351] qu'Auguste deuoit surmonter tant de difficultez, & vaincre tant d'ennemis, & paruenir à l'Empire? Et Thrasyle,
qu'vn nauire estoit parti d'Italie pour Tibere, & que dans vne heure
il en auroit des nouuelles? & cet autre, que Neron feroit euentrer sa
mere? & Nostradamus,[352] ces trois auantures qu'il predit au Roy, au
Duc & Comte, & qui arriuerent à poinct nommé? & ce malheureux

---

[350] Ptolemy, *Tetrabiblos*; see p. 112, n. 170.
[351] See above p. 189, n. 341.
[352] Reiteration of previous example on p. [202].

Genethliaque de Milan, que le Duc Galeace[353] deuoit estre tué par
vn sien vassal, & luy escrasé d'vne poutre qui luy deuoit tomber sur
la teste publiquement? &c. Nous auons prouué, & plus que prouué,
qu'il n'est pas possible d'apprendre [206] telle chose par l'inspection
des astres, aussi n'y a-il pas d'apparence de les rapporter à la cognoissance d'aucune cause naturelle ou morale determinee à leur production, encore moins à l'inspiration prophetique. Doncques il faut
necessairement que telles predictions se facent par suggestion diabolique. C'est ce qui me fait passer à ma seconde assertion, & dire hautement,

Que les Genethliaques ont commerce auec les demons, & qu'ils
prattiquent vne magie diabolique en dressant leurs horoscopes serieusement, & à dessein d'en tirer la preuoyance de la bonne ou mauuaise
auenture. Tout le contenu de nostre premier chapitre prouue assez la
verité de cette assertion, tiree de S. Augustin au liure 2. de la doctrine
Chrestienne[354] chap. 22. & 23. & du Docteur qu'on appelle Angeli-
que[355] en sa 2. 2.q. 95. art. 2. & 3. & en l'Opusc.[356] 25. chap. 3. &
de tous les Theologiens qui traittent de cette matiere. Or pour voir
clairement comment cela se peut faire,

Notez que les diables coniurez à la ruine du genre humain ont
cerché toutes les inuentions possibles pour auoir commerce auec les
hommes, & pour les faire entrer en quelque sorte de societé auec eux.
Pour cet effect ils ont employé deux moyens: le premier est vne conionction expresse & formelle qui se fait entre l'homme & le demon,
ou par paroles, ou par escrit, ou par le moyen de certain [207] charactere, ou par l'vsage de certaine inuention auec dessein exprez de la
part de l'homme de tirer assistance du demon pour l'effect qu'il
pretend. Le second est vne conuention & inuocation tacite & virtuelle
qui se fait lors que l'homme, sans auoir aucune intention d'inuoquer
le diable, ny d'auoir aucune intelligence auec luy, cerche neantmoins
des effects par des moyens impuissans & incapables de les produire,
si ce n'est par l'entremise & la cooperation du diable.[357]

Pererius[358] nous a protesté sur la fin du premier chapitre, que

---

[353] See also p. [88].
[354] *De Doctrina Christiana libri IV*, in Migne *P.L.* XXXIV; the passage in question (cols.
51–53) is based on 1 Cor. X, 14–20, and is headed: *Observatio siderum ad cognoscendam vitae
seriem vana & cur repudianda genethliacorum scientia.*
[355] i.e. St. Thomas Aquinas, *Summa theologica secunda secundae*, q. 95, art. 2 & 3. In Migne,
P.L. (2e série), III*, pp. 722–727, *De superstitione divinativa*, in which Aquinas speaks of
superstition under three general headings – necromancy, augury and prophecy concerning
man's destiny ('sortes').
[356] *Opusculum ad fratrem Reynaldum de iudiciis astrorum*, Leipsig, 1504.
[357] An important argument as it illustrates Pithoys's enduring belief in the Devil.
[358] i.e. See p. [37] p. 96, n. 120.

plusieurs Genethliaques ont recogneu deuant le tribunal de l'Inquisition, qu'ils auoient eu commerce & familiarité par conuention expresse auec les diables: Et ie m'asseure que Cardan n'en doutoit pas, quand il disoit que tous les Astrologues qui se meslent de deuiner sont pernicieux, menteurs, & peruers.[359] Apollonius Thyanæus suffira pour preuue de telle conuention diabolique. Comme ce Genethliaque haranguoit en l'Academie d'Ephese, le voila arresté, interdit, dans vn profond silence, vn tremblement le saisit, les yeux luy tournent en la teste, son visage est tout en feu, puis tout à coup battant des mains il crie à pleine teste, *Frapez le tyran, frapez.* C'estoit à la mesme heure qu'on tuoit l'Empereur Domitian à plus de 300. lieuës de là: cependant le parricide qui trembloit ouït vne voix qui luy crioit, *Frapez, frapez le tyran:* [360] [208] & ce fut cette voix qui luy fit pointer le poignard dans la gorge de l'Empereur. O Astromantie diabolique! est-ce de telle chose que tu instruis tes disciples? est-ce là vne cognoissance infuse par les estoilles dans l'esprit de ce Genethliaque? les influences du ciel pourroient-elles bien causer vn transport si prodigieux en vn moment? Non certes, cela n'est pas croyable. Cette saillie est vne euidente marque de la demonomanie[361] que le diable excitoit lors dans l'imagination de cet insigne Genethliaque; & cette demonomanie, vne preuue bien certaine de la conuention formelle que ce magicien auoit faite auec le diable dans la cauerne fatidique de Trophinius.

Quoy qu'il en soit de la conuention expresse & formelle, il est certain que tous les Genethliaques ont conuention tacite & virtuelle auec le diable, puis qu'il est certain qu'ils ont commerce auec le diable, & que c'est par son entremise qu'ils rencontrent[362] és predictions. Et ne sert de dire que ce n'est pas leur inuention, qu'au contraire ils detestent toute intelligence diabolique; c'est assez qu'ils employent des inuentions vaines pour atteindre à vne cognoissance qui surpasse la capacité de l'entendement humain. Sans plus, le diable se tient pour inuoqué par cette pratique, & ne manque pas de s'y trouver & de s'entremettre pour la faire reüssir à leur contentement, [209] afin de les seduire, & de les obliger de plus en plus à mettre leur fiance en telles inuentions. C'est ainsi qu'en parlent S.

---

[359] Cardan speaking against himself; see previously, p. [37].

[360] Bayle also refers to this episode in the *Dictionnaire*, in the *Dissertation concernant le livre de Junius Brutus.*

[361] A word taken from the title of Jean Bodin's work on witches: also used in *D.F.P.*, p. [28]. Pithoys also used 'demonotechnie,' see this work p. [211].

[362] A hunting term meaning to get on the scent or trail: Littré, *rencontrer* 5.

Augustin au 2. sur la Genese, ad litt.[363] Thomas d'Aquin au lieu allegué,[364] Caietan sur ce mesme lieu.[365] Valence[366] in 2.2. disp. 6. quaest. 12. Suarez[367] tom. 1. de relig. 2. de superst. cap. 9. Navarre[368] in summ. cap. 11. Delrio[369] lib. 4. disq. mag. cap. 2. quaest 5. &c.

Au reste, bien que ce commerce diabolique semble moins horrible que celuy qui se fait par conuention expresse, si est-ce qu'il ne laisse pas d'estre magique & entierement diabolique, & par consequent vn crime enorme, qui ne peut estre longtemps perpetré, sans que l'impieté, l'atheisme, & l'insensibilité se ioignent de compagnie pour les faire affermir par vne conuention plus expresse, qui se fait aisément, puis qu'il faut pour cet effect que le desir d'estre assisté du demon. O que le diable en a deceu par ce maudit artifice! La curiosité, la presomption, l'ambition, la conuoitise, l'appetit de vengeance, en ont fait tomber vne infinité dans les filets de cet ennemi, par la pratique de telles inuentions vaines, impuissantes & ridicules, desquelles ils se sont serui contre toute apparence de raison, pour satisfaire à leurs passions desreiglees.

Les vns ont pris plaisir en la guerison de certaines maladies, ou à charmer certains animaux, [210] ou à faire mouuoir des choses insensibles, en proferant quelques mots barbares qu'ils auoient appris par traditiue[370] de pere en fils. D'autres se sont esgayez à fasciner, emphyltrer & enchanter les personnes, par l'application de quelque fueille d'arbre, ou d'vne espingle sans teste, ou par vn noeud d'esguillette.[371] D'autres ont pris leurs passetemps à faire voir des mer-

---

[363] *De Genesi ad litteram libri XII*, in Migne, P.L. XXXIV, col. 278, the paragraph *In Genethliacos*.

[364] See previously p. [206].

[365] Thomas de Vio Cajetan, 1469–1534, Dominican monk and Cardinal; author of important commentaries on Aquinas. Pithoys here refers to *Secunda Secundae Doctoris Angelici cum comentariis*, Venice, 1593, pp. 241–242.

[366] Gregorius de Valentia, d. 1562. Spanish theologian who taught in Paris. Reference here is to *Commentariorum theologicorum tomi IV*, Ingolstadt, 1595, vol. III, cols. 1971–1984.

[367] Francisco Suárez, S.J., 1548–1617. See P. Solá, *Suárez y las ediciones de su obras*, Barcelona, 1948; also Suárez, *Opera omnia*, Paris, 1856–78; and *De religione*, Lyon, 1609 – several subsequent editions. Pithoys' reference repeating Cajetan loc. cit. in vol I of Lyon edition 1630–34, pp. 329–332.

[368] See p. 187, n. 337; op. cit. ch. 11, para. 33, p. 65, 'Qui aliquid futurum, vel arcanum credit, quia aliquid somniavit propter expressam, aut tacitam daemonis invocationem, peccat mortal(iter). Similiter qui ob somnium aliquid facit contra salutem animae.' See also op. cit. p. 64 para. 29.

[369] Martinus Antonius Del Rio, S.J.; see previously p. 11, n. 23. See op. cit. in edition Cologne, 1657, pp. 590–591, and cf. the references in Aquinas above p. [206].

[370] *par traditive* – 'par *la* traditive,' Littré quoting Furetière.

[371] *noeud d'esguillette* – a charm for preventing the consummation of marriage: See Huguet, 'aiguillette,' nouer aiguillette.' See also Bayle's discussion on the significance of the charm, *Réponses aux questions d'un Provincial*, XXXIV; *Oeuvres Diverses*, The Hague, 1727–1731, Vol. III, p. 561.

veilles incroyables dans vne bouteille de verre, par le moyen d'vne certaine liqueur, touchee seulement avec la pointe d'vne esguille; ou bien à faire ouïr des sons melodieux, ou des hurlemens espouuentables, par l'application d'un petit cornet à l'oreille. D'autres se sont rendus aimables, d'autres redoutables, d'autres inuulnerables en bataille, par le moyen de certains characteres grauez sur vn escu, ou sur vn anneau, ou sur vne pierre, ou peins sur vn morceau de velin. D'autres auec trois signes celestes grauez sur une emeraude ont gueri des hydropiques, paralytiques, & quantité d'autres maladies incurables par les remedes ordinaires de la medecine.

Que diront nos astromantiens de toutes ces pratiques? Sans doute ils auouëront qu'elles sont diaboliques. Cependant Dieu sçait que plusieurs de ces practiciens ont autrefois protesté en vn lieu qui ne permettoit pas à leur conscience de desguiser la verité. Qu'ils n'auoyent iamais eu la pensee de parler au [211] diable; voire, qu'ils eussent plustost souffert la mort que d'auoir iamais aucun commerce avec cet ennemi de Dieu & des hommes: qu'au reste, ils auoyent appris ces secrets, ou par la lecture de quelque liure, ou par tradition; & qu'ils n'y auoient oncques recogneu aucune magie.

Peut-estre que les Genethliaques diront que les moyens desquels ceux-cy se seruoyent estoyent trop diffamez pour douter de leur vanité, & de la demonotechnie[372] qui se prattiquoit en leur vsage. Mais qu'ils sçachent que si leurs inuentions ont plus de subtilité, elles n'ont pas pourtant plus de solidité: & si leur presomption les empesche d'en recognoistre la vanité, ceux qui prennent la peine de les considerer de pres, descouurent manifestement que ce ne sont autre chose que des laqs & des filets que le diable a tendus pour les enuelopper.

Pieges certes tres dangereux que toutes ces inuentions piperesses[373] que le diable a suggerees pour auoir la liberté du commerce auec les hommes; & desquelles il est bien malaisé de se deprendre quand on y est une fois enueloppé.

Chose estrange, qu'il s'en trouue; voire, qui portent le nom de Chrestien, lesquels tiennent pour maximes, qu'il y a certains mots, characteres, figures, signes, qui contraignent les demons à executer les volontez de ceux [212] qui les employent, sans pourtant qu'il soit

[372] Not in Huguet, Godefroy or Littré.
[373] *inventions piperesses* – develops the idea of *pieges .. tres dangereux*, above. A way of snaring birds by means of simulated bird-song is referred to as '*chasser à la pipée*,' whence the adjective 'pipeur'; the feminine 'piperesse' belongs to a more elevated style than the usual 'pipeuse.' cf. Corneille, *l'Illusion comique* I, 2, l. 131.

besoin d'auoir aucune intelligence avec eux;[374] & qu'en suitte, il est loisible de s'en seruir, attendu que c'est un acte genereux & des plus heroïques, de contraindre les diables, & les assuiettir à rendre obeissance.

O malheureuse & maudite pensee, tu sçais bien te loger dans l'esprit des Genethliaques, & leur persuader qu'ils sont aussi considerables que les Pompees & les Cesars, pour auoir des genies; c'est à dire, des demons deputez à leur conduite, & à l'execution de leurs predictions. Voyons maintenant comme il se peut faire que ces predictions se trouuent aucunefois veritables par la rencontre des euenemens.

ARTICLE III.

Comment il se peut que les Genethliaques rencontrent[375]
aucunefois en leurs predictions.

PVis que les demons entrent en commerce auec les Genethliaques, & qu'ils s'entremettent dans leurs predictions; il ne faut pas douter qu'elles ne puissent aucunefois rencontrer auec les euenemens. Et pour sçauoir comment cela se peut faire, il faut noter,

1. Que les diables ont cognoissance des choses passees & des presentes, quoi que bien secretes & cachees aux hommes; de sorte qu'ils peuuent aisément cognoistre les resolutions [213] qui se font dans le fonds du cabinet, & de là reueler plusieurs choses aduenuës, & predire celles qu'ils preuoyent deuoir aduenir en suite de ces resolutions. Comme pour exemple, il estoit facile aux demons de predire la ruine de Germanicus, lors qu'il fut envoyé en Sclauonie, & que Piso[376] eut receu l'ordre de celuy qui gouuernoit l'empereur & l'empire, &c.

2. Que les diables peuuent preuoir certainement plusieurs choses à venir, lesquelles dependent de certaines causes naturelles, qui sont naturellement determinees à leur production. Pour exemple, qu'il s'y fera vn tremblement de terre en tel pays, qu'il y aura abondance en telle annee, qu'vne telle maladie regnera dans six mois, que Pic

---

[374] There is an echo here of the *Descouuerture des faux possedez*.
[375] *rencontrent:* a hunting term. See previously p. [208] also p. [216].
[376] Cneius Calpurnius Piso, accused of death of Germanicus; assassinated, 20 A.D. Pithous uses the classical form of the name and not the French 'Pison' – *per contra* 'Caton', p. [216].

de la Mirande³⁷⁷ ou vn autre sera atteint de telle maladie en tel temps, & qu'il mourra sous vne telle constellation, &c.

3. Qu'encore que les diables ne puissent cognoistre de science certaine les choses à venir, qui dependent des causes libres & indifferentes qui ne sont pas determinees à leur operation; si est-ce qu'ils en peuuent auoir vne coniecture incomparablement plus certaine que celle de tous les politiques & physionomistes,³⁷⁸ pource qu'ils ont vne experience admirable de toutes les choses passees, & vne cognoissance bien particuliere des presentes, sur lesquelles ils peuuent probablement coniecturer de ce qui pourra arriuer, selon les personnes, [214] le temps, & les occasions. Pour exemple, que dans tant de mois il y aura d'estranges reuoltes en certain royaume, qui apporteront vn merueilleux changement aux affaires de l'Estat, &c.

4. Que les diables peuuent encore sçauoir par reuelation diuine, ou sur vne coniecture fondee sur la iustice ordinaire du Tout-puissant, les choses que Dieu leur pourra permettre d'executer, pour punition de ceux qui ont recours à leurs inuentions magiques, ou qui s'abandonnent à toute sorte de meschancetés: comme pour exemple, que celuy là sera accablé d'vne poutre,³⁷⁹ cet autre noyé dans vne riuiere, cet autre estouffé en dormant, &c.

Mais comment les diables peuuent-ils faire entendre aux deuins les choses qu'ils coniecturent, & les faire tomber en leurs predictions?

1. Cela se peut faire en parlant à eux sous vne forme humaine qui leur est facile à representer. 2. En formant quelque parole en l'air, ou dans l'oreille du deuin. 3. En imprimant dans l'imagination du deuin les phantosmes des choses qu'ils coniecturent deuoir arriuer. 4. En faisant rencontrer au deuin les lettres, characteres, figures, marques, signes qu'ils cognoissent auoir la signification de telles choses en l'estime du deuin.

Par le moyen de cette derniere inuention [215] il est tres facile au diable de faire tomber les choses qu'il preuoit dans la prediction du Genethliaque, à cause que leurs Calendriers contiennent vne infinité d'obseruations sur toutes sortes de phenomenes qui se peuuent rencontrer en toutes les genitures: & comme il est impossible de sçauoir quelle est l'apparition du ciel au poinct de la naissance, le diable peut aisément addresser à celle qu'il cognoit la plus propre pour y faire obseruer les euenemens qu'il veut faire predire. Avec tout cela ie

³⁷⁷ See p. 90.
³⁷⁸ See *D.F.P.*, p. [18].
³⁷⁹ Reference to Galeace Sforce (Galeazzo Sforza), see p. [88] & [205].

vous laisse à penser comme il besongne dans l'imagination du Genethliaque pour y former les phantosmes de ces mesmes choses.

Cela se faisant de la sorte, on peut dire en quelque maniere que les
predictions des Genethliaques sont astrologiques; tout ainsi qu'on dit
que celles des Chiromantiens sont chiromantiques, & celles des
Necromantiens necromantiques, & celles qui se font par les noms
Onomantiques. Et c'est la mesme raison pour laquelle nous appellons
leur art diuinatoire *Astromantie*; pource que nonobstant que ces
moyens & autres qui sont employez par les magiciens, n'ayent pas la
force & la vertu de produire ou de signifier naturellement les euenemens futurs: neantmoins ils ne laissent pas d'en estre les signes & les
prognostiques par vne deputation volontaire qui en a esté faite par
les plus raffinez en la [216] prattique de chaque espece de magie,
comme nous auons declaré au dernier article du chapitre precedent.

Encore se peut-il faire que les Genethliaques rencontrent aucunefois
par hazard en leurs predictions aussi bien que les Egyptiens ou
Bohemiens qui se meslent de dire les auentures à l'inspection de la
main: & quoi que nous ayons dit cy-dessus que leurs predictions
ordinaires ne sont pas morales ni politiques, cela n'empesche pas
qu'vn Genethliaque ne puisse faire quelques predictions morales &
politiques; mais elles ne seront pas fondees sur l'horoscope, comme il
veut faire accroire, ains sur vne cognoissance particuliere qu'il peut
auoir des personnes, ou de l'estat des affaires politiques.

Il n'est oit pas besoin de tirer l'horoscope de Polypheme ny d'Vlysse,
pour predire à ce prince d'Ithaque, que s'il ne preuenoit cet anthro-
pophage, il ne manqueroit d'en estre deuoré & tous ses compagnons.
Caton[380] ne se mesloit pas d'alambiquer les phenomenes celestes,
pourtant il ne laissa pas de predire, & trop certainement à son gré,
que la reünion de Pompee, de Crassus & de Cesar, causeroit la ruine
de la chose publique, &c.

De mesme encore vn Genethliaque pourroit-il bien predire quelques
symptomes de maladies cognuës; notamment ceux qui doiuent arriuer
aux iours critiques, & plus certainement [217] encore l'effet de
quelque medicament; mais telles predictions ne seront pas genethlialogiques. Retournons à nostre suiet & vuidons encore deux
questions qui nous restent, qui sont de sçauoir d'où vient que les
Genethliaques sont si souuent deceus, & quelle certitude il y peut
auoir en leurs predictions.

---

[380] Marcus Porcius Cato (Uticensis), 95–46 B. C. Opposed the triumvirate in 59 B.C.

ARTICLE IV.

*D'où vient que les Genethliaques sont deceus
& deçoiuent si souuent par leurs horoscopes.*

C'Est chose ordinaire à tous les charlatans de releuer la vertu de leur triacle[381] par vne liste d'effets miraculeux qu'il aura produit en diuerses personnes, & se donnent bien garde de faire vn catalogue de ceux qui ne s'en sont pas bien trouué. Les Genethliaques sont ingenieux en ce fait. Il n'y en a pas vn qui n'ait pas vne enfileure de predictions qui se sont rencontrees veritables, afin de persuader la certitude infaillible de leurs obseruations fatidiques.

Ces gens me font souuenir des Atheniens qui disoient à Prothagoras,[382] Comment peux-tu douter de la diuinité de nos dieux, voyant dans nos temples tant d'offrandes & tant de voeux de ceux qui ont euité le naufrage pour les auoir inuoqué? Mais ce philosophe leur repartit, [218] Si vous auiez les offrandes qui ont esté vouëes à vos dieux par tous ceux qui sont peris en les inuoquant, vos temples ni vos maisons ne seroient pas capables de les contenir. Plus à propos en peut-on dire de mesme à ces Genethliaques; car il est certain que pour vne prediction qui se rencontre veritable, il y en aura mille qui se trouueront vaines & sans effet. Mais comme disoit vn certain des oracles d'Apollon, *On a bien sçeu noter ceux qui se sont trouués veritables, mais on a laissé les faux dans le silence.*

Toutes fois nous en auons descouuert cy dessus des bien notables, & en pourrions encore produire beaucoup d'autres: mais nostre question est, d'où peut prouenir la fausseté de ces predictions, attendu que le diable en est l'autheur, & qu'il a vne si admirable coniecture de quantité de choses à venir.

Les Genethliaques voudroient bien faire accroire que cela prouient de l'incapacité du deuineur, & non de la foiblesse de l'art diuinatoire: mais cette excuse n'est pas receuable apres toutes les conclusions que nous auons prouuees cy dessus. Ceste fausseté prouient donc, 1. De ce que le diable ne cognoit pas certainement les choses qui dependent du hazard, ou de la liberté de l'homme. 2. De ce que Dieu par sa prouidence destourne les causes & les occasions, & change les volontez desquelles les choses predites par les Genethliaques [219] doiuent dependre. 3. De ce que Dieu tient les demons sous sa puissance, &

---

[381] An unusual form of 'thériaque' – cf. p. [189].
[382] Mentioned by Bayle, *Dictionnaire*, art. *Diagoras*, rem. D and in margin.

ne leur permet pas de reueler les choses qu'ils coniecturent à qui bon
leur semble; ains souuent leur impose silence, & leur prescrit les
bornes de leur execution. 4. Cela peut aussi prouenir de la malice des
diables, qui se plaisent à deceuoir les hommes, & à se iouër de la
sotte credulité des deuins, & de ceux qui se fient en leurs predictions,
comme remarque S. Augustin[383] au 2. de la Doctrine Chrestienne,
chapitre 23.

Or cette deception se peut faire en deux manieres; asçauoir, ou par
predictions de choses mensongeres & entierement fausses, quand les
demons ne se soucient pas que la fausseté soit descouuerte ou plustost
quand Dieu permet qu'elle soit recognuë euidemment: ou par prediction equiuoque, & qui peut auoir double sens, comme celle d'Apollon
au Roy Philippe, qui l'aduertissoit de se donner garde des chariots,
lequel peu de iours apres fut tué d'un coup d'espee sur laquelle on
trouua des chariots grauez: Et celle du mesme oracle à Neron, de se
donner de garde de la septante troisieme annee, laquelle luy deuoit
estre fatale; mais cette annee n'estoit pas celle de Neron, comme il
s'estoit imaginé; ains celle de Galba, lequel ayant atteint l'an septante
troisieme de son aage, deuoit oster la vie à Neron avec l'empire. Telles
[220] ont esté la plus part des des responces rendues par les oracles qui
ont esté recerchez & celebrez avec tant de religion par les payens.

Sur quoy il est aisé de comprendre comment il s'est peu faire que
le Chaldeen qui predit la mort de Neron, & celuy qui predit celle de
Domitian, & Louys Gaurique[384] fameux Genethliaque qui predit la
mort du prince de Bologne, & vne infinité d'autres qui ont predit des
funestes auantures aux grands, n'ayent peu preuoir que ces predictions mesmes leur deuoient couster la vie. Sans doute le Demon qui
presidoit à la structure de leur propre horoscope les auoit adressé
sur quelque geniture, dans laquelle selon les reigles de l'art ils pouuoient rencontrer plusieurs choses qui leur deuoient arriuer au cours
de leur vie, mais non leur mort violente & infame; & ce par sa propre
malice, ou bien par vne disposition diuine, la iustice de Dieu ne
permettant pas qu'ils en fussent aduertis, afin que les propres instrumens de leur magie diabolique fussent aussi les instrumens de leur
ruine & de leur infamie eternelle. Et cette punition est assez ordinaire
aux gens de ce mestier, & à ceux qui en recerchent les predictions.
Ainsi se verifie cette sentence diuine prononcee contre telles gens par

---

[383] *De Doctrina Christiana*, in Migne *P.L.*, vol. XXXIV, cols 52–53, *Cur repudianda genethliacorum scientia*.
[384] i.e. Luc Gauric, *Tractatus Astrologicus*, Venice, 1552, p. 103.

Esaie chapitre 44. vers. 25. *l'enfrain les signes des deuins, & tourne les magiciens en fureur.*

[221]   ARTICLE V.

Quelle certitude il y peut auoir és predictions des Genethliaques.

IL faut noter que la certitude d'vne prediction depend de la certitude de l'euenement qui est predit. Or pour cognoistre quelle peut estre la certitude des euenemens qui peuuent tomber dans la prediction, il faut remarquer qu'il y en a de quatre sortes.

1. Il y en a qui ont des causes naturelles necessairement determinees à leur production, comme les diuerses faces de la Lune, les eclipses, les agitations de l'air & de la mer, les crises des maladies, les effects de certains medicamens, &c.

2. Il y en a qui ont des causes en la nature non determinees necessairement, mais moralement disposees à leur production; comme sont les diuerses passions que diuers obiects peuuent exciter dans l'ame d'vn homme selon l'humeur, l'inclination, le genie, & autres dispositions qui s'y pourront rencontrer. Et comme sont les guerres, les batailles, les resiouïssances publiques, & autres choses semblables qui dependent de la disposition des affaires d'vn Estat.

3. Il y a d'autres euenemens qui ont voirement [385] des causes en la nature capables de les produire, mais elles ne sont pas naturellement [222] determinees ny moralement disposees à leur production; comme sont les accidens casuels & fortuits, tels que nous auons representé au 3. ch. sect. 2. art. 1. nomb. 3.

4. Il y en a encore d'autres que les Genethliaques entreprennent de predire qui n'ont point de causes en la nature capables de les produire; comme sont la foy, la religion, la pieté, la bonne conscience, le don de prophetie & des miracles, & autres choses qui dependent purement de la libre volonté de Dieu & de sa prouidence particuliere.

Encore n'est-ce pas assez pour rendre vne prediction certaine que l'euenement predit ait vne cause certaine & certainement determinee ou disposee à sa production; mais il faut que la determination ou disposition de telle cause soit cogneuë; autrement la prediction qui se pourra faire de tel evenement ne pourra faire vne creance bien certaine de sa verité. Sur quoy

1. Ie di que les predictions des Astrologues, medecins, naturalis-

---

[385] A form still in favour with Malherbe: see Haase, op. cit. p. 236.

tes,[386] nautonniers,[387] iardiniers, & autres physiologiens[388] touchant
les effects des causes naturelles necessairement determinees & disposees à leur production, peuuent estre accompagnees d'vne certitude
tres ferme & indubitable, d'autant qu'elles sont appuyees sur la cognoissance de la disposition des causes qui ne peuuent manquer à la
production de ces effects.[389]

[223] 2. Il y peut encor auoir quelque certitude en certaines predictions morales & politiques, d'autant qu'elles peuuent estre fondees
sur vne cognoissance particuliere de la disposition des causes qui
peuuent produire les effects qu'elles predisent Ainsi iugeons nous,
& bien certainement, qu'vn homme vain, presomptueux, superbe,
insolent, audacieux, ne manquera pas de se picquer bien fort, si on
luy dispute la preseance qu'il s'imagine estre deuë à ses merites.
Ainsi Thrasylle iugea bien certainement par la question & par la
contenance de Tibere, & par le lieu où il l'auoit mené, qu'il auoit
quelque dessein de le precipiter, s'il luy eust declaré certainement quel
pouuoit estre son fort.

Il y a trois ans, & plus, qu'vn Gentilhomme bien cogneu predisoit
hautement & bien certainement plusieurs choses de tres grande
importance; bien certainement, di-ie, d'autant que ses predictions
estoient appuyees sur vne cognoissance tres particuliere qu'il auoit
de l'humeur, du genie, & de la conduite des personnes desquelles il
faisoit dependre l'execution des choses qu'il predisoit. Il est vray
qu'on doutoit alors de la verité de ses predictions, mais depuis quelque
temps l'experience nous fait croire qu'elles estoient plus veritables &
plus certaines que nous n'eussions desiré, & Dieu vueille qu'elles ne le
soient pas en tout poinct.

[224] 3. Il y a des predictions morales & politiques, esquelles il
n'y peut auoir aucune certitude, d'autant qu'elles sont d'euenemens
qui dependent de la disposition & resolution incogneuë de certaines
causes libres & indifferentes, & de l'occurence de diuerses occasions
qui n'ont autre cause de leur rencontre que le hazard. De sorte que
comme il n'y a point de certitude ny naturelle ny morale dans la
cause, aussi n'y en peut-il auoir dans la prediction de l'effect.

4. Il n'y peut auoir aucune certitude és predictions qui se font des

---

[386] At this date meant anyone who studied nature. Huguet quotes Montaigne, *Essais*,
III, 12, 'Nous autres naturalistes ... amis de la nature'; he also quotes Paré, *Livre des
animaux*, 22, 'Les naturalistes, epicuriens et atheistes qui sont sans Dieu.'

[387] See p. 102, n. 137.

[388] A vague term having much the same signification as 'naturaliste' above.

[389] See *motus proprius* of Sixtus V, quoted on p. [235].

euenemens casuels qui dependent purement du hazard ou de la
fortune. Cette assertion est fondee sur la mesme raison que la precedente, c'est asçauoir d'autant que telles predictions ne peuuent pas
estre fondees sur la cognoissance certaine de la nature & disposition
d'aucune cause determinee ou disposee à la production des euenemens
qu'elles prognostiquent. Et c'est pour cela mesme que tels euenemens
sont qualifiez accidens, hazards, cas fortuits & inopinez.

5. Il y pourroit auoir quelque certitude morale en certaines predictions qui se peuuent faire touchant les actes de religion, de pieté,
de charité, de misericorde, & d'autres vertus Chrestiennes, qui pourroient estre exercez & prattiquez par quelque personne particuliere,
si d'auenture on auoit la cognoissance [225] de sa vertu, & de son
inclination au bien, & à l'exercice des bonnes œuures.

6. Tant s'en faut qu'il y puisse auoir quelque certaineté és predictions humaines qui se pourroient faire touchant les choses qui dependent purement de la libre volonté de Dieu, & de sa providence
speciale & extraordinaire; qu'au contraire il y a de la temerité & de
l'insolence, voire de l'impieté puis qu'il semble que par telles predictions on vueille persuader ou que Dieu a reuelé miraculeusement son
conseil, ou qu'il est contraint par quelque loy de nature à la production de tels effets: ce qui est tres faux & blasphematoire.

De toutes ces assertions il est aisé de conclurre quelle certitude il y
peut auoir és predictions par lesquelles nos Genethliaques entreprennent de predire des euenemens qui dependent ou d'vne prouidence
de Dieu tres speciale, ou de causes libres & indifferentes qui ne sont
pas encore en estre, ou bien qui sont encore bien esloignees de la
proportion & disposition requise pour les produire. Mais ie veux
resoudre la question par cette conclusion generale.

Il n'y peut auoir aucune certitude en aucune des predictions qui
sont fondees sur vn horoscope & sur les obseruations des Genethliaques. Cette conclusion est resultante de tout ce que nous auons discouru, prouué, & plus que suffisamment verifié en ce chapitre & [226]
aux autres precedens. Car si toutes ces predictions ne sont fondees que
sur des argumens foibles, impuissans, & d'ailleurs qui ne peuuent
tomber en la cognoissance des hommes, & sur des obseruations chimeriques, vaines, & ridicules, d'où nous pourroit venir l'asseurance de
telles predictions? Non de l'authorité diuine, qui les anathematize,
& defend expressément d'y adiouster aucune creance. Non du tesmoignage des doctes, puis que les plus celebres d'entre les doctes de
tous les siecles, voire d'entre tous les Astrologues, voire mesme d'entre

les Genethliaques nous asseurent que toutes leurs boutiques ne sont
remplies que de vanité, de sottise, & de fausseté. Non de la raison,
puis que les fondemens de telles predictions ne semblent auoir esté
disposez que pour despiter la raison & se moquer du sens commun.
Non de l'experience, puis que la perpetuelle mutation des phenomenes
celestes, & la diuersité des causes sublunaires, & d'vne multitude de
circonstances ne permet pas qu'on les puisse appuyer sur ce fondement; & que mesme vne infinité d'horoscopes dressez par les plus
habiles Genethliaques qui se sont trouvez faux de tout poinct, fait
assez paroistre que l'experience dont ils se vantent n'est qu'en leur
imagination. Encore moins pourroit-on nous faire croire qu'il y ait
aucune certitude en ces predictions, pour estre suggerees par quelques [227] genies diaboliques, puis que la religion & mille preuues
nous asseurent que tous ces genies sont ennemis mortels du genre
humain, & coniurez à la ruine des hommes; & que d'ailleurs il y a de
l'emulation entr'eux à qui sçaura mieux deceuoir les esprits curieux
qui osent presumer de les faire seruir à l'execution de leurs desseins.
Donc il n'y a aucune certitude en ces predictions.

Aussi n'est-il pas à croire que les Genethliaques mesmes y adioustent
aucune foy, puis que par effet ils font voir qu'ils ne croyent pas à celles
qui les regardent. On a veu plusieurs de ces tireurs d'horoscopes,
lesquels apres auoir appris par l'inspection de leur geniture qu'ils
deuoient esperer beaucoup de la fortune, pourtant ne laissoient pas
de s'en mesfier, & d'auoir autant de soin de l'auenir, comme si leurs
phenomenes les eussent menacé de malheur. Sans doute c'est 1. qu'ils
recognoissent aussi bien que Sixte d'Hemminge la vanité de l'art,
quoi qu'vne autre vanité les porte à s'en preualoir. 2. Et qu'ils sçauent
bien qu'il n'est pas tousiours au pouuoir de leur Demon de faire que
les euenemens respondent à leurs predictions. 3. Et sur tout qu'ils se
mesfient de ces esprits tenebreux qui ont si souuent abusé les plus
raffinez Genethliaques.

A propos de ces tromperies Genethlialogiques que Iunctin,[390]
Firmicius, Cardan, Gaurique, [228] Leonice,[391] Bellance, Sixte
d'Hemminge, & vne infinité d'autres ont experimenté en mille &
mille horoscopes, ne nous seroit-il pas permis de raisonner en cette
maniere?

---

[390] Elsewhere spelt Ionctin. See p. 139, n. 240.
[391] A sixth-century mathematician called Leontius Mechanicus, author of *Sphaerae
atque astrorum coelestium ratio*, Basle, 1563, and *De constructione Arateae spaerae*, published in
Astronomica veterum scripta isagogica Graeca et Latina, Venice, 1499.

S'il y a eu si peu d'asseurance aux predictions des plus grands maistres Genethliaques fondees sur des horoscopes, dressez, aiustez, examinez auec tant de soin & de circonspection, & qui tomboient sur des testes couronnees, desquelles le sort est marqué en rubriques dans leur Calendrier, & pour lesquelles mesmes ils deuoient toucher de grandes recompenses; quelle certitude pourrons-nous imaginer és predictions qui se font à la haste, par des Genethliaques à la douzaine, & pour des personnes qui le plus souuent se raillent de leur vanité, & en font des pieces de petit coucher? [392]

Certes s'il y a quelque chose digne de consideration en ces predictions, c'est que Dieu permet aucunefois par vn iuste iugement, que le diable en face reüssir quelques vnes au gré des Genethliaques. Mais sur la fin du chapitre suiuant nous fournirons les moyens pour se garantir de ce peril.

[229]   CHAPITRE VI.

CONTENANT LES ARrests prononcez contre l'Astromantie & les Genethliaques & leurs horoscopes, & les moyens pour en obtenir l'execution, & faire estouffer cette magie dans tous les Estats Chrestiens.

PLVSIEVRS s'estonnent de la religion des anciens Romains & autres nations payennes enuers les Augures, & les accusent de superstition & de sottise, d'auoir basti des Colleges si magnifiques & si priuilegiez à ces deuins, & soumis toute leur conduite à leurs prognostications; voire que les Princes & les Rois ayent affecté la dignité d'Augure. Mais puis que ces peuples estoient persuadez par l'experience des euenemens, que l'art de ces deuins estoit fondé sur des regles & des maximes veritables & bien certaines, il y auroit plustost de quoy s'estonner s'ils en auoient [230] fait moins d'estat.

Par mesme raison ie diray que si l'Astromantie des Genethliaques estoit vn art humain fondé sur des maximes veritables, il y auroit suiet de se plaindre qu'vn art si noble, si releué, si rare, si diuin, plus vtile, plus necessaire, & plus importamt que tout le reste de l'Encyclopedie, ne soit pas releué dans les Academies au dessus de toutes les autres facultez, & que les professeurs n'ayent pas autant de part au gouuernement de l'Estat, & à la conduite des affaires domestiques, comme les Augures en auoient dans cette puissante Republique.

[392] See p. [42].

Mais tant s'en faut que cette inuention diabolique soit en telle estime, que plustost le premier chapitre fait voir qu'elle a tousiours esté diffamee comme vne magie infame & detestable, voire mesme par ceux qui reueroient les Augures. Le 2. descouure combien elle est dommageable & pernicieuse. Le 3. prouue qu'elle se vante blasphematoirement de choses impossibles. Le 4. monstre qu'elle n'est fondee que sur des obseruations absurdes, ridicules, & chimeriques. Le 5. fait voir qu'elle est autant destituee d'experience que de raison, & que toutes ses predictions diaboliques sont les plus incertaines & les plus trompeuses de toutes. C'est pourquoy on ne doit trouuer estrange si nous protestons hautement contre cette magie detestable, & [231] si nous poussons les Genethliaques iusques au bout, afin de purger le Christianisme de ces monstres d'insolence qui profanent le ciel, diffament les astres, troublent les consciences, les familles & les Estats, ruinent la liberté, sappent les fondemens de l'Estat & de la religion, & osent entreprendre de conuaincre Dieu de fausseté par leurs predictions diaboliques.

SECTION I.

Arrests contre l'Astromantie, contre les Genethliaques,
& contre ceux qui font tirer leur horoscope.

ARTICLE I.

Que les liures d'Astrologie iudiciaire doiuent estre bruslez,
& les Genethliaques bannis de tous les Estats Chrestiens.

IAmais Cour souueraine ne prononça vn arrest plus iuste sur les faicts & articles resultants d'vn procez criminel. Hormis ceux qui tiennent à gloire de se seruir de Genies, & de se faire obeir par les Demons, il ne se trouuera personne à qui tout le contenu de ce traitté n'en persuade l'equité. Neantmoins [232] il faut faire cognoistre aux Genethliaques que cet arrest est aussi souuerain que iuste, afin de leur oster toute esperance d'en pouuoir estre releuez, si ce n'est au retour de leur annee Platonique,[393] quand Zoroastre[394] reuiendra estoilliser de nouueau, & Tibere avec son Thrasylle authoriser dere-

---

[393] See p. 127, n. 206, and p. 237.
[394] Previously referred to as 'Prince des magiciens,' p. [32].

chef cette magie aux despens des testes imperiales & des plus nobles Romains.

Par la premiere Section du premier chapitre nous auons fait voir comme les anciens Canons, les Peres, & les Theologiens se sont opposez à la prattique de cette Astromantie, laquelle ils ont qualifiee resuerie impie, superstition pernicieuse, culte d'idolatrie, art magique, inuention diabolique. A quoy i'adiousteray encore qu'Aquila,[395] quoy que tres docte & fameux interprete des sainctes Escritures, fut excommunié de l'Eglise pour auoir tiré quelque horoscope. Et S. Augustin[396] sur le Ps. 61. rapporte qu'vn certain qui auoit prattiqué l'Astrologie iudiciaire ne pût (sic) estre receu en la communion de l'Eglise, qu'apres en auoir fait vne penitence publique. Le mesme Sainct Augustin au mesme lieu, & avec luy plusieurs Docteurs croyent que les liures de choses curieuses qui furent apportez & bruslez aux pieds des Apostres Act. 19. estoient liures d'Astrologie iudiciaire.

Si les Peres & les Conciles des premiers siecles ont seuerement censuré l'Astromantie, [233] les Conciles qui se sont tenus depuis dans le Christianisme, & notamment les Papes ne l'ont pas estimé digne d'vn plus fauorable accueil. Le Concile de Latran[397] sous Leon 10. & Iule 2. defend tres expressément la prattique de cette inuention fatidique. Le Concile de Trente[398] confirme cette defence, ordonnant aux Euesques de pouruoir soigneusement à ce qu'on n'ait point de liures de cette astrologie iudiciaire, & qu'on ne les lisent pas.

Mais sur tout le *Motus proprius* de Sixte quint[399] l'vn des plus doctes & des plus habiles Papes qui fut iamais, est capable de fermer la bouche aux Genethliaques, & de les contraindre à acquiescer à l'arrest prononcé contre eux & contre leur art diabolique: En voicy quelques pieces qui sont dignes de consideration.

Il n'y a aucun art, (dit ce grand Pape) *ny aucune vraye discipline pour preuoir les euenemens fortuits, mais fausses & vaines, introduites par l'astuce d'hommes meschans, & par les fraudes des diables; du conseil & de la cooperation desquels procede tout deuinement, soit qu'ils soyent invoquez expressément pour reueler les choses futures, soit que d'eux mesmes portez par la haine qu'ils ont contre le genre humain, & par leur peruersité s'ingerent & s'introduisent*

---

[395] Produced a Greek version of the Old Testament. A second century writer who was first a pagan, then a Christian and finally a Jew.

[396] *Enarratio in Psalmum LXI*, in Migne, *P.L.*, XXXVI, col. 747.

[397] The fifth Lateran Council, 1512–1517; see Hefele, op. cit., vol. VIII, pt. I, p. 446.

[398] In the eighteenth session.

[399] The full text of this Bull is given in an appendix. It is to be noted that Pithoys is still respectful of Papal authority in such a matter, even though he had become a protestant.

dans les vaines recerches des choses futures, afin d'embarasser les esprits des hommes par les vanitez pernicieuses, & par la prediction des choses à venir, [234] lesquelles ils ne cognoissent pas, ny par aucune diuinité, ny par vne vraye reminiscence des choses futures, ny par l'intelligence d'vne nature plus subtile. C'est pourquoy il ne faut point douter que l'operation du diable ne s'immisce frauduleusement dans la recerche & preuoyance de ces choses qui sont fortuitement à auenir; afin que par sa fraude & par ses ruses il destourne les hommes miserables de la voye de salut, & les enueloppe dans les laqs de damnation.

Ces choses estant telles, aucuns n'y prenans pas garde fidelement & religieusement, comme ils doiuent, ains suiuans les choses curieuses, offensent grieuement Dieu, errans eux mesmes, & faisans tomber les autres dans l'erreur. Tels sont sur tous autres les astrologues, iadis appellez Mathematiciens,[400] *Genethliaques, Planetaires; lesquels faisans profession d'vne science vaine & ridicule des astres, & s'efforçans audacieusement de preuenir l'ordre de la disposition diuine qui se doit reueler en son temps, mesurent les natiuitez & les genitures des hommes par le mouuement & le cours des estoilles, & presument temerairement de preuoir, de iuger, d'asseurer de l'estat & condition du cours de la vie, des honneurs, des richesses, des enfans, de la santé, de la mort, des voyages, des combats, des inimitiez, des prisons, des meurtres, & d'autres euenemens tant heureux que malheureux: quoy que S. Augustin grande lumiere de l'Eglise asseure que celuy là qui obserue telles choses, & celuy qui l'escoute, & qui le croit, & qui le reçoit en [235] sa maison, & qui l'interroge, est preuaricateur du baptesme & de la foy Chrestienne, &c.*

C'est pourquoy d'authorité Apostolique nous ordonnons aux Euesques & Prelats, & aux Superieurs ordinaires des lieux, & aux Inquisiteurs establis en quelque nation que ce soit, de proceder & d'informer diligemment contre les Astrologues, Mathematiciens, & autres qui exerceront cy apres l'art d'Astrologie iudiciaire pour autre fin que pour l'agriculture, la nauigation, & la medecine; & contre ceux qui feront des iugemens & des genitures d'hommes, par lesquelles ils osent asseurer des euenemens fortuits & des actions qui dependent de la volonté humaine, nonobstant qu'ils protestent de ne pas les acertainer; & de punir seuerement de peines Canoniques ou arbitrales les denommez, de quelque dignité, grade ou condition qu'ils puissent estre: Defendans à tous fideles, sous les peines & censures contenues en l'Indice des liures prohibez, de lire ny retenir aucun livre de telle Astrologie, &c.[401] *ains de les mettre entre les mains des Euesques & des Superieurs des lieux, ou des Inquisiteurs: Ordonnans & mandans en la mesme authorité, que lesdits Inquisiteurs procedent contre ceux qui feront, ou liront, ou retiendront tels liures, & qu'ils les puissent punir de peines selon leurs merites, &c.*

[400] See p. 83, n. 52.
[401] Thus implementing a decision made at the Council of Trent, see p. [233], also p. 245.

Voila vne Censure Papale qui confirme tout ce que nous auons dit de l'Astromantie & des Genethliaques. Les voila declarez *peruers, presomptueux, temeraires, deceueurs, miserables* [236] & leur art *inuention diabolique,* & leurs predictions *inspirations des diables.* Les voila censurez & condamnez eux & leurs liures comme impies, infames, & pernicieux. Les voila liurez au tribunal de l'Inquisition, non seulement eux & leurs liures, ains encor tous ceux qui les liront ou retiendront. Que pourront alleguer les Genethliaques là dessus? Peut estre diront-ils que les Peres, les Conciles, & les Papes ne les peuuent pas excommunier ny maudire, ny seuerement censurer pour ce suiet. A quoy ie respond que pour le suiet de leur censure il ne peut iamais estre plus legitime, puis que tout le Christianisme tient leur art pour magique. Reste doncques qu'ils ne respectent pas l'authorité de ces personnages, allons donc à vn autre tribunal, voir s'il sera plus capable d'authoriser nostre arrest, & de le confermer en dernier ressort.

Au chap. 1. Sect. 1. art. 4. nous auons ouy les loix Imperiales qui condamnent l'Astromantie comme vne inuention peruerse & damnable, & defendent absolument toute curiosité de deuiner, sous peine de chastimens rigoureux. De plus, les Empereurs Honorius & Theodose en la loy Mathematicos. C. de episcopali audentia, ordonnent que les Genethliaques apportent leurs liures aux pieds des Euesques pour estre bruslez, & que ceux qui manqueront ayent à sortir non seulement de la ville de Rome, mais de toute l'Italie.[402] Ie [237] n'auroy iamais fait si ie vouloy rapporter tous les arrests de bannissement & de mort, ou d'autres chastimens, qui ont esté prononcez contre les Genethliaques par les Princes & magistrats Chrestiens, & notamment par le redoutable tribunal de l'Inquisition. Ie passe donc par dessus; aussi ne peut-on pas douter que cet art superstitieux & magique n'ait tousiours esté persecuté par toutes les Republiques & les Academies qui ont fait profession de la religion Chrestienne.

Mais il y a de quoy s'estonner, que les Empereurs & les Princes payens, & mesmes ceux qui reueroient les Augures, ayent eu les Genethliaques en execration, & les aient traitté plus rigoureusement que n'ont fait les Papes ni les Princes Chrestiens. Tertullian nous a dit ci dessus[403] que les Genethliaques estoient chassez de Rome & de toute l'Italie, comme les Anges reuoltez estoient chassez du ciel: ce

---

[402] See *Codicis Theodosiani libri XVI*, Paris, 1607, pp. 231–233; 'Mathematicos nisi parati sint codicibus erroris proprii sub oculis Episcoporum incendio conrematis ...,' VIII Feb. Honor & Theod. III.

[403] See p. [22].

qui leur est arriué maintes fois, comme durant le Consulat de Marcus
Popilius & Cn. Calphurnius. Pendant l'Edilité de Marcus Agrippa.
Item durant le Consulat de Taurus & de Libo. Item du regne des
Empereurs Vitelle & Diocletian & Maximinian. Voire souuent on
les a puni de supplices rigoureux, autrefois interdits de feu & d'eau,
comme durant le Consulat de Cn. Pomponius & de Rufus. Autrefois
on les a precipité de la roche Tarpeienne, &c. Sans doute à cause que
la magie de [238] cet art estoit recogneuë trop pernicieuse aux familles
& au public, comme nous auons representé au chapitre 2. de ce
Preseruatif. Quoi que c'en soit, voila nostre Arrest confirmé par les
puissances les plus souueraines de la terre; à qui donc les Genethliaques en pourroient-ils appeler?

Mais quand toutes les puissances humaines s'accorderoient pour
authoriser cet art diabolique, les loix diuines ne suffiroient elles pas
pour les condamner, & pour faire bannir tous les Genethliaques non
seulement du Christianisme, mais aussi de tous les Estats & Empires
qui recognoissent en quelque façon la diuinité de ces loix que nous
lisons au Leuitique chapitre 19. vers. 26? *Vous ne deuinerez point, vous
n'obseruerez point les temps.*[404] Et au Deuteronome chap. 18. *Nul en toy
ne sera trouué vsant d'art magique, ny homme ayant esgard au temps, ny enchanteurs, ny deuins, &c. Car tous ceux qui font telle chose sont abomination au
Seigneur; & à cause de telles abominations le Seigneur Dieu les exterminera
deuant ta face.* Et au Leuit. chap. 20. *L'homme ou la femme qui seront
sorciers ou deuins mourront & seront lapidez de pierres, & leur sang sera sur
eux.*

Dieu defend generalement toutes deuinailles, & n'en exempte pas
vne, voire il specifie celles qui se font par l'obseruation des temps, qui
sont proprement celles des Genethliaques: Il declare que tous deuineurs luy [239] sont en abomination: Il veut qu'ils soient lapidez de
pierres commes les sorciers & enchanteurs; & tres iustement, puis
que de quelque façon qu'on entreprenne de deuiner les choses futures
qui dependent de la prouidence de Dieu & de la liberté de l'homme,
c'est vn pesché criant, vn crime de leze majesté divine,[405] vne impieté
blasphematoire: car c'est attenter contre la diuinité, qui s'est voulu
reseruer ce secret.

Ie laisse à iuger de tout ce que dessus, si on peut en conscience
souffrir les Genethliaques, & leur permettre de prattiquer leur magie

---

[404] There is some confusion about this verse from *Levitivus.* The Vulgate has 'somnia.'
See p. 83, n. 52.
[405] See p. 82, n. 47.

dans vn Estat qui fait profession de se gouuerner selon l'equité des loix, & selon les maximes de la religion Chrestienne. Que plustost ie m'asseure qu'il ne se trouuera Chrestien si preoccupé de passion, qui ne donne son approbation à l'arrest que toutes les puissances humaines & diuines ont rendu contre l'Astromantie & les Genethliaques, à sçauoir que tous les memoriaux de cette iuention diabolique doiuent estre bruslez, & les Genethliaques bannis de tout le Christianisme.

ARTICLE II.

S'il peut estre permis de prattiquer l'Astromantie en secret, & s'il est licite de faire tirer son horoscope.

PVis que l'Astromantie est conuaincu de magie par toutes sortes d'argumens, & [240] qu'elle est diffamee au ciel & en la terre comme vne inuention diabolique, voire la plus pernicieuse que l'enfer ait forgé pour nuire aux humains;

1. C'est chose tres certaine qu'il ne peut estre permis de prattiquer cette maudite inuention ny en public, ny en particulier, & que ceux qui le font commettent vn crime enorme & punissable de mort eternelle. C'est l'opinion du Docteur Nauarre [406] de Rest. lib. 2. cap. 2. De Pereira [407] lib. 3. de magia, cap. 2. & 3. De Salas. [408] 1. & 2. q. 9. art. 5. tract. 5. disput. 2. D'Anton. [409] 2. part. titul. 12. cap. 1. De Sanchez [410] in summ. cas. consc. lib. 2. cap. 38. num. 30. &c.

Ce dernier qui est vn Docteur Jesuite, apporte deux raisons de cette assertion. L'vne est que cela est defendu par tout le droict. L'autre est, d'autant que c'est vne superstition qui deuine en vertu d'vn pacte tacite avec le diable.

Quant à la premiere raison, il la prouue par quantité de Canons ecclesiastiques, & specialement par la Bulle de Sixte cinquiesme que nous auons rapportee en l'Article precedent: mais elle se prouue encore mieux par les loix de Dieu mesme que nous auons citees cy dessus.

---

[406] See pp. [209] and [241].
[407] i.e. Pereirus, see p. [37].
[408] Ioannes (Juan) de Salas, 1553–1612, *In Primam secundae divi* Thomae, Vol. I, Barcelona, 1607, pp. 826–827, contains a singularly detailed set of references.
[409] See p. 87, n. 83.
[410] Tomás Sánchez, S.J., 1550–1610, *Opus morale in Praecepta Decalogi sive Summa casuum conscientiae*, Paris, 1615, pp. 311–313. In fact the whole passage pp. 303–323 deals with superstition, divination etc., and implements decisions made at the Council of Trent. It relies heavily on the Bull of Sixtus V referred to and quoted above.

Quant à la seconde raison; ce Docteur la prouue ainsi: Ou la coniecture des euenemens casuels, fortuits & libres est fondee sur les astres comme cause d'iceux, ou seulement comme [241] signes. Si les Genethliaques disent le premier, ils ruinent la liberté de l'homme: s'ils disent le second, il faut que ce soit comme signes deputez & expressément instituez pour prognostiquer ces effects, d'autant qu'ils ne peuuent naturellement signifier telles choses. Or si les astres sont signes de ces choses par institution & deputation, ils cerchent par iceux vne cognoissance qui ne se peut acquerir par la voye de l'inuention, mais de la discipline, laquelle ne vient pas de Dieu, ny immediatement, ny par l'instruction des bons Anges. Doncques il faut necessairement qu'elle vient du diable, & par ce moyen il interuient vn pacte tacit auec iceluy. Voila iustement la confirmation de ce que nous en auons dit au chapitre precedent.

2. Il ne peut estre licite à qui que ce soit de faire tirer son horoscope par vn Genethliaque; & qui le fait, commet vn crime punissable de mort eternelle. C'est l'opinion du Docteur Nauarre [411] sur le premier precepte du Decalogue nombre 30. voicy ses mots, *Celuy là peche mortellement qui interroge ou veut interroger les deuins ou deuineurs,* [412] *pour en apprendre quelque secret, par billets, ou liures, ou crible,* [413] *ou astrolabe,* (voila le charactere de l'horoscope).

Les mesmes Canons & les mesmes Bulles qui defendent la prattique de l'Astromantie, defendent pareillement d'en recercher les predictions des Genethliaques. Sur tout les [242] loix diuines y sont expresses au Leuit. cha. 19. vers. 31. *Vous ne vous tournerez point aux sorciers & aux deuins, vous n'enquesterez rien d'eux.* Item au chap. 20. vers. 6. *La personne qui se retournera aux sorciers & aux deuins, ie mettray ma face contre cette personne, & l'extermineray du milieu de son peuple.*

Notez derechef que les deuins sont tousiours rangez auec les sorciers. Notez encore que Dieu defend generalement de consulter les deuins, sans aucune exception; & souuenez vous que les Canons Ecclesiastiques, & les Peres, & les Iurisconsultes mettent les Genethliaques entre les deuins, & condamnent leur art comme infame, pernicieux, impie, magique & diabolique; & vous ne douterez pas (si vous estes Chrestien) que celuy qui dresse l'horoscope, & celuy qui le recerche curieusement ne peche grieuement l'vn & l'autre, & ne

---

[411] Martín Azpilcueta, see p. 194 [209].
[412] Between *deuin* and *deuineur* there is virtually the same distinction as between *deuin* and *sorcier*, see p. 82, n. 46.
[413] i.e. *coskinomantie*, see p. 73, n. 24.

commettent vn crime de leze majesté diuine,[414] puis qu'ils contre-
uiennent egalement aux loix, & qu'ils attentent à vne cognoissance
qui n'appartient qu'à Dieu seul, & laquelle Dieu s'est voulu reseruer.
J'adiouste pour preuue peremptoire de ces deux resolutions precedentes cet argument:

C'est vn crime horrible d'auoir aucun commerce ny expressément
ny tacitement auec les diables, en employant leurs characteres,
chiffres, symboles, signes, & autres inuentions [243] magiques, à
dessein d'en tirer quelque effect.

Or est-il que tant celuy qui tire, que celuy qui sollicite curieusement
vn horoscope, entre en commerce, au moins tacitement, auec le
diable entant (sic) qu'il employe ou par soy ou par autrui des inuentions magiques, à dessein d'experimenter s'il pourra preuoir ou
apprendre quelque euenement futur.

Doncques c'est vn crime horrible à l'vn & à l'autre de tirer & de
solliciter vn horoscope.

3. Quelques Casuistes tiennent qu'vn homme entendu és regles de
l'Astrologie iudiciaire peut dresser vn horoscope par maniere de
passetemps, pourueu que ce soit pour faire voir la vanité de l'art, &
non pour en tirer quelque vtilité. Mais quoy qu'ils en puissent dire, il
est dangereux qu'en caressant la vipere on n'en soit picqué, & qu'en
maniant le poison on n'en soit empoisonné.

Fuyez enfans, fuyez, l'aspic est dessous l'herbe.[415]

[414] See pp. [19] and [239].
[415] Quotation from Virgil, *Ecloga*, III, 92/3.
 Qui legitis flores et humi nascentia fraga,
 Frigidus, o pueri, fugite hinc, latet anguis in herba.

[244]   SECTION II.

Par quels moyens on peut obtenir l'execution des arrests prononcez
contre l'Astromantie, & contre les horoscopes des Genethliaques.

ARTICLE I.

D'où vient que malgré les loix diuines & humaines, & tant
d'arrests & de censures d'Empereurs & de Papes, il s'y trouue
tousiours des Genethliaques dans les Estats Chrestiens.

VOila les Genethliaques, & leur art diuinatoire, & tous leurs
escrits condamnez, interdits, & tres expressément defendus, voire sous
peine d'estre bannis, lapidez, bruslez & exterminez de deuant la face
de l'Eternel. Comment doncques se peut-il faire qu'il s'en trouue
encore qui osent faire mestier de cette iuention infame & diabolique,
voire mesme dans le Christianisme & dans les Estats les mieux policez?
Et d'où vient que plusieurs, voire qui font profession d'honneur & de
vertu, ne feignent pas de faire tirer leur horoscope?

[245] C'est vn effect de la magie diabolique de cet art qui enchante
si puissamment les esprits, que plusieurs qui ne sont pas instruits en la
cognoissance de la vraye astrologie, non plus que des censures humaines & diuines prononcees contre cet art fatidique, se laissent aisément
persuader qu'il y a quelque vertu astrologique dans ces obseruations
diuinatoires; & sur cette persuasion ne font point de scrupule de
s'occuper à l'estude & à la prattique de ses maximes, & de recercher
par icelles la preuoyance des euenemens futurs.

Baronius[416] sur l'annee 54. dit que cela vient de la curiosité des
hommes tousiours auides apres la nouueauté, laquelle fait renaistre
& reuenir les Genethliaques, qui ont esté chassez par les princes &
empereurs. Ce que Tacite auoit remarqué de son temps, comme il le

---

[416] Cesare Baronio, 1538–1607, the famous Italian Church historian; see his *Annales
ecclesiastici*, Antwerp, 1612, p. 420: 'Annus 54. Quod ad res Romanas huius anni pertinet:
auctor est Tacitus [marg. Tacit Annal. lib. 12. Mathematici pulsi ab urbe] hoc anno
iisdem Coss. [Fausto Sylla, Salvio Othone] factum est Senatusconsultum de pellendis
Italia mathematicis ... qui finem principis per Chaldaeos scrutatus esset: invisum plane
Principibus genus hominum: sed humana curiositas agebat, ut quos saepius edicta Impe-
ratorum exagitabant, iidem revocarentur in Urbem.' The reference to Tacitus is to be
found in the Iustus Lipsius edition of Tacitus, *Opera quae exstant, Iustus Lipsius postremum
recensuit, Additi commentarii etc.*, Antwerp, 1607, p. 203. A further reference will be found
on p. 53, i.e. in Book II, 'Facta & de Mathematicis Magisque Italia pellendis seliatus
consulta; quorum e numero, L. Pituanius, saxo [i.e. Tarpeio] deiectus est.' A note on the
text will be found on p. 504.

tesmoigne en son septieme (sic) liure,[417] disant des Genethliaques, *Desloyale espece d'hommes, & trop adonnee à tromper les grands qui tendent à l'esperance: Espece d'hommes qui sera tousiours chassee de la ville, & tousiours supportee.* C'est à sçauoir par la curiosité trop naturelle qui porte la plus part des hommes à vouloir cognoistre les choses à venir.

O maudite curiosité, si les enfers auoient quelque feste à solenniser, ce seroit à toy qu'elle seroit dediee, puis que c'est toy qui as allumé leurs flammes deuorantes, & que depuis le commencement du monde tu as tousiours [246] si puissamment trauaillé à maintenir le regne des demons sur la terre, & à peupler le royaume des malheureux.

De vray cette funeste curiosité ayant porté le premier homme à vn attentat contre la diuinité, a esté cause de tous les maux qui accablent malheureusement les humains. Ç'a esté cette Furie infernale qui a tiré du fin fonds des enfers les Astromantiens, Geomantiens, Hydromantiens, Onomantiens, Coskinomantiens, Necromantiens, bref tous les sorciers, magiciens & deuins qui ont empoisonné & enchanté si long temps toutes les nations de la terre. Et n'est-ce pas encore cette maudite coriosité qui fait que les peuples desirent des Almanachs qui soient chamarrez du clinquant de l'Astrologie iudiciaire, & de rencontrer quelque prognostiqueur duquel ils puissent apprendre leur bonne auenture? Ouy certes, & c'est par ce moyen que les Genethliaques sont maintenus dans le Christianisme en despit des Bulles papales, des Canons des Conciles, des Decrets des Empereurs, voire mesme des loix diuines, qui seules deuroient suffire pour les faire exterminer. De sorte qu'il n'y a point d'apparence de iamais voir l'execution des arrests prononcez contre ces magiciens, si ce n'est en faisant horreur de l'Astromantie à tout le monde, & sur tout aux princes & magistrats.

[247]   ARTICLE II.

Qu'il est impossible à vn Chrestien de cognoistre l'Astromantie sans l'auoir en horreur, & qu'vn Prince qui sçait que [ce] c'est ne la peut souffrir dans son Estat.

DEs l'entree de ce traitté nous auons fait voir comme les esprits curieux sont aisément surpris par les maximes de l'Astromantie, qui d'abord semblent toutes brilliantes de lumiere, & toutes pleines de verité. Sur quoy i'adiouste qu'il se peut faire qu'vn homme craignant

---

[417] Impossible! Books 7–10 are missing. See however the note on Baronius above.

Dieu & de bonne conscience s'engage par mesgarde à la recerche de cette inuention fatidique, sous la bonne opinion qu'il en peut auoir autant que de recognoistre la vanité de ses regles, & l'impieté de son entreprise.

Mais de tant plus que cet homme aura fait estat de cet art auant que de le cognoistre, de tant plus[418] l'aura-il en horreur apres il en aura acquis la cognoissance. Sixte d'Hemminge nous a rendu tesmoignage de cette verité sur la fin du chapitre troisieme,[419] & son tesmoignage est confirmé par vne infinité d'autres qui ont eu le mesme desgoust de ces obseruations creuses & chimeriques, apres auoir esté passionnément attachez à leur prattique, & enragement obstinez à leur defense.

I'espere que les considerations dont ce [248] *Preseruatif* est composé, seront capables de faire tomber le philtre des plus ensorcelez Genethliaques, en sorte qu'ils recouureront, aidant Dieu, assez de liberté d'esprit pour iuger de l'impieté & de la demonomanie de cette iuention. Et pourueu que l'ambition[420] d'estre estimez & respectez comme prophetes, ou redoutez comme fatidiques, ne les possede pas entierement, ils se sentiront pressez par leur conscience de donner gloire à Dieu, en cedant à la force de la verité.

Quoy qu'il en soit des Genethliaques à gages, & qui font traffic de ce mestier d'iniquité, contre lesquels principalement ce *Preseruatif* est dressé; ie m'asseure que tout Chrestien qui considerera serieusement

1. Que de tout temps l'Astromantie a tousiours esté diffamee & descriee par toute la terre, voire dans les cieux, comme une iuention diabolique suggeree par les demons aux deuins de l'ancien Paganisme, comme il est suffisamment verifié par le premier chapitre de ce *Preseruatif.*

2. Que cette inuention magique est extremement pernicieuse & à ses propres ouuriers, & à ceux qui en recerchent les ouurages, & notamment aux Princes & principaux officiers d'vn Estat, & generalement à tout le public, comme nous auons representé par le second chapitre.

3. Que cette inuention se vante blasphematoirement [249] de pouuoir atteindre à vne preuoyance d'euenemens qui est entierement

---

[418] See Haase p. 239: *tant plus ... tant plus* common in the early seventeenth century. This seems to be more a variant for *d'autant plus ... d'autant plus*, see Haase, p. 240.

[419] Ambiguous. Pithoys means at the end of chapter III of the present work, not at the end of chapter III of Sixte d'Hemminge. See pp. [127–128].

[420] Personal (psychological) qualities come into the argument.

impossible à l'esprit humain, & qui n'appartient qu'à Dieu seul, comme le chapitre 3. le prouue demonstratiuement.

4. Que toutes ses obseruations sont vaines, absurdes, ridicules, bouffonnesques, & n'ont autre fondement que l'imagination creuse & extrauagante des Genethliaques, comme le chap. 4. en fait foy.

5. Que toute l'experience de laquelle on presume d'appuyer les regles de cet art, ne prouue autre chose que la magie dont il regorge, & la suggestion diabolique des predictions par lesquelles les Genethliaques sont conuaincus d'auoir commerce auec les diables ennemis de Dieu & du genre humain, comme il appert plus clairement que le midy par le chapitre precedent.

Ie m'asseure, di-ie, que tout Chrestien qui considerera toutes ces marques de magie & d'inuention diabolique qui se rencontrent en leur plus haut lustre dans l'Astromantie des Genethliaques, ne pourra s'empescher de l'auoir en horreur, & de la detester comme vne engeance de demons, vne Furie infernale, vn monstre d'insolence, d'impieté, & de blaspheme, digne de la haine & de la malediction de Dieu & des hommes, & de la punition de l'enfer. Voire la seule consideration des malheurs qui sont arriuez à tant de personnes [250] en punition de leur curiosité à se faire predire leur bonne auenture,[421] sera capable de luy rendre l'horoscope plus redoutable que la mort, puis que d'ordinaire le demon a tout pouuoir de faire tomber dans le malheur qu'il aura luy mesme prognostiqué.

Sans doute ces considerations sont assez fortes pour empescher qu'vne ame Chrestienne, voire vn homme d'honneur, de quelque religion qu'il puisse estre,[422] ne se laisse embabouïner[423] par les charmes de l'Astromantie; voire elles sont assez puissantes pour exterminer tout à fait cette engeance infernale, & pour rendre les Genethliaques & leurs horoscopes aussi infames & execrables que leurs demons. C'est pourquoy ce traitté n'est pas mal à propos intitulé *Preseruatif contre l'Astromantie des Genethliaques*. Mais ces considerations ne tombent pas en l'esprit de tous les Chrestiens, peu sont capables de penetrer dans le labyrinthe où les Genethliaques resserent ce monstre, qui sous vne face astrologique couure vne demonomanie[424] redoutable; & d'ailleurs les aduertissemens que les doctes en peuuent donner par leurs escrits ne viennent pas à la cognoissance de tous. C'est

---

[421] Recalls the title of one of Pithoy's earlier works. See also Section II of this chapter, p. [253] et sq. See also Corneille *l'Illusion comique*, I, 3, l. 171.
[422] Advanced thinking for this date?
[423] *embabouiner* – widely used for any action of flattery or seduction.
[424] See p. [208].

pourquoy il sera tousiours difficile d'obtenir l'execution des arrests qui ont esté tant de fois prononcez contre les Genethliaques, si ce n'est par vn moyen que ie vay proposer pour le dernier & plus puissant remede [251] contre cette inuention diabolique.

C'est le deuoir des pasteurs des Eglises Chrestiennes de declamer hautement en leurs exhortations populaires contre l'impieté & la demonotechnie des Genethliaques, & d'aduertir les princes & les magistrats qu'ils sont obligez en conscience d'interdire en leur païs l'Astromantie, voire tout art diuinatoire, sous peine d'encourir les punitions portees par les loix diuines & humaines contre ceux qui exercent telles inuentions diaboliques. Mais quelle esperance pourrons-nous auoir de ce remede, puis que nous auons appris cy dessus que les plus eminens d'entre les pasteurs des Eglises Chrestiennes sont emphiltrez par les charmes de cette sorciere infernale, & que d'ailleurs ceux là mesme qui gouuernent souuerainement les Estats du Christianisme tiennent des Genethliaques à gage, & se font tirer l'horoscope?

Il faut donc que ie crie à pleine teste, & que ie face retentir par tout le Christianisme cette voix que le Iesuite Cornelius à Lapide [425] adresse aux Cardinaux & autres Prelats de l'Eglise Romaine, *Resueillez vous Prelats, fils des hommes, iusques à quand aimerez-vous la vanité, & cercherez-vous le mensonge?* Resueillez vous aussi Princes Chrestiens, ouurez les yeux sur les horribles malheurs que cette maudite Astromantie peut produire dans vos Estats. Vous en pourrez voir vn eschantillon dans [252] la seconde Section du chapitre 2. de ce *Preseruatif.* Et tenez pour certain qu'vn Estat qui souffre la pratique de cette inuention diabolique deuient vn object de la malediction diuine, qui est plus à redouter que toutes les menaces des plus puissans ennemis. Et si les sentences & les menaces expresses que Dieu a si hautement publiees dans ses loix ne sont pas assez fortes pour vous persuader cette verité; remarquez, s'il vous plait, cette histoire que l'Esprit de Dieu a fait marquer au 23. chapitre du liure des Nombres.

Balac roy des Moabites ayant fait venir Balaam grand Astrologue & Magicien, afin de maudir[e] le peuple d'Israel qui estoit campé en la plaine de Moab, & vouloit occuper son païs; apres que d'vn lieu fort eminent ce Magicien eut consideré ce peuple, il dit au Roy qu'il n'estoit pas en son pouuoir de le maudire, *Car*, dit-il, *il n'y a point d'enchanteurs en Jacob, ny de deuinemens en Israel.*

---

[425] Quotation repeated from p. [50].

Doncques s'il se fut rencontré quelque Genethliaque parmi ce peuple, c'eust esté vn obiect d'anatheme vniversel. Sans doute ce Magicien eut eu le pouuoir de pratiquer ses charmes, & de faire ressentir à tout ce peuple les effects de ses enchantemens & malefices.

Voila vn bel aduertissement aux princes Chrestiens de donner ordre à ce que tels anathemes ne se rencontrent point dans leurs Estats.

[253] SECTION III.

De quels phenomenes le Chrestien doit coniecturer, voire iuger certainement de sa bonne ou mauuaise auenture.

S'Il y a quelques phenomenes capables de prognostiquer le bon ou mauuais sort du Chrestien, ce sont ceux que Dieu fait briller dans sa parole.[426] Aussi ne sont-ce pas phenomenes muets, insensibles, & imaginaires, comme ceux des Genethliaques, mais parlans hautement, & prononçans avec authorité la bonne ou mauuaise aventure qui doit arriver à chacun. C'est donc de l'inspection de ces phenomenes mysterieux aiustee à la conscience, aux mœurs & à la vie d'vn chacun, que toute personne, de quelque qualité qu'elle puisse estre peut tirer son horoscope, & preuoir plus certainement que tous les deuineurs ce qu'elle doit attendre de bien ou de mal à l'aduenir. Nous en desployeront quelques vns, pour seruir d'instruction à ceux qui ne sont pas exercez en cette Theologie iudiciaire.[427]

[254] *Phenomenes mystiques de la geniture, vie, complexion, inclination & Genie d'vn Chrestien.*

SInon que quelqu'vn soit né derechef, il ne peut voir le royaume de Dieu. *S. Iean* 3. Quiconque croit que Iesus est le Christ, est né de Dieu. Qui a le Fils, a la vie, qui n'a point le Fils de Dieu, n'a point la vie. 1. *S. Iean* 5. Qui croit au Fils, a vie eternelle. Qui desobeit au Fils, ne verra point la vie, ains l'ire de Dieu demeure sur luy. *S. Iean* 3.

Ce qui est né de chair est chair, & ce qui est né d'esprit est esprit. *S. Iean* 3. Ceux qui sont selon la chair, sont affectionnez aux choses de

---

[426] See Introduction p. XVIII, for the possible significance of the long appendix of references to Scripture which follows.
[427] cf. *Astrologie iudicaire*, a recurrent phrase in the present text.

la chair; mais ceux qui sont selon l'esprit, aux choses de l'esprit.
Rom. 8.

Qui fait peché est du diable. Quiconque est né de Dieu ne fait
point peché: car la semence d'iceluy demeure en luy, & ne peut
pecher, pource qu'il est né de Dieu. Par cecy sont manifestez les
enfans de Dieu & les enfans du diable. 1. *S. Iean* 3.

Si quelqu'vn n'a point l'esprit de Christ, celui là n'est point à
lui. Ceux qui sont conduits par l'esprit de Dieu sont enfans de Dieu.
Rom. 8.

[255]   *Phenomenes de l'esprit, de l'industrie,*
                    & de la prudence du Chrestien.

SI vous qui estes mauuais sçavez donner à vos enfans choses bonnes,
combien plus vostre Pere celeste donnera-il le S. Esprit à ceux qui le
luy demandent? *Luc* 11. L'ouuerture de tes paroles illumine & donne
entendement aux simples. *Pseau.* 119.

L'homme animal ne comprend point les choses de l'esprit de Dieu,
car elles luy sont folie, & ne les peut entendre, d'autant qu'elles se
discernent spirituellement: mais le spirituel discerne toutes choses,
& luy n'est iugé de personne. 1. *aux Cor.ch.* 2.

La sapience d'où se recouure-elle? & où est le lieu de l'intelligence?
La crainte du Seigneur est la sapience, & se destourner du mal c'est
l'intelligence. *Iob* 28. Le premier poinct de sapience est la crainte de
l'Eternel, la science des Saincts est prudence. *Prouer.* 9.

La prudence de la chair est mort, mais la prudence de l'esprit est
vie. *Rom.* 8.

Il n'y a sagesse, ni prudence, ni conseil contre le Seigneur. *Prou.* 21.

I'aboliray la sapience des sages, & aneantiray l'intelligence des
entendus. Dieu n'a-il pas affoli la sapience du monde? Dieu a choisi
les [256] choses folles de ce monde pour faire honte aux sages, afin que
nulle chair ne se glorifie deuant luy. 1. *Cor.* 1.

Ainsi dit le Seigneur, i'enfrain les signes des deuins, & tourne les
magiciens en fureur, destournant les Sages au rebours, & faisant
leur science estre folle. *Esa.* 44.

Il dissipe les pensees des rusez, tellement que leurs mains n'execu-
tent rien; & surprend les sages en leur finesse, & le conseil des peruers
est par luy abbatu. *Iob.* 5.

As-tu veu vn homme qui cuide estre sage? espere plustost d'vn fol
que de luy. *Prou.* 26. &c.

Phenomenes de la iustice, saincteté & integrité du Chrestien.

TOute la semence d'Israel sera iustifiee au Seigneur. *Esa.* 45.

Or c'est de luy que vous estes en I. Christ, qui vous a esté fait de Dieu sapience, iustice, sanctification, & redemption. 1. *Cor.* 1.

Il nous a esleus en luy deuant la fondation du monde, afin que nous fussions saincts & irreprehensibles deuant luy en charité. *Ephes.* 1.

La grace de Dieu salutaire à tous hommes est apparue, nous enseignant qu'en renonçant à toute impieté, & aux desirs mondains, nous viuions en ce present monde sobrement, iustement, & religieusement, pour luy estre [257] un peuple peculier adonné à bones œuures. *Tite* 2.

Seigneur, qui conuersera en ton pauillon, & qui habitera en ta saincte montagne? Celuy qui chemine en integrité, & trauaille à faire iustice, & parle verité en son cœur, & ne fait point de mal à son prochain. *Pseau.* 15. Le Seigneur donne grace & gloire, & n'espargne aucun bien à ceux qui cheminent en innocence *Ps.* 84. Le iuste s'esiouïra au Seigneur, & aura son asseurance en luy, & tous ceux qui sont droits de cœur seront glorifiez. *Pseau.* 64.

Ayes souuenance, ie te prie, qui est l'innocent qui iamais perit, & où ont esté exterminez les droituriers? Comme i'ay veu ceux qui labourent iniquité & sement malice, les recueillent, ils perissent par le souffle de Dieu, & sont consumez par l'esprit de son ire. *Iob* 4. Si ie fay meschamment, malheur est sur moy. *Iob* 10. Les yeux des meschans defaudront, & perdront leur refuge, & leur esperance sera angoisse de l'ame. *Iob* 11.

Pren garde à l'homme innocent, & considere l'homme droit: car la fin d'vn tel homme est paix: mais les transgresseurs seront tous ensemble destruits, & la posterité des meschans sera rasee. *Ps.* 37.

Qui es-tu homme qui desire de viure, & aime longue vie pour voir du bien? destourne toy du mal, & fay le bien: cerche la paix, & la poursui: les yeux du Seigneur seront vers [258] les iustes, & ses oreilles vers leur cry: mais la face du Seigneur est contre ceux qui font le mal, pour exterminer leur memoire de la terre. *Ps.* 34. &c.

Phenomenes touchant les biens, richesses &
commoditez que le Chrestien pourra acquerir.

QViconque aime l'argent, iamais ne sera rassasié d'argent; &
quiconque aime l'abondance, il est sans fruict. C'est vne mauuaise
maladie que j'ay veu sous le Soleil, que les richesses gardees tournent
en ruine à leurs seigneurs. *Prou.* 5. La cheuance ne profitera de rien
au iour de l'indignation, mais la iustice deliurera de mort. Celuy qui
se confie en ses richesses, tombera. *Prouerb.* 11. Que profite à l'homme
s'il gagne tout le monde, & qu'il face perte de son ame? *Matth.* 16.

O qu'il est difficile à ceux qui ont des richesses d'entrer au royaume
des cieux. *Marc* 10. Malheur sur vous riches, car vous remportez
votre consolation. Et vous pauures, vous estes bienheureux, car le
royaume de Dieu est vostre. *Luc* 6. Dieu n'a-il pas esleu les pauures
de ce monde, qui sont riches en foy, & heritiers du royaume qu'il a
promis à ceux qui l'aiment? *Iaq.* 2.

Pieté avec contenetement est un grand gain; car nous n'auons rien
apporté en ce monde, aussi est-il euident que nous n'en pouuons
[259] rien emporter: mais ayans la nourriture & de quoy nous puis-
sons estre couuers, soyons contens de cela. Car ceux qui veulent
estre riches tombent en tentation, & au piege, & en plusieurs desirs
fols & nuisibles, qui plongent les hommes en destruction & perdition;
Mais toy, homme de Dieu, fuy ces choses, & pourchasse iustice, pieté,
foy, charité, patience, douceur; comba le bon combat de la foy,
apprehende la vie eternelle, à laquelle tu es appellé. Et denonce à
ceux qui sont riches, qu'ils ne soient point hautains, & qu'ils ne mettent point leur confiance en l'incertitude des richesses, ains au Dieu
viuant, qui nous baille toutes choses pour en iouïr. Qu'il facent du
bien, qu'ils soient riches en bonnes œuures, qu'ils soient faciles à
distribuer, se faisans thresor d'vn bon fondement pour l'auenir, afin
qu'ils apprehendent la vie eternelle. 1. *Tim.* 6.

Ne vous amassez point des thresors en la terre, mais au ciel. Et ne
soyez point en soucy disans, Que mangerons-nous? ou que boirons-
nous? ou de quoy serons vestus? car vostre Pere celeste cognoit que
vous avez besoin de toutes ces choses. Mais cerchez premierement le
regne de Dieu & sa iustice, & toutes ces choses vous seront baillees
par dessus. *Matth.* 6. Dieu qui n'a point espargné son propre Fils,
mais l'a liuré pour nous tous, comment ne nous eslargira-il aussi
toutes choses avec luy? *Rom.* 8.

[260] *Au reste,* Dieu est tout-puissant de faire abonder toute grace

en vous, afin qu'ayans tousiours toute suffisance en toutes choses, vous soyez abondans en toute bonne oeuure. 2. *Cor.* 9.

Phenomenes des biens que le Chrestien peut esperer par le droit d'hoirie.[428]

VOus auez receu l'esprit d'adoption, par lequel nous crions, Abba Pere. C'est ce mesme esprit qui rend tesmoignage auec nostre esprit que nous sommes enfans de Dieu: & si nous sommes enfans, nous sommes donc heritiers; heritiers, di-je, de Dieu, & coheritiers de Christ. *aux Rom. ch.* 8. 7 *aux Galat.*[429] *ch.* [4].

Vous avez esté seellez du S. Esprit de la promesse, lequel est arrhe de nostre heritage, iusques à la redemption de sa possession acquise à la louange de sa gloire. *Ephes.* 1.

Benit soit Dieu, qui est le Pere de nostre Seigneur Iesus Christ, qui par sa grande misericorde nous a regenerez en esperance viue par la resurrection de Iesus Christ d'entre les morts, pour obtenir l'heritage incorruptible qui ne se peut contaminer, ny fletrir, conserué és cieux, pour nous qui sommes gardez en la vertu de Dieu par la foy, pour auoir le salut prest d'estre reuelé au dernier temps. 1. *S. Pier. chap.* 1.

Venez les benits de mon Pere, heritez le royaume qui vous a esté appresté dés la fondation [261] du monde: car i'ay eu faim, & vous m'auez donné à manger, &c. *S. Matt. chap.* 25.

Les choses qu'œil n'a point veuës, ny oreilles ouïes, & qui ne sont point montees en cœur d'homme, sont celles que Dieu a preparees à ceux qui l'aiment. 1. *Cor.* 2.

Qui vaincra, heritera toutes choses; & ie luy seray Dieu, & il me sera fils. Mais aux craintifs & incredules, aux execrables & meurtriers, aux paillards & empoisonneurs, aux idolatres & à tous menteurs, leur part sera en l'estang ardant de feu & de soulfre, qui est la mort seconde. *Apoc.* 21.

Phenomenes de prosperité, & des bons & heureux succez.

BIen heureux est l'homme qui n'a point cheminé au conseil des meschans, ains son affection est en la loi du Seigneur, & en icelle medite iour & nuict: Car il sera comme l'arbre planté aupres des ruisseaux des eaux, lequel rend son fruict en sa saison, & son fueillage

---

[428] The English phrase 'Inheritors of Christ.'
[429] Chapter number not given in original.

ne fletrit point, & tout ce qu'il sera viendra à prosperité. Les meschans ne seront point ainsi, ains seront comme la paille menuë que le vent chasse: la voye des meschans perira. *Pseau.* 1.

N'aye regret de celuy qui a prosperité en sa voye, & qui fait lascheté: car les mauuais seront exterminez, & le meschant tantost ne sera plus. *Pseau.* 37. Les sots seront occis par [262] leur aise, & les fols seront ruinez par leur prosperité. *Prouer.* 1. A ceux qui aiment Dieu toutes choses aident ensemble en bien. *Rom.* 8. Celuy qui a commencé en vous cette bonne œuure la parfera iusques à la iournee de Iesus Christ. *Philip.* 1. Ceux qu'il a cogneus auparauant, il les a aussi predestinez à estre conformes à l'image de son Fils; & ceux qu'il a predestinez, il les a aussi appellez; & ceux qu'il a appellez, il les a aussi iustifiez; & ceux qu'il a iustifiez, il les a aussi glorifiez. *Rom.* 8. &c.

Phenomenes des infirmitez, afflictions, tentations, & autres incommoditez qui peuuent arriuer au Chrestien.

PAr plusieurs tribulations il nous faut entrer au royaume de Dieu. *aux Act. chap.* 14. Nous sommes heritiers de Dieu, & coheritiers de Christ, voire si nous souffrons auec luy, afin que nous soyons aussi glorifiez auec luy; car tout bien conté, i'estime que les souffrances du temps present ne sont pas à l'equipollent de la gloire à venir, laquelle sera reuelee en nous. *Rom.* 8.

Mes freres, tenez pour parfaite ioye quand vous cherrez en diuerses tentations. Bienheureux l'homme qui endure tentation: car quand il aura esté esprouué, il receura la couronne de vie que Dieu a promise à ceux qui l'aiment. *Iaq.* 1. Nous faisons gloire des tribulations, sçachans que tribulation produit [263] patience, & patience experience, & experience esperance: or esperance ne confond point. *Rom.* 5.

Maintes sont les afflictions des iustes, mais le Seigneur les deliure de toutes: il garde tous les os d'iceux, tellement qu'aucun d'eux ne sera cassé. *Pseau.* 34.

Mon ame, beni le Seigneur, lequel te pardonne tes iniquitez, & guarit toutes les infirmitez, lequel guarantit la vie de la fosse. *Pseau.* 103.

Dieu est fidele, lequel ne permettra pas que soyez tentez outre ce que vous pouuez, ains il donnera l'issue auec la tentation, afin que la puissiez soustenir. 1. *Cor.* 10.

Ie me glorifieray tres volontiers en mes infirmitez, afin que la puissance de Christ habite en moy. 2. *Cor.* 12.

Phenomenes touchant les persecutions qu'vn fidele Chrestien
pourra souffrir des ennemis de la verité & de la iustice.

VOus serez haïs à cause de mon nom, mais qui soustiendra iusques à la fin, celuy là sera sauué. Le disciple n'est point par dessus son maistre, ni le seruiteur par dessus le Seigneur. S'ils ont appellé le pere de famille Beelzebub, combien plus ses domestiques? ne craignez donc pas. *Matt.* 10.

Si le monde vous hait, sçachez qu'il m'a eu [264] en haine premier que vous: s'ils m'ont persecuté, aussi vous persecuteront-ils. Mesme le temps vient, que quiconque vous fera mourir cuidera faire seruice à Dieu. *S. Iean* 15. & 16. Tous ceux qui viuent en la crainte de Dieu en Iesus Christ, souffriront persecution. 2. *Tim.* 3.

Bien heureux sont ceux qui souffrent persecution pour iustice, car le royaume des cieux est à eux. Vous serez bien heureux quand on vous aura dit iniure, & persecuté, & dit toute mauuaise parole contre vous en mentant, à cause de moy. Esiouïssez vous, & vous esgayez, car vostre loyer est grand és cieux: car ainsi ont ils persecuté les Prophetes qui ont esté par deuant vous. *Matthieu* 5. C'est chose agreable si quel[qu'vn] à cause de la conscience qu'il a enuers Dieu, endure fascherie, souffrant iniustement. Si en bien faisant, estans toutefois affligez, voila où Dieu prend plaisir. 1. *Pier.* 2.

Ne craignez point ceux qui tuent le corps, & ne peuuent tuer l'ame: mais plustost craignez celuy qui peut deffaire l'ame & le corps en la gehenne. Tous les cheueux de vostre teste sont contez ne craignez donc point. *Matt.* 10.

Le Seigneur est ma lumiere & mon salut, de qui auray-ie crainte? Le Seigneur est la force de ma vie, de qui aurai-ie peur? Quand les malins, & mes aduersaires & ennemis me liureroient [265] la guerre, quand un ost me viendroit assieger, mon coeur ne craindroit point. *Ps.* 27.

Mes brebis oyent ma voix, & ie les cognoy, & elles me suiuent, & moy ie leur donne la vie eternelle, & ne periront iamais, nul aussi ne les rauira de ma main. *Iean* 10.

Dieu a dit, ie ne te delaisseray point, ni ne t'abandonneray point, tellement que nous pouuons dire en asseurance, le Seigneur m'est en aide, dont ie ne craindrai chose que l'homme me puisse faire. *Hebr.* 13. Ie suis asseuré que ni mort, ni vie, ni anges, ni principautez, ni puissances, ni choses presentes, ni choses à venir, ni hautesse, ni profondeur, ni aucune autre creature, ne nous pourra separer de la dilection de Dieu qu'il nous a monstree en Iesus Christ nostre Seigneur. [*Rom.* 8].[430]

---

[430] Reference not given in original.

Phenomenes touchant les tristesses & les resiouissances
qui peuuent arriuer au Chrestien.

LA tristesse de ce monde engendre mort, mais la tristesse qui est selon Dieu engendre repentance à salut. 2. *aux Corinth. Chap.* 7. Pescheurs, nettoyez vos mains; & vous qui estes doubles de cœur, purifiez vos cœurs. Soyez affligez, & lamentez, & pleurez: vostre ris soit conuerti en pleur, & vostre ioye en tristesse: humiliez vous deuant la face du Seigneur, & il vous esleuera. *S. Iaq.* 4.

Bienheureux ceux qui menent dueil, car [266] ils seront consolez. *Matth.* 5. Vous pleurerez & lamenterez, & serez contristez; mais vostre tristesse sera conuertie en ioye, vostre coeur s'esiouïra, & personne ne vous ostera vostre ioye. *Iean* 16. Ils s'en alloient pleurans, portans avec eux leur semoir pour ietter la semence; mais ils reuiendront chantans, portans leurs gerbes. *Pseau.* 126. Dieu essuyera toute larme de leurs yeux, & n'y aura plus de dueil, ny de cry, ny de travail. *Apoc.* 21.

O Dieu, que tous ceux qui esperent en toy s'esiouissent, & meinent ioye perpetuellement, & que ceux qui aiment ton Nom s'esgayent en toy: car tu beniras le iuste, & l'enuironeras de bienvueillance comme d'un pauois. *Pseau.* 5. Rassasiement de ioye est auec ta face, & voluptez sont à ta dextre perpetuellement. *Pseau.* 16. Mes freres, esiouïssez vous tousiours au Seigneur, ne soyez en souci de rien, mais qu'en toutes choses vos requestes soient notifiees à Dieu par priere & supplication, auec action de graces, & la paix de Dieu laquelle surmonte tout entendement, gardera vos cœurs & vos sens en Iesus Christ. *Philip.* 3. Entre[z] vous iustes, esiouïssez vous, & vous esgayez au Seigneur; & soyez gais vous tous qui estes de cœur droit. *Pseau.* 32.

Esiouïssez vous que vos noms sont escrits és cieux. *Luc* 10. Esiouïssez vous, & vous esgayez: car vostre loyer est grand és cieux. *Matth.* 5.

[267] Or sus maintenant riches pleurez, hurlans pour vos miseres lesquelles vous auiendront. *Iaq.* 5. Malheur sur vous qui riez maintenant, car vous lamenterez & pleurerez. *Luc* 6.

Mesme en riant leur cœur sera dolent, & la fin de la ioye sera tristesse. *Prov.* 14.

Leurs enfans sautent, ils font sonner le tabourin & la harpe, & se resiouïssent au son des orgues: ils passent leurs iours en plaisirs, & en vn moment ils descendent aux enfers. *Iob* 21. Là y aura pleur & grincement de dents. *Matt.* 22.

*Phenomenes touchant l'honneur & la gloire
que le Chrestien doit ambitionner.*

FIls des hommes, iusques à quand aimerez-vous la vanité, &
cercherez-vous le mensonge? *Pseau.* 4. Bienheureux l'homme qui s'est
proposé le Seigneur pour son esperance, & ne regarde point aux
vanitez & aux folies mensongeres. [*Pseau.*] 40. Ne soyons point con-
voiteux de vaine gloire. *Galat.* 5.

En Dieu est mon salut & ma gloire, en Dieu est la roche de ma
force, & mon esperance. O peuples, confiez vous en luy en tout
temps, ce n'est rien des fils des hommes, ce n'est que mensonge des
grands Seigneurs: de sorte que si on les mettoit tous ensemble en vne
balance, ils se trouueroient plus legers que la vanité mesme. *Pseau.*
61. Que celuy qui se glorifie, [268] se glorifie au Seigneur. 1. *Cor.* 1.

Il y aura tribulation & angoisse sur toute ame d'homme faisant
mal; mais gloire, honneur, & paix à chacun qui fait bien. Car enuers
Dieu il n'y a point d'esgard à l'apparence des personnes. *Rom.* 2.
Celuy qui s'esleuera, sera abbaissé; & celuy qui s'abbaissera, sera
esleué. *Matth.* 23.

Le Seigneur dit, I'honoreray ceux qui m'honorent; & ceux qui
me mesprisent, seront mesprisez. 1. *Sam.*431 2. Si aucun me sert, mon
Pere l'honorera. *Iean* 12. Si nous souffrons avec luy, nous regnerons
aussi avec luy. Si nous le renions, il nous reniera aussi. 2. *Tim.* 2.

Qui vaincra, ie le feray seoir avec moy en mon throne. *Apocal.* 3.
Adonc les iustes reluiront comme le Soleil au royaume de leur Pere.
Matt. 13. &c.

Phenomenes touchant la mort & la derniere fin du Chrestien.

LA iustice deliure de mort. La vie est au sentier de iustice, & en la
voye d'icelle il n'y a point de mort. La crainte du Seigneur est vne
source de vie, pour se retirer des laqs de la mort. *Prov.* 10. 12. 14.
L'œil du Seigneur est sur ceux qui le craignent & s'attendent à sa
bonté, afin de retirer leur ame de la mort, & les preseruer en vie
durant la famine. Mon ame beni le Seigneur, lequel guarit toutes
les infirmitez, & garantit ta vie de la fosse, & est ta [269] ieunesse
renouuelle comme l'aigle. Le Seigneur est protecteur de ma vie, de
qui auray-ie peur? Quand ie chemineroye par la vallee d'ombre de
mort, si ne craindroy-ie nul mal, car tu es auec moy. Ie ne mourray

431 Using the appellation most frequent among Protestants. See Introduction, p.
XXXVI.

point, mais ie viuray, & raconteray les faits de l'Eternel. *Pseau.* 33.
66. 103. 27. 23. 118.

La mort des iustes est precieuse deuant Dieu. *Ps.* 116. Le iuste
a esperance en sa mort. *Prou.* 14. Qui vaincra n'aura point de nuisance
par la mort seconde. Bienheureux est celuy qui a part à la premiere
resurrection, la seconde mort n'a point de puissance sur eux, ains ils
seront sacrificateurs de Dieu, & de Christ, & regneront avec luy mille
ans. *Apoc.*[432] 2. & 20. Celuy qui oit ma parole, & croit à celuy qui
m'a enuoyé, a vie eternelle, & ne viendra point en condamnation,
mais est passé de mort à vie. *Iean* 5. Nous sçauons que si nostre habitation terrestre de cette loge est destruite, nous auons vn edifice de
par Dieu, à sçauoir vne maison[433] eternelle és cieux. 2. *Corin.* 5. Mon
Dieu rachetera mon ame de la puissance de la mort, quand il me
prendra à soy. *Pse.* 49.

Bienheureux sont les morts qui meurent au Seigneur, car ils se
reposent de leurs labeurs, & leurs cœurs les suiuent. *Apocal.* 14. Que
ie meure de la mort des iustes, & que mon dernier departement soit
semblable au leur. *Nomb.* 23. &c.

[270]   *Phenomenes touchant la mort & la fin*
                 des meschans, scelerats, & impies.

ILs ont publié leur peché comme Sodome, & ne l'ont pas celé,
malediction sur eux. Malediction au meschant, mal luy auiendra.
Malediction sur ceux qui tirent à soy l'iniquité comme par cordeaux
de vanité, & le peché comme auec liens d'un chariot. *Esa.* 3. & 5.
Voicy, le iuste sera payé en la terre, combien plus le meschant & le
pecheur? *Prov.* 11.

Les ans des meschans seront abregez. *Proverb.* 10. Les hommes
sanguinaires & pleins de fraudes ne paruiendront point à la moitié
de leurs iours. Ils seront mis au sepulcre comme brebis, la mort les
paistra. Les meschans seront exterminez, leur glaiue entrera en leur
propre cœur, ils periront, ils seront consumez, & s'esuanouïront en
fumee. Que la mort les vienne saisir, qu'ils descendent tout vifs en la
fosse. *Pseau.* 37. 49. 55.

Espan ton indignation sur eux, & que la fureur de ton ire les
saisisse: leurs yeux soient tellement obscurcis, qu'ils ne puissent voir.
Mets iniquité sur leur iniquité, & qu'ils n'entrent point en ta iustice.

---

[432] Although usually associated with Catholic Bibles, this appellation was used by
Casteillon and in the Genevan Bible.
[433] Thus rebutting the idea of the zodiacal *maisons*, pp. 161–173.

Qu'ils soient effacez du liure des viuans, & qu'ils ne soient point escrits avec les iustes. *Pseau.* 69. Ils n'ont tenu conte de recognoistre Dieu, ainsi Dieu les a liurez à vn sens reprouué,[434] pour faire choses qui ne sont nullement conuenables, estans [271] remplis de toute iniustice, de paillardise, de meschanceté, de mauuaistié, pleins d'enuie, de meutre, de noises, de fraudes, de malignité; detracteurs, iniurieux, haïssans Dieu, orgueilleux, vanteurs, inuenteurs de maux, sans entendement, ne tenans point ce qu'ils ont accordé, &c. *Rom.* 1.

Le Seigneur fait reseruer les iniustes pour estre tourmentez au iour du iugement. Leur part sera en l'estang ardant de feu & de soulfre, qui est la mort seconde. Le diable qui les destruisoit est ietté en l'estang de feu & de soulfre, & ils seront tourmentez iour & nuict à iamais, & la fumee de leur tourment montera à tousiours. *Apoc.* 14. 20. 21. &c.

Si vous ne vous repentez, vous perirez tous semblablement. *Luc* 13.

DE tous ces phenomenes, & autres semblables, tout Chrestien pourra dresser son horoscope, & preuoir ce que la prouidence de Dieu luy reserue pour l'aduenir, & non des astres muets & insensibles, qui n'ont aucune vertu sur les euenemens qui dependent de la liberté humaine & de cette diuine prouidence.

Conclusion de tout.

PVis que l'Astromantie est vne magie diabolique, puis qu'elle a commerce avec les diables, puis qu'elle est si pernicieuse à l'Estat & à la religion, voire à tous ceux qui en recerchent [272] les ouurages: Que tous les horoscopes des Genethliaques soient pour iamais interdits dans le Christianisme, & qu'aucun ne s'adresse à autre qu'à Dieu & à sa propre conscience, pour apprendre sa bonne ou mauuaise auenture. Et pour fin, Quiconque veut rencontrer le bonheur de la vie presente & à venir, qu'il craigne l'Eternel, qu'il espere en sa bonté, qu'il remette toute sa conduite à sa prouidence, & que de tout son cœur il face iournellement cette priere du Pseaume 139.

O Eternel, tu m'as sondé, tu apperçois de loin mes pensees: sonde moy, & considere mon cœur & mes desseins. Regarde si la voye d'obliquité est en moy, & me condui en la voye eternelle. Amen.

FIN.

---

[434] *Sens reproué*, phrase much used in main body of the work. This and similar quotations from Paul's anathemata hold an obvious attraction for Pithoys who echoes them frequently.

COSMOGRAPHIE

OV

DOCTRINE DE LA
SPHERE

Auec vn traitté de la Geographie.

1641

[3]   A MONSIEVR,

MONSIEVR LE BARON

de Mezieres, premier Gentilhomme de la chambre de Monseigneur le Comte de Soissons,[1] &
Cornette de ses cheuaux legers.

MONSIEVR,

Puis que vous m'auez fait l'honneur d'agreer mes discours sur la disposition de l'uniuers, & qu'en suite vous m'auez recommandé l'instruction des Pages de Monseigneur le Comte en la cognoissance de la sphere & Geographie: Ie me sens obligé de vous rendre conte (sic) du soin & de la diligence que i'ay apporté en l'acquit de ce deuoir. Vous le recognoistrez par cette Cosmographie, que i'ay fait imprimer expres pour cet effect. Si quelques vns ont esté rebutez par la difficulté qu'ils ont rencontree à escrire mes leçons: [4] *voicy pour les remettre en haleine, puis qu'ils seront deliurez de cette peine. I'eusse bien desiré la reuestir des figures ordinaires, mais les tables nous ont manqué: les curieux les pourront auoir d'ailleurs, & en tout cas les Professeurs sçauront bien suppleer à ce defaut. Ceux qui trouueront quelque satisfaction dans ce petit traitté, vous en auront de l'obligation, puis que vous m'auez fourni l'occasion de le faire, & de le mettre en lumiere: ce qui me fait dire pour iamais.*

Monsieur,
                Vostre tres-humble,
                tres-obeissant, & tres-
                affectionné seruiteur.
                C. Pithoys.

---

[1] See Introduction, p. XXI, and note the significance of this dedication to Soissons in the year he was killed at La Marfée: Pithoys had openly aided anti-Richelieu forces.

[5]   ADVIS

AVX PAGES ET

IEVNES GENTIL —

HOMMES.

MESSIEVRS,

Trouuez bon que ie vous donne cet aduis à l'entrée de cette Cosmographie. Ne croyez pas estre habiles hommes, pour sçauoir faire une botte,[2] & pousser un cheual. Les laquais & palefreniers vous peuuent deuancer en ces exercices. Il faut bien d'autres parties pour faire un bon caualier, & un vaillant capitaine. Sur tout il faut estre despaïsé, & entendre son monde. L'histoire est propre pour cet effet, auec la cognoissance de la Cosmographie. Prenez donc le soin de vous rendre sçauans en ces choses: plusieurs vous fourniront l'histoire de diuers temps, & de diuerses nations. Et moy ie vous donne [6] cette Cosmographie espuree des obseruations ennuyeuses, qui souuent rebuttent les esprits. Vous n'y rencontrerez point d'azimaths,[3] d'almucantaraths,[4] de concentriques, d'exentriques, & d'epicycles de planetes, ny d'ascensions droites & obliques, non pas mesme de ciel crystallin. Aussi n'est-elle pas faite pour vous apprendre à composer des almanachs, & à dresser des horoscopes; mais pour vous faire cognoistre. 1. Quelle est la disposition de l'vniuers. 2. En quel quartier du monde vous habitez. 3. De quel œil vous estes regardez du soleil, voire de tous les astres. 4. D'où vous viennent les diuerses temperatures de l'air. 5. Auec quelles nations vous pouuez auoir communication, soit par terre, soit par mer. 6. Et si iamais vous auez charge dans les armes, quelle route il vous faudra tenir pour faire passer vostre armee, ou vostre caualerie de païs en païs, iusques au bout de la terre habitable. 7. Dieu veuille aussi que la consideration d'vn ouurage si merueilleux [7] vous puisse porter à la recognoissance du tout puissant ouurier qui l'a fait, qui le soustient, qui le conserue, qui le meut & le gouuerne souuerainement. A luy soit gloire és siecles des siecles; Et à vous tout bon heur & prosperité.

---

[2] An imprecise phrase. Possibly to be taken as a fencing term, 'a thrust': see Littré, quoting Brantôme. Possibly also quite simply refers to the leather guards put on horses' fetlocks.

[3] Littré, 'azimut' (as in O.E.D. 'azimuth') – an arc in the heavens extending from the horizon to the zenith.

[4] Littré, 'almicantarat' (O.E.D. 'almacantar') – small circle in the heavens parallel to the horizon.

[Pithoys describes in traditional terms a geocentric universe. Only such extracts as are important to an understanding of the *Traitté Curieux* are given].

[13] *Du Zodiaque.*

I.

Le Zodiaque est vn grand cercle large de 16. degrez, lequel entre-coupe l'equateur obliquement, en sorte qu'vne moitié s'encline vers le Septentrion, & l'autre vers le Midy.

II.

Ce cercle ou plustost cette ceinture celeste est appellee Zodiaque, du mot grec *Zoé* qui signifie vie, à cause que les astres qui tournent sous cette ceinture influent la vie à toutes les choses viuantes d'icy bas.

III.

C'est sur le Zodiaque que se fait le mouuement naturel du firma-ment & des sept planetes, lesquelles tournent continuellement sous cette zone celeste, tirant de l'Occident vers l'Orient.

[15] *De l'Ecliptique.*

I.

Au milieu du Zodiaque il y a vne ligne qui marque l'orniere ou la route du soleil, par laquelle il fait son cours annuel, sans decliner ny à droite ny à gauche: laquelle ligne on nomme Ecliptique, à cause que les eclipses du soleil & de la lune se font sous cette ligne.

[33] *De la hauteur de chaque orbe Celeste.*

Les Astronomes se seruent du demy diametre de la terre pour mesurer la hauteur des cieux: lequel demy diametre est de douze cens lieuës, ou enuiron.

1. Le ciel de la Lune est le plus bas, & le moins spacieux de tous. Cependant la Lune en son Perigee, paroist esleuee au dessus de la terre de trente trois demy diametres, & en son Apogee de soixante quatre, ou enuiron.

2. Mercure s'esleue iusques au soixante sixieme.

3. Venus iusqu'au cent septante neufieme.

[34] 4. Le Soleil s'esleue iusqu'au onze cens septante neufieme demi diametre. En son Perigee, qui est le poinct le plus bas, & le plus prez de terre, il paroist esleué de 1261746. lieuës. En son milieu de 1308732. Et en son Apogee, qui est le poinct le plus haut, il paroist esleué 1354572. lieues.

5. Mars s'esleue iusqu'au 8232.

6. Iupiter iusques au 13171.

7. Saturne iusqu'au 17571.

8. Le Firmament selon l'opinion de Clauius s'esleue iusqu'an 22612. demy diametre. Iunctinus dit iusqu'au 19000. Mais Ticho Brayé le met au 14000. qui font enuiron 32074000. lieuës.

[35] *Du premier Mobile.*

1. Le plus haut ciel qui se descouure par les regles de l'Astrologie, est nommé premier Mobile: d'autant que c'est le premier de tous les cieux qui se meuuent, & que par son mouuement il entraine quant & soi[1] tous les orbes inferieurs.

2. Son mouuement est d'Orient en Occident par le Midy, & fait tousiours vne reuolution en vingt quatre heures.

[36] 5. Ce mouuement est si viste, qu'vne estoille du firmament sous l'Equateur, suiuant ce mouuement, fait en vne heure 4200000. lieuës de chemin, en vne minute 70000. lieuës, en vn battement d'artere 2264.

Du Firmament.

1. Le huictieme ciel est appellé le ciel estoillé, d'autant qu'en toutes ses parties il est parsemé d'estoilles. Aussi est-il nommé Firmament; d'autant [37] que toutes les estoilles qui sont en iceluy, cheminent tousiours auec mesme ordre & mesme distance, qui est signe de constance et de fermeté.

2. On descouure deux mouuemens diuers au Firmament: asçauoir,

---

[5] *quant & soi* – 'at the same time': see Huguet.

Le mouuement iournalier qui se fait sur l'equateur, par lequel il fait chaque iour vne reuolution en vingt quatre heures, & ce mouuement luy est imprimé par le premier mobile.

Le mouuement qui se fait sur les poles du Zodiaque, de l'Occident à l'Orient, par leqiel on obserue que le Firmament aduance chaque iour vers l'Orient enuiron douze lieüs d'espace celeste, qui font en vn an 3967. lieües: de sorte que, selon la plus commune opinion des Astronomes, le Firmament ne pourra faire vne reuolution entiere par ce mouument, en moins de 48000. ans.

[38] 4. La reuolution de ce mouument est appelle par les anciens philosophes, l'annee Platonique: à la fin de laquelle ils ont imaginé que toutes choses viendront à reprendre le mesme estre qu'elles auroyent eu, avec mesme ordre de succession.

[On the New Star of Tycho Brahe].

[45] Cassiope contient treize estoilles, desquelles quatre de la troisieme grandeur sont disposees en forme de siege: aussi est-elle appellee le Throsne Royal; elle suit Cephee, mais eloignee du pole du vingt cinquieme degré au quarantieme, & dans la Voye [46] de lait. L'an 1572. le 9. Nouembre parut dans cette constellation vne nouuelle estoille, laquelle du commencement surpassoit Venus en grandeur & en clarté: quelques mois apres elle parut semblable à l'estoille Polaire durant seize mois, en fin elle disparut.

APPENDIX.

Text of Papal Bull condemning the practice of Astrology.

CONSTITUTIO S.D.N.D. SIXTI PAPAE QUINTI

contra
exercetentes astrologiae et iudiciariae artem et
alia quaecumque diuinationum genera, librosque
de eis legentes, ac Venentes.

Romae, 1586.

SIXTVS Episcopus seruus seruorum Dei,
Ad perpetuam rei memoriam.

COELI & Terrae Creator Deus, quem vnum Omnipotentem corde credimus ad iustitiam, & ore confitemur ad salutem, etsi homini, quem ad imaginem & similitudinem suam creauit, mentem dederit, quae non solum diuino fidei lumine illustrata, mysteria illa cognosceret, quae humanam intelligentiam superant, sed etiam naturae suae vi, magno licet cum labore, praeclara multa inuestigaret, atque intelligeret; Tamen, vt superbum animal homo non altum saperet, sed timeret, & immensam conditoris sui maiestatem, humi stratus veneraretur, sibi soli eorum, quae euentura sunt, scientiam, & futurarum rerum cognitionem reseruauit. Solus enim ipse, cuius oculis omnia nuda & aperta sunt, & ad intimas hominum cogitationes penetrat, & consequentes eorum actiones intuetur, solus ipse, qui vocat ea quae sunt, non tamquam ea, quae sunt, omnia praesentia, & ante oculos posita habet, solus denique omnia & singula quaecunque totius temporis decursu, & saeculorum aetatibus futura sunt, ab omni aeternitate nouit, & admirabili providentia disposuit, quae non mod humanae mentis imbecillitas ignorat, sed nec daemones ipsi praesentire possunt. Quare Idolorum in futuris annuntiandis falsitatem, & imbecillitatem, & eorum qui eis cultum adhibebant, vanitatem irridet Spiritus sanctus apud Isaiam illis verbis. Annuntiate quae ventura sunt in futurum, & sciemus, quia Dij estis vos: & in nouo testamento Christus Dominus discipulorum suorum de futuris euentis paulo cupidius inquirentium, interrogationem graui illa responsione retudit, qua etiam omnium fidelium suorum curiositate coercuit. Non est vestrum scire tempora vel momenta, quae Pater posuit in sua potestate.* Nec vero ad fututos eventus, & fortuitos casus praenoscendos (futuris euentibus ex naturalibus causis necessario, vel frequenter prouenientibus, quae ad diuinationem non pertinent, dumtaxat exceptis) vllae sunt verae artes aut disciplinae, sed fallaces & vanae improborum hominum astutia, & daemonum fraudibus introductae, ex quorum operatione, consilio, vel auxilio omnis diuinatio dimanat, siue quòd expresse ad futura manifestanda inuocentur, siue quod ipsi prauitate sua, & odio in genus humanum, occultè, etiam praeter hominis intentionem se ingerant, & intrudant vanis inquisitionibus futurorum, vt mentes hominum perniciosis vanitatibus, & fallaci

* Beginning of passage quoted by Pithoys, p. 207.

contingentium praenunciatione implicentur, & omni impietatis genere deprauentur. Quae quidem ipsis cognita sunt, non diuinitate aliqua, nec vera futurarum rerum scientia., sed naturae subtilioris acumine, & alijs quibusdam modis, quos hominum obtusior intelligentia ignorat. Quamobrem dubitandum non est, in huiusmodi futurorum, contingentium, & fortuitorum euentuum inquisitione, & praecognitione, Diaboli operationem se fallaciter immiscere, vt sua fraude ac dolis, miseros homines à via salutis auertat, & laqueo damnationis inuoluat. Quae cum ita sint, nonnulli haec fideliter, & religiose, vt debent, non attendentes, sed curiosa sectantes, grauiter Deum offendunt, errantes ipsi, & alios in errorem mittentes; tales in primis sunt Astrologi olim Mathematici, Genethliaci, & Planetarij vocati, qui vanam falsamque syderum & astrorum scientiam profitentes, diuinaeque dispositionis ordinationem, suo tempore releuandam praeuenire audacissime satagentes, hominum natiuitates, seu genitures, ex motu syderum, & astrorum cursu metiuntur, ac iudicant futura, siue etiam praesentia, & preaterita occulta, atque ex puerorum ortu & natali die, siue quauis alia temporum & momentorum vanissima obseruatione, de vniuscuiusque hominis statu, conditione, vitae cursu, honoribus, diuitijs, sobole, salute, morte, itineribus, certaminibus, inimicitijs, carceribus, caedibus, varijs discriminibus, aliisque prosperis, & aduersis casibus & euentibus praecognoscere, iudicare, & affirmare temere praesumunt, non sine magno periculo erroris & infidelitatis; cum S. Augustinus praecipuum Ecclesiae lumen, eum, qui haec obseruat, qui attendit, qui credit, qui in domum recipit, qui interrogat, Christianam fidem, & baptismum praeuaricasse affirmet,* vt illos merito Apostolus arguat, atque increpet illis verbis: Dies obseruatis, & mentes, & tempora, & annos, timeo vos, ne forte sine causa laborauerim in vobis. Hi igitur leuissimi, & temerarij homines in miseranda animarum suarum ruinam, graue fidelium scandalum & Christianae fidei detrimentum futuros rerum euentus, & quaecumque; prosperè, vel adversè obuentura sunt, ac actus humanos; ea denique quae ex libera hominum voluntate proficiscuntur, astris syderibusque ascribunt, eisque eam facultatem, vim, seu virtutem & efficaciam tribuunt significandi futura; & ad praecognita ita inclinandi, vt sic omnino nec aliter euentura sint, atque ob eam causam de ijs rebus omnibus iudicia facere, prognostica, praedictiones, & praecognitiones sibi assumere, & palam venditare non dubitant; quibus non pauci rudes, & imperiti, alijque nimis creduli & imprudentes tantam fidem

* End of quotation, p. 208, 2nd paragraph.

praestant, vt ex huiusmodi iudiciorum, & praedictionum praescripto,
aliquid certo esse credant, aut sperent, quorum sane & mendacium
magistrorum temeritas, & infelicium discipolorum credulitas magno-
pere deploranda est, qui vel diuinis literis admoniti non intelligunt
praestantiam, cui Coeli, & Stellae, & clarissima Coeli sidera Sol, &
Luna, Deo ita disponente, non imperant, sed inseruiunt, sic enim
Moyses populum Dei, vt hunc errorem caueret, praemonebat. Ne
forte eleuatis oculis ad Coelum, videas Solem, & Lunam, & omnia
astra Coeli, & errore deceptus adores ea, & colas, quae creauit
Dominus Deus tuus in ministerium cunctis gentibus, quae sub Coelo
sunt. Sed quid sydera mirandum est homini servire? non ne nobilis-
simae intelligentiae Angeli ipsi, omnes sunt administratorij spiritus
in ministerium misi propter eos, qui haereditatem capiunt salutis?
nam rationales oues, ita diligit Deus, vt non solum Episcipos, que-
madmodum à S. Ambrosio scriptum est, ad tuendum gregem ordina-
verit, sed etiam Angelos destinauerit. Praeclare etiam S. Hieronymus:
Magna dignitas animarum, vt unaquaeque habeat ab ortu natiuitatis
in custodiam sui Angelum delegatum. Quod si Angeli homines
custodiunt, quid aduersus Angelorum custodiam, & tutelam astra
moliri, aut efficere poterunt, quae cum ipsis Angelis nullo modo sunt
comparanda? Nec sanè hoc loco praetereunda est, eximij Ecclesiae
Doctoris, & Beatissimi Pontificis Magni Gregorij sententia, qui
Priscillianistas haereticos vnumquemque hominen sub constitutionibus stellarum nasci putantes, magno rerum, & verborum pondere
confutat. Absit (inquit) à fidelium cordibus, vt aliquid esse Fatum
dicant, vitam quippe hominum solus hanc conditor, qui creauit
administrat; neque enim propter stellas homo, sed stellae propter
homines factae sunt, etsi stella fatum hominis esse dicitur, ipsis suis
ministerijs subesse homo perhibetur. Vtinam insani homines haec
saperent, & intelligerent, ac Dei monitis obtemperarent in Leuitico
dicentis. Non declinetis ad Magos, nec ab Ariolis aliquid sciscitemini,
vt polluamini per eos; Neque enim quae Christiana, & vera pietas
repellit, ac damnat, tanto studio inuestigarent, ijsdemque; misere
se decipi, atque irretiri paterentur. Sunt etiam inanes quidam
homines, & curiosi, vel impij, & irreligiosi, qui futurarum, & occul-
tarum aliarum rerum notitiam adeo anxie habere student, vt ob eadem
praenoscenda, & inuestiganda in diuinae legis offensionem multi-
pliciter incurrant. Alij enim Geomantiae, Hydromantiae, Aeroman-
tiae, Pyromantiae, Chiromantiae, Necromantiae, alijque sortilegijs, &
superstitionibus, non sine Daemonum saltem occulta societate, aut

tacita pactione, operam dare, seu illis, ac sortibus illicitis taxillorum, granorum triticeorum vel fabarum iactu vti non verentur. Alij vero aliquas pristinae, & antiquatae, ac per Crucis victoriam prostratae Idololatriae reliquias retinentes, quibusdam augurijs, auspicijs, similibusve signis, & vanis obseruationibus ad futurorum diuinationem intendunt. Alij item sunt, qui cum Morte foedus ineunt, & pactum faciunt cum Inferno, qui similiter ad occultorum diuinationem ad inueniendos thesauros, vel ad alia facinora perpetranda, etiam expressa cum Diabolo pactione facta, in manifestam suarum perniciem animarum, nefarias magicae artis incantationes, instrumenta, & veneficia adhibent circulos, & diabolicos characteres describunt, Daemones inuocant, aut consulunt, ab eis responsa petunt, aut accipiunt, eis preces, & thuris, aut aliarum rerum suffimenta, seu fumicationes, aliave sacrificia offerunt, candelas accedunt, aut rebus sacris, vel Sacramentis, aut Sacramentalibus sacrilegè abutuntur, adorationis, genuflexionis, aut quaeuis alia impietatis obsequia praestant, cultum venerationemve tribuunt, aut annulum, vel speculum, aut paruas phyalas sibi fabricant, aut fabricari curant ad Daemones in eis alligandos, seu includendos, vt putant, ad responsa ab ipsis inde petenda, aut habenda. Alij praeterea etiam in corporibus obsessis, vel lymphaticis, & phanaticis mulieribus Daemones de futuris, vel occultis rebus, aut factis exquirunt, vt merito ab eis, quos Dominus in Euangelio tacere imperauit, vanas, mendacesque referant responsiones. Alij quoque praestigiatores, frequentius vero mulierculae quaedam superstitionibus deditae in phyalis, seu vasculis vitreis aqua plenis, vel in speculo accensus candelis, etiam benedictis sub nomine Angeli Sancti & albi, Diabolum omnium malorum satorem supplices adorantes, vel in vnguibus, aut palma manus, quandoque etiam oleo perunctis eundem omnium fallaciarum architectum orant, vt similiter futura, vel occulta quaeuis per spectra, & apparentes imagines, seu phantasticas visiones sibi ostendat, ab eodem patre mendacij Diabolo alijs incantationibus, futurorum, & occultorum huiusmodi veritatem quaerunt, & hominibus praedicere contendunt. Quorum omnium, quos supra enumerauimus consimilis impietas parem exitum habet, nimirum, quod Daemonis praestigijs, ac dolis, tum qui diuinant, tum qui diuinationem expetunt illusi, ac delusi miserrime reperiuntur. Itaque cum futuros euentus in seipsis considerare, antequam fiant, sit Dei proprium, illud necessario consequitur, vt Astrologi, & alij praedicti, qui huiusmodi futura praenuntiare aut praenoscere quocunque modo, nisi Deo reuelante audent:

iniuste atque impudenter, quod Dei est sibi assumant, & vsurpent. Sic fit, vt dum ab eis, quod solius est Creatoris perperam creaturis tribuitur, diuina Maiestas graviter laedatur, fidei integritas violetur, & animabus pretioso Christi sanguine redemptis, pestis, atque exitium importetur. Et licet iampridem regulis indicis librorum prohibitorum ex decreto sacri generalis Trid. Conc. confecti, illud inter caetera constitutum fuerit, vt Episcopi diligenter prouiderent, ne huiusmodi Astrologiae iudiciariae libri, tractatus & indices legerentur, qui de futuris contingentibus, successibus, fortuitisve casibus, aut ijs actionibus, quae ab humana voluntate pendent certo aliquid euenturum affirmare audent, permissis tamen iudicijs, & naturalibus obseruationibus, quae nauigationis, agriculturae, siue medicae artis iuuandae gratia conscripta fuissent. Libros vero omnes, & scripta Geomantiae, Hidromantiae, Chiromantiae, Necromantiae, siue in quibus continentur sortilegia, veneficia, auspicia, incantationes artis magicae, prorsus reijci, & aboleri curarent. Non tamen errorum corruptelarum, delictorum, & abusum praedictorum extirpationi vsque adeò prouisum est, quin etiam adhuc in nonnullis locis, & apud plurimos curiosius vigeant, cum valde frequenter, detectis Diaboli insidijs, diuinationum, sortilegiorum, & variarum superstitionum omnia plena esse in dies detegantur. Nos igitur, qui pro nostro pastoralis officij munere fidei integritatem inuiolatam conseruare debemus, & animarum saluti prospicere, quantum diuina gratia adiutrice possumus, ex paternae charitatis visceribus optamus, damnantes, & reprobantes omne genus diuinationum, quae Diabolo auctore ad fidelium deceptionem à praedictis curiosis, vel perditis hominibus fieri solent. Cupientes praeterea Sanctam illam Christianae Religionis simplicitatem, praesertim vbi agitur de summa Creatoris Dei potestate, sapienta, & prouidentia ab omni erroris labe integram, atque incorruptam, vt par est, retiniri: Volentes quoque praedictae falsae credulitati, ac huiusmodi illicitarum diuinationum, & superstitionum, detestabili studio, & execrandis flagitijs, atque impuritatibus occurrere, vt de Christiano populo merito dici possit, quod de antiquo Dei populo scriptum est:* Non est augurium in Iacob, neque diuinatio in Israel:** Hac perpetuo valitura constitutione, Apostolica auctoritate statuimus, & mandamus, vt tam contra Astrologos, Mathematicos, & alios quoscunque dictae iudicariae Astrologiae artem, praeterquam circa agriculturam, nauigationem, & rem

* Quoted by Pithoys, p. 218.
** Beginning of quotation, p.208, 3ʳᵈ paragraph.

medicam in posterum exercentes, aut facientes iudicia, & natiuitates hominum, quibus de futuris contingentibus successibus, fortuisque casibus, aut actionibus, ex humana voluntate pendentibus aliquid euentorum affirmare audent, etiam si id se son certo affirmare afferant, aut protestentur,* quam contra alios vtriusque sexus, qui supradictas damnatas, vanas, fallaces, & perniciosas diuinandi artes, siue scientias exercent, profitentur, & docent, aut discunt, quiue huiusmodi illicitas diuinationes, sortilegia, superstitiones, veneficia, incantationes, ac praemissa detestanda scelera & delicta, vt praefertur faciunt, aut in eis se quomodolibet intromittunt,** cuiuscunque dignitatis, gradus, & conditionis existant, tam Episcopi & Praelati, Superiores, ac alij ordinarij locorum, quam Inquisitores haereticae pravitatis vbique gentium deputati, etiamsi in plerisque ex his casibus antea non praecedebant, aut procedere non valebant diligentius inquirant & procedant; atque in eos seuerius Canonicis poenis, & alijs eorum arbitrio animaduertant. Prohibentes omnes, & singulos libros, opera, & tractatus huiusmodi iudicariae Astrologiae, Geomantiae, Hydromantiae, Pyromantiae, Onomantiae, Chiromantiae, Necromantiae, Artis Magicae, aut in quibus sortilegia, veneficia, auguria, auspicia, execrabiles incantationes, ac superstitiones continentur, ac vt supra in memorato indice interdictos sub censuris, & poenis in eo contentis à quibuscunque Christifidelibus legi, aut quomodolibet retineri; sed illos Episcopis, & ordinarijs locorum, vel Inquisitoribus praedictis praesentari, & consignari debere. Et nihilominus eadem auctoritate statuimus, & mandamus, vt contra scienter legentes, aut retinentes libros & scripta huiusmodi, seu in quibus talia continentur similiter ijdem Inquisitores libere, & licite procedant ac procedere, & poenis condignis punire & coercere possint***. Non obstantibus constitutionibus Apostolicis, caeterisque contrarijs quibuscunque. Vt autem praesentes nostrae literae ad communem omnium notitiam facilius deducantur; Iubemus illas in Valuis Basilicarum Sancti Ioannis Lateranen. & Principis Apostolorum de Vrbe, ac in acie Campi Florae affigi, seu appendi, eisque detractis ipsarum exempla, etiam impressa eisdem in locis affixa relinqui. Et insuper vniuersis, & singulis Venerabilibus Fratribus nostris Patriarchis, Archiepiscopis, Episcopis, locorum ordinarijs, & Praelatis, necnon Inquisitoribus haereticae prauitatis vbilibet constitutis, per haec committimus, & in virtute sancte obe-

---

   * *quam contra alios . . . intromittunt,* omitted by Pithoys.
   ** *cuiuscunque dignitatis* . . . beginning of quotation 8 lines up on p. 208,
   *** End of quotation. Pithoys has condensed the original.

dientiae districte praecipiendo mandamus, vt per se, vel alium, seu alios easdem Praesentes literas, postquam eas receperint, seu earum notitiam habuerint, in suis, & singulis parochialibus Ecclesijs, dum in eis populi multitudo ad diuina conuenerit, deinde vero semel in anno, & quoties eis expedire videbitur, vulgari sermone publicent, aut publicari faciant. Quia vero difficile foret praesentes literas ad singula quaeque loca, in quibus de eis fides facienda erit deferri. Volumus vt earum transumptis, etiam impressis, manu Notarij publici subscriptis, ac paruo sigillo Sanctae Romanae, & vniuersalis Inquisitiones, aut alicuius Praelati, vel Curiae Ecclesticae munitis, eadem prorsus fides in iudicio, & extra vbique locorum adhibeatur, quae eisdem originalibus literis adhiberetur, si essent exhibitae, vel ostensae. Nulli ergo omnino hominum liceat hanc paginam nostrorum statutorum, mandatorum, prohibitionis, iussionis, commissionis, & voluntatis infringere, vel ei ausu temerario contraire. Si quis autem hoc attentare praesumpserit, indignationem Omnipotentis Dei, ac Beatorum Petri & Pauli Apostolorum eius se nouerit incursum. Dat. Roma apud Sanctum Petrum, Anno Incarnationis Dominicae, Milesimo Quingentesimo octogesimo quinto, Nonis Ianurij, Pontificatus nostri anno primo.

H. Prodat.

Ioannes Baptista Canobius.

A. de Alexijs.

Anno à Natiuitate Domini, millesimo quingentisimo octuagesimo sexto, Indictione decimaquarta, die vero nona mensis Ianurij, Pontificatus S.D.N.D. Sixti diuina prouidentia Papae V. anno primo. Retroscriptae literae Apostolicae, affixae, lectae, & publicatae fuerunt in valuis, seu portis Sancti Ioannis Lateranen. & Sancti Petri Principis Apostolorum de Vrbe, necnon Cancellariae Apostolicae, & aciei Campi Florae, & per aliquod temporis spatium dimissae per nos Io. Freile, & Nicolaum Tagliettum, S.D.N. Papae Cursores.

Alex. Parabiachus Mag Cursorum.

GENERAL BIBLIOGRAPHY

BOULLIOT, J.-B.-J. Biographie ardennaise, *Paris*, 1830.

BOURCHENIN, P.-D. Les Académies protestantes, *Paris*, 1882.

BRINCOURT, J.-B. Jean Jannon, ses fils, leurs œuvres, *Sedan*, 1902. [Jean Jannon and sons were printers to the Académie de Sedan].

CALMET, A. Bibliothèque lorraine, *Nancy*, 1751.

CONGAR, P. 'Sedan et Bouillon – leurs rapports à travers l'histoire' in Annales sedanaises, No. 28, pp. 1–19, *Sedan*, 1953.

'Les débuts du protestantisme à Sedan' in Annales sedanaises, No. 49, *Sedan*, 1963, pp. 22–40.

'Un carrefour de l'Europe: le rôle international de l'Académie de Sedan' in Annales sedanaises, No. 49, *Sedan*, 1963.

'Le calvinisme à Sedan' in La Grive, No. 118, *Charleville*, 1963.

La Réforme à Sedan, la petite Genève: l'Académie. Catalogue de l'exposition, Sedan, 1963. [Roneo copy from Hôtel-de-ville, Sedan].

DELCAMBRE, E. 'La psychologie des inculpés lorrains de sorcellerie' in Revue historique de droit français et étranger, *Paris*, 1954, pp. 383–404 and 508–526.

DELCAMBRE, E. and LHERMITE J. Un cas énigmatique de possession diabolique en Lorraine au XVIIe siècle, Elizabeth de Ranfaing, l'énergumène de Nancy, fondatrice de l'ordre du Refuge. Etude historique et psycho-médicale. *Nancy*, 1956.

DENIS, A. La sorcellerie à Toul aux XVIe et XVIIe siècles, *Toul*, 1888.

GOFFINET, J. Géographie littéraire du Luxembourg, *Liège*, 1942.

HENRY, E. Notes biographiques sur les membres de l'Académie protestante de Sedan et les pasteurs de l'Eglise réformée de Sedan, *Sedan*, 1896.

MANDROU, R. Magistrats et sorciers en France au XVIIe siècle. Une analyse de psychologie historique, *Paris*, 1968.

MELLON, P. L'Académie de Sedan, centre d'influence française: à propos d'un manuscrit du XVIIe siècle, *Paris*, 1913.

NORBERT, P. Le vieux Sedan, *Sedan*, 1867.

OZERAY, J. Inventaire des manuscrits et de tous les documents conservés à l'Hotel-de-ville de Bouillon et qui concernent le Duché de ce nom, *Arlon*, 1870.

PEYRAN, C. Histoire de l'ancienne Académie de Sedan, *Strasbourg*, 1846.

PEYRAN, J. Histoire de l'ancienne principauté de Sedan jusqu'à la fin du dix-huitième siècle, 2 vols., *Paris*, 1826.

PREGNON, l'abbé. Histoire du pays et de la ville de Sedan, 3 vols., *Charleville*, 1856.

ROUY, H. Vingt années de l'existence de Sedan ou Notre ville sous le gouvernement de Fabert (1642–1662), *Sedan*, 1877.

VAUX, J. de. Thesaurus disputationum theologicarum in alma Sedanensi academia habitarum, 2 vols., *Geneva*, 1661.

WHITMORE, P. J. S. The Order of Minims in seventeenth-century France, *The Hague*, 1967, pp. 132–139; 262–264. [No. 20 in series Archives internationales d'histoire des idées].

PERIODICALS

Annales sedanaises – see above CONGAR, P.

Bulletin de la Société de l'histoire du protestantisme, Vols.: II, IV, XII, XVIII, XXVI.

Revue d'Ardenne et d'Argonne, No. 17 (1909–1910), *Charleville*, p. 53.

Revue du Nord, Vol. XIII, *Lille*, 1927, pp. 130 et sq.

MANUSCRIPTS

Archives départementales de la Moselle (Metz): Série H., No. 3749. [*Constitutiones factae a Simon Bachelier, 1627*, fol. 2/3. Transcribed in part in Whitmore op. cit. p. 135].

Archives municipales de Sedan (Sedan, Bibliothèque municipale), No. 66e. [Receipt signed by Pithoys. Request, to Duc de Bouillon (undated), by Pithoys to be allowed to practise at the Bar].

INDEX

References to people, places and things in Pithoys' text and in the Introduction and notes are listed alphabetically, using the form to be found in the text. Where two or more spellings are found, the page references have been collected under the most common, with cross-references given where there is a wide divergence of spelling. Cross-references are also given where modern orthography is markedly different from that used by Pithoys.

Italics are used to denote references in the text, Roman to denote references in the Introduction and footnotes – the latter indicated by *n* after the page number.

Capital letters: Pithoys was not consistent in his use of capitals. They are used in the Index if Pithoys used them on at least one occasion.

Pagination is at all times according to this edition.